Classici Greci e Latini

Dello stesso autore
nella collezione Oscar

Miles gloriosus – Aulularia

Plauto

MOSTELLARIA
PERSA

a cura di Maurizio Bettini

OSCAR MONDADORI

3 edizioni Biblioteca Mondadori
I edizione Oscar classici gennaio 1989
I edizione Oscar Classici Greci e Latini maggio 1991

ISBN 978-88-04-34745-3

Questo volume è stato stampato
presso Mondadori Printing S.p.A.
Stabilimento NSM - Cles (TN)
Stampato in Italia - Printed in Italy

Ristampe:

11 12 13 14 15 16 17 18

2007 2008 2009 2010 2011

www.librimondadori.it

Sommario

Introduzione

Plauto: vita e opere

Nota bibliografica

Introduzione

UN'UTOPIA PER BURLA

La cultura dei passati decenni ci aveva abituato a considerare un po' come primario, nello studio delle opere letterarie o di teatro, il problema del rapporto fra il testo scritto e il contesto storico – o il *milieu* sociologico e ideologico – che lo contiene. Da molto tempo, però, nella critica letteraria le cose non vanno più così (spesso con notevole sollievo dei testi, sarà bene dirlo). Il problema, tuttavia, resta dei principali, specie se riproposto in una versione allargata, capace cioè di accettare con naturalezza l'eventualità che i testi non solo possano non rispecchiare la propria epoca, ma siano addirittura superiori, in termini di rilevanza culturale, alla propria epoca... Superiori perché centrati su temi che hanno sì "presa" immediata sul pubblico cui il testo si rivolge, ma non per il fatto che tali contenuti corrispondono a specifiche contingenze: al contrario, la loro rilevanza per la comunità starà nella capacità di affrontare temi e problemi talmente generali da apparire trasparenti, ovvi – e invece toccano direttamente le radici profonde di una comunità e dei suoi modelli culturali.

Ma vediamo anche noi di partire con la domanda, un tempo, canonica: in che misura Plauto partecipava della realtà storica o politica del suo tempo? O perlomeno, che presenza, che peso sociale specifico i suoi testi potevano esercitare nella Roma a cavallo fra il III e il II secolo avanti Cristo?

Per ciò che riguarda il legame con fatti e accadimenti storici contingenti, direi proprio che la partecipazione del commediografo sia stata abbastanza minima. I filologi si sono adoperati a rintracciare echi e allusioni alla realtà contemporanea nei testi plautini, ma nella rete non è rimasto poi molto: l'allusione alla prigionia di Nevio nel *Miles Gloriosus*, il possibile riferimento ai fatti di Ambracia nell'*Amphitruo* o quello ai Baccanali nelle *Bac*-

chides, qualche sporadica e problematica allusione a testi tragici coevi... Quanto poco sicuri si sia, almeno in generale, di questi riecheggiamenti lo sta a dimostrare del resto la stessa cronologia plautina: che se potesse disporre di riferimenti storici ben chiari non presenterebbe (come purtroppo accade) tante incertezze e tanti punti oscuri. In definitiva, non è che il mondo contemporaneo sia assente in Plauto: è che vi figura in misura quantitativamente molto ridotta rispetto alla totalità dei temi e degli argomenti di cui il suo teatro si compone. Per cui, chi voglia tracciare il quadro di un Plauto in qualche modo partecipe (o impegnato) deve rassegnarsi a tener fuori buona parte del testo per costruire un collage di spunti e di allusioni qua e là disseminati.

Naturale conseguenza, si potrà dire, del fatto che abbiamo a che fare non con composizioni originali ma con traduzioni di testi greci preesistenti. Certo, ma non solo di questo: conseguenza anche del modo e del gusto particolare secondo cui Plauto scelse all'interno del *corpus* che aveva a disposizione, non che del punto di vista specifico secondo cui andò rielaborando questi suoi originali. Il fatto è che quello di Plauto è un teatro sostanzialmente convenzionale: un teatro della ripetizione, anche, del *déjà vu*. Pochi temi favoriti (le peripezie di due amanti, il raggiro perpetrato ai danni di un lenone per sottrargli una ragazza, l'inganno ordito da schiavo e *adulescens* per strappar denaro a un padre avaro, il riconoscimento di fanciulle smarrite ecc.), sono in grado di riassumere, come si è visto, tutta la produzione plautina: una produzione che, guardata da questo punto di vista, rischia di apparire persino monotona. Quali allora le ragioni di un successo così indiscutibile e singolare (un successo di pubblico che mancò, per esempio, al ben più culturalmente impegnato Terenzio)? Sarebbe sbrigativo ascriverle soltanto alla comicità di certe situazioni, alla felicità dello stile o della fantasia metrico-musicale dei *cantica* – quasi un condimento raffinato e allettante che riscatta la banalità di una pietanza usata. E non dovremmo essere proprio noi moderni a cadere nell'errore, noi che, per esempio, abbiamo constatato sullo schermo il successo di mediocri (o talvolta anche ben fatti) film western tirati su con lo stampo in centinaia di repliche. Il fatto è che la produzione del *déjà vu*, la ripetizione del noto in letteratura o in altre forme di comunicazione artistica ha una sua funzione (e dunque un suo pubblico). In altre parole, essa risponde a certi bisogni collettivi che sfuggono però alla contingenza degli eventi storici (anche importanti) con cui tendiamo a caratterizzare un'epoca, che stentano a iscriversi nella ristretta specificità della struttura ideologica in cui si crede di riconoscere, talvolta, il carattere di un'età o di un gruppo sociale. Dobbiamo allora concludere che anche Plauto aveva un suo riscontro culturale[1] molto preciso, una sua aderenza ai gusti e ai bisogni collettivi della società cui si rivolgeva. Abbastanza povero di agganci alla storia evenemenziale, il suo teatro doveva risultare però partecipe di quella attualità più profonda che è costituita, in definitiva, dalla sostanza antropologica e culturale della società.

E in effetti, la cosa non è poi stupefacente. Anche a uno sguardo superficiale, quei pochi temi plautini che prima abbiamo sintetizzato risultano tutt'altro che secondari, presentano anzi una notevole rilevanza nella pratica della vita sociale. Prendiamo il contrasto padre-figlio (e con esso il contrasto generazionale in genere): non è certo un tema secondario in una collettività che conosce il predominio assoluto del padre sul figlio, soggetto in tutto e per tutto alla potestà paterna. Altrettanto si potrà dire per il contrasto padrone-servo in una società su base schiavistica, in cui il servo deve funzionare, bene o male, come *instrumentum vocale*. Quanto ai giovani amanti divisi da qualche accidente, che lottano per avere la possibilità di esprimere liberamente i propri sentimenti, siamo anche qui di fronte a un tema generalissimo ma – non per questo – meno discriminante nell'assetto culturale del gruppo sociale che si reca a teatro. In quale luce dobbiamo dunque collocare le relazioni che si possono stabilire fra i temi, gli intrecci plautini e i bisogni o le esigenze della collettività? Il solo buon senso ci fa escludere, naturalmente, che la trasposizione sia meccanica, e che la predilezione plautina per certi argomenti significhi semplicemente che la società romana "aspirava" a una trasformazione che prevedesse padri gabbati ignobilmente dai figli, lenoni impunemente raggirati da servi e amanti, o peggio ancora schiavi intelligenti che trionfavano sui padroni sciocchi e arrendevoli... Il problema, però, resta delicato, delicato come sempre quando si ha a che fare con oggetti quali l'*intreccio*. Sembrano infatti sempre interessanti (almeno dal punto di vista generale che ci riguarda) le affermazioni di Lukács[2] sull'importanza di questo elemento nella costruzione dell'opera letteraria: «Poiché la realizzazione di un intreccio, di una vera azione, conduce inevitabilmente a far sì che sentimenti ed esperienze vengano messi alla prova del mondo esterno, vengano pesati alla bilancia della loro

[1] Usiamo l'aggettivo nell'accezione che gli ha dato da tempo l'antropologia.

[2] *Marx e il problema della decadenza ideologica*, in *Marxismo e critica letteraria*, tr. it., Torino 1964, p. 186.

azione e reazione sulla realtà sociale e rinvenuti pesanti o leggeri, genuini o spuri...». Dunque questi così "irrealistici" temi plautini, misurati alla bilancia della realtà sociale, risulterebbero spuri, leggeri? Vediamo. Non che questo non sarebbe vero. Qualsiasi lettore o spettatore moderno prova, credo, la sensazione che Plauto non faccia poi troppo sul serio, che i suoi amanti abbiano spesso qualcosa di enfatico o di falso, i suoi contrasti risultino quasi sempre iperbolici e fittizi. Una sensazione che si rafforza se si frequentano un po' i modelli di Plauto, specie la commedia di Menandro. Non è certo un caso che Marino Barchiesi, in un suo saggio molto bello,[3] avesse escogitato la categoria di «lirismo comico» per definire quell'inconfondibile registro che, molto spesso, colora il teatro plautino. Ma con un «rispecchiamento mancato» (per restare in termini lukácsiani) non saremmo ancora al punto. Resta infatti il problema della ricetta di successo, della predilezione che un teatrante smaliziato come Plauto aveva per certi argomenti (e per quel suo modo «spurio» di trattarli): infine, perché non dirlo, resta il problema del fascino indiscutibile che, a tutt'oggi, almeno certa parte della produzione plautina continua a esercitare su noi moderni. Il fatto è che anche ciò che è «leggero», ciò che è «spurio» ha una sua funzione, un suo luogo sociologico. Il rispecchiamento può anche essere deformazione: lo specchio può agire proprio rimandando immagini rovesciate. Certi momenti della vita sociale richiedono l'inversione, o quanto meno la sospensione dei rapporti sociologici autentici. Potremmo allora dire che il teatro plautino è un teatro «carnevalesco»: e ricorrendo a questa metafora, a questa categoria culturale, ci avviciniamo forse di più al cuore del problema.

Analogamente a ciò che accade nella festa di Carnevale, i *ludi* scenici plautini agiscono proprio come scompaginamento fittizio, come inversione giocosa dei rapporti sociologici usati. Il codice culturale si inverte, e ne spunta una società governata dal semplice principio del rovesciamento: quasi a mostrare come andrebbe il mondo se tutto si rimescolasse. A Roma, com'è noto, questo bisogno di sospensione e di rovesciamento carnevalesco si esprimeva soprattutto nella *libertas Decembris* dei Saturnali,[4] allorché i rapporti fra padroni e servi si invertivano e trionfava la giocosa libertà della festa. Uno spirito analogo, un medesimo *Urbedürfnis*

[3] *Problematica e poesia in Plauto*, in «Maia» n.s. 9, 1967, pp. 163 sgg.

[4] Vedi p. es. la voce *Saturnalia* nella *Realencyclopaedie* di Pauly e Wissowa (redatta dal Nilsson): II A 1, pp. 201 sgg.; F. Bömer, *Untersuchungen über die Religion der Sklaven in Griechenland und Rom*, Wiesbaden 1961, III, pp. 415 sgg. Va da sé che

(nei termini di Nilsson) è forse ciò che spiega tanta parte delle situazioni e del registro plautino.

I figli ingannano i padri, i servi trionfano sui liberi e sui padroni. Non è un caso che siano proprio queste due categorie di subalterni (gli uni per motivi di classe, d'età, gli altri per statuto economico e sociologico) a governare nel mondo della commedia. Il rovesciamento carnevalesco vuole che siano loro, per una volta, i padroni, gli arbitri della situazione. Nel carnevale indiano «ognuno recita e momentaneamente può fare esperienza del ruolo del proprio opposto; la moglie in condizione servile fa la parte del marito dominante, e viceversa; il predone fa la parte del predato; il *servo* fa il padrone; il nemico fa l'amico; i *giovani* sottoposti a restrizione fanno i reggitori dello stato».[5] Anzi, questa giocosa e "giovanile" rottura dell'ordine presenta in Plauto altre manifestazioni collaterali che rinviano anch'esse alla dimensione carnevalesca. In assenza di padroni e padri, servi e *adulescentes* si danno generalmente alla vita allegra, godono e banchettano. A questo proposito, c'è nella *Mostellaria* un'espressione abbastanza ricca di significato, là dove il fedele servo Grumione (quello che sta dalla parte della campagna, del padrone e dei buoni costumi) si scaglia contro la depravazione in cui Tranione e Filolachete si sono gettati (vv. 64 sgg.): *bibite, pergraecamini, / este, ecfercite vos, "saginam caedite"* («bevete, vivete pure alla maniera dei Greci, mangiate, rimpinzatevi, fate strage di bocconi grassi!»). Mangiare di grasso è per l'appunto la cifra dell'abbondanza e della festa: e non è certo casuale che questa godereccia distruzione di beni alimentari coincida proprio con il periodo in cui l'abituale detentore del potere (il padrone e padre) ha momentaneamente ceduto il suo scettro. Il buon Grumione non sapeva certo di anticipare, nei suoi amari e ironici imperativi, una vera e propria massima carnevale-

queste pagine non pretendono minimamente di affermare che fra i *Saturnalia* Romani e il «Carnevale» europeo debba sussistere una filiazione di carattere storico o evolutivo: piuttosto una certa analogia di tratti funzionali (che paiono innegabili), mentre per altri aspetti i due momenti festivi risultano profondamente diversi. Per questo e altri problemi relativi al «Carnevale» (non escluso quel certo "bisogno di Carnevale") da cui la critica letteraria, sulle orme di Bachtin e di Camporesi, sembra essere stata afferrata tra la fine degli anni settanta e i primi anni ottanta), rimando alle riflessioni di P. Clemente, *Idee del Carnevale*, in *Il linguaggio, il corpo, la festa: per un ripensamento della tematica di M. Bakhtin*, in «Metamorfosi» 7, 1983, pp. 11 sgg.

[5] V. Turner, *Il processo rituale*, tr. it., Brescia 1972, p. 201 (cit. da P. Camporesi, *La maschera di Bertoldo*, Torino 1976, p. 9): i corsivi sono nostri. Quanto alle mogli che dominano sui mariti, ci sarebbe anche qui da riflettere sui vari ruoli plautini di matrone trionfanti, come quelle della *Casina* o del *Mercator*.

sca (*Predica del beato Carlevale*, 497 sgg.): «ma zaffa et da' de graffa / a ogni cosa buona e grassa».[6]

Alla fine, naturalmente, i rapporti reali verranno ristabiliti, e ciò tramite la rassicurante pratica del «perdono» esercitata dal padre verso il figlio e dal padrone verso il servo (vedi, per esempio, proprio il finale della *Mostellaria*). Anche qui, però, le analogie carnevalesce sono puntuali. Alla fine dell'antico carnevale russo, dopo la *libertas Decembris* che ne aveva caratterizzato lo svolgimento, accadeva proprio che «i più giovani si mettevano in ginocchio davanti agli anziani, i servi davanti ai padroni, e ciascuno chiedeva perdono per le colpe commesse...».[7] Dopo la decapitazione, la destituzione per burla del potere, tutto rifluisce negli argini noti: ciascuno al suo posto, figli e servi al rango di sottomissione che compete a ciascuna categoria. Ma la pratica del "perdono" significa anche che tutto quel che si è fatto era in qualche modo previsto: figli e schiavi plautini (proprio perché perdonati e perdonabili) avevano in qualche modo il "diritto" di fare quel che hanno fatto. Non è regola solo il ritorno alla normalità – la prassi del perdono mostra che anche la trasgressione era regola: la regola burlesca del rovesciamento, quella stessa regola che si fa qui struttura dell'intreccio e codice, a un tempo, della composizione teatrale.

Un analogo discorso carnevalesco, anche se più complesso, più affascinante, si può svolgere credo anche a proposito della figura del lenone. Cos'è che detta l'importanza – negativa – di questo personaggio all'interno di molte commedie? Com'è che esso appare così insostituibile (e così plautino)? Ci potrà essere naturalmente una certa dose di «realismo» in questa figura, almeno nel senso di possibili corrispondenze fra le situazioni che Plauto attingeva alla commedia ateniese e le pratiche della gioventù romana del tempo. Ma la presenza del lenone è un po' troppo esclusiva, diciamo così, per essere del tutto autentica. Più semplicemente, com'è che si rappresentano giovani innamorati solo di cortigiane (e costretti perciò alla frequentazione di lenoni e mezzane) e mancano quasi totalmente amori di fanciulle libere? Ciò potrebbe far nascere il sospetto che questi così grotteschi lenoni plautini "stiano al posto" di qualcos'altro – che ci si trovi, qui, ancora di fronte a una maschera: una ma-

6 Il testo è pubblicato in appendice al citato libro di Camporesi, pp. 251 sgg. Ancora nella *Mostellaria*, si vedano le parole di Scapha ai vv. 235 sg.: *...dies noctesque estur, bibitur / neque quisquam parsimoniam adhibet: sagina plane est.*
7 V.J. Propp, *Feste agrarie russe*, tr. it., Bari 1978, p. 51.

schera in certo modo di secondo grado. Non solo cioè a un personaggio rovesciato (il padre sciocco e ingannato, lo schiavo trionfante ecc.), ma a una funzione rovesciata e, aggiungerei, "spostata". Il lenone pare configurarsi come la maschera carnevalesca di ciò che non potrebbe apparire in commedia: la famiglia, in quanto detentrice non di danaro (il padre), ma di un bene assai più prezioso, le donne. Quelle fanciulle (qui "spostate" in cortigiane) su cui i giovani sentivano in qualche modo di aver diritti amorosi, ma da cui una rigida codificazione sociale li separava in modo invincibile.

Evidentemente sarebbe stato troppo ardire mostrare in scena padri o fratelli (peggio mariti)[8] cui la furia dell'*adulescens* in solidarietà con la furbizia truffaldina del servo, riuscisse a sottrarre un bene così gelosamente conservato come le proprie donne. Ecco allora spuntare il lenone, la maschera complessa di tutti quei freni culturali che impediscono ai giovani la realizzazione libera dei propri desideri e delle proprie fantasie. Lo spostamento di cui parliamo invita naturalmente a riflettere. Si direbbe che nella licenza plautina la componente affettiva e sessuale sia come raffrenata, trattenuta (potremmo dire censurata): forse nella cultura romana non c'è il coraggio di rovesciare, sia pure per gioco, sino a tanto. Ed è forse per questo che la sfrenatezza sessuale (tipica anch'essa, peraltro, della categoria carnevalesca) non ha modo di manifestarsi in Plauto se non in qualche oscenità linguistica, o in qualche situazione sociologicamente eccentrica. L'abuso sessuale compare al massimo retrospettivamente, ad esempio nel flashback di colui che (sotto l'influsso del vino e della festa) l'ha praticato su una fanciulla libera, ma di cui si trova a dover regolarizzare ora la posizione.

Il Carnevale è libertà, sia pure effimera. Il destino subisce i più impensabili rivolgimenti, come nel «colpo di dadi» che domina – aleggiante spirito bizzarro – la mania saturnalesca per l'*alea*. Sono le Eleutherie che lo schiavo Tossilo, nel *Persa*, festeggia con tanta magnificenza. Il padrone è lontano, ed egli strapperà con un inganno la propria amata al lenone che la detiene, spillandogli in più del denaro (mentre il confratello Sagaristione ingannerà "a buon fine" il suo proprio padrone). "*Basilice*" *agito Eleutheria* (v. 29a), ecco come lo schiavo definisce il suo stato presente: nel-

[8] Non è un caso che l'unica commedia plautina di adulterio, l'*Amphitruo*, abbia nientemeno che il sommo Giove nelle vesti dell'adultero: in tal modo l'affronto al marito (e all'istituzione matrimoniale) si rovescia addirittura in onore e favore divino.

la festa della libertà Tossilo è addirittura re. Un re per burla, naturalmente, l'effimero re carnevalesco che però – per il breve spazio che gli è concesso – vuol godere e far godere: *vives mecum*, / "*basilico*" *accipiere victu* (v. 30b sg.), anche tu sarai «re» con me, per una volta. 'Ολιγοχρόνιος", di breve durata era – per Luciano – il potere attribuito al re dei Saturnali. Ma le sue burlesche ingiunzioni erano inappellabili: «all'uno ordino di gridare qualche vergogna sul proprio conto, all'altro di danzare nudo e, sollevando la flautista fra le braccia, di fare tre volte il giro della casa...».[9]

Racconta anzi Tacito che questo effimero onore toccò una volta persino al giovane Nerone – e la coincidenza con le poche notazioni di Luciano appare strettissima. «Nei giorni dei Saturnali accadde che, fra gli altri giochi dei coetanei, si sorteggiasse per scherzo il regno: e che la sorte favorisse Nerone. Agli altri Nerone impose di fare cose diverse, e tali da non causare vergogna; ma a Britannico ordinò di alzarsi e, venuto in mezzo alla sala, di cominciare a cantare. Sperava così di suscitare il riso intorno a quel ragazzo, inesperto non solo di ubriachezza ma addirittura di semplici conviti...»[10] Né si dovrà dimenticare che Claudio – lo sciocco, colui che aveva fatto del suo regno un Saturnale continuo – porta in Seneca l'ironico appellativo di *Saturnalicius princeps*.[11] Come un re sorteggiato ai Saturnali, lo schiavo Tossilo, nel finale del *Persa*, presiederà al banchetto della vittoria, alle danze, e sarà il maestro e il direttore degli sberleffi da infliggere al lenone Dordalo.

Il banchetto e il cibo (accanto alla burla) sono ovviamente le province specifiche di questi effimeri re godereccì. Eccitato dall'abbondanza che si prospetta per il suo ventre, il parassita Ergasilo crederà per un attimo di poter addirittura dettare la sua legge alla vita della città: *basilicas edictiones atque imperiosas habet*...

[9] Luciano, *Saturnalia*, 4.

[10] Tacito, *Annales*, 13, 15, 2 sg.

[11] Seneca, *Apokolokỳnthosis*, 8, 2. Sul re dei Saturnali (che com'è noto giocò un immeritato ruolo di spicco nella grandiosa architettura frazeriana del *Ramo d'oro*) vedi le equilibrate osservazioni di Nilsson, *Saturnalia*, cit., pp. 435 sgg. Assai prudente anche G. Brugnoli, *Il carnevale e i Saturnalia*, in «La ricerca folklorica» 10, 1984, pp. 55 sgg., che sottolinea piuttosto le affinità fra questo personaggio e l'usuale «re del convito»: resta il fatto, però, che l'esistenza di questo tipo di cariche nell'ambito della festa può essere difficilmente messa in dubbio. Su Claudio personaggio-sciocco vedi M. Bettini, *Bruto lo sciocco*, in *Il protagonista nella storiografia classica*, Atti delle Giornate filologiche Genovesi, Genova 1987, pp. 71 sgg.

è il divertito commento del vecchio Egione al termine della sua tirata.[12] Soffermiamoci anzi un attimo su queste *edictiones* del parassita. Non è solo Ergasilo che si diletta a promulgare leggi, in Plauto questo gioco è frequente. Se lo stesso Ergasilo aveva già ceduto alla tentazione qualche centinaio di versi avanti,[13] minacciando sanzioni contro coloro che escludono i parassiti da *victu et vita*, non è da meno Penicolo nei *Menaechmi*[14] che intenderebbe riformulare niente meno che la composizione delle *contiones* a seconda delle esigenze del pranzo. Quanto a Saturione (ancora un parassita), sua è certamente la "legge plautina" più ambiziosa e complessa (stavolta il bersaglio è costituito dai *quadrupulatores*, gente che andava in giro accusando per intascare denaro);[15] mentre la schiava *Syra*[16] si occuperà di garantire la parità dei diritti e dei doveri, fra marito e moglie, in materia di fedeltà coniugale – obiettivo abbastanza insolito in una società in cui si pensava che al marito fosse permesso uccidere la moglie colta in adulterio: mentre la moglie non poteva «neppure toccare con un dito» il marito infedele.[17] Alla fine del *Mercator* poi – commedia che vede in scena un conflitto amoroso fra padre e figlio – un «tribunale giovanile» si incaricherà, per bocca dell'*adulescens* Eutico,[18] di sancire per legge che ai vecchi sia proibito andare con le cortigiane; e, al contrario, che nessun padre possa impedire al figlio di andarsi a divertire con chi vuole.

Dunque parassiti, schiavi, *adulescentes* si configurano, in Plauto, come detentori della giustizia: la parte bassa, o marginale, della comunità si impadronisce in scena dello *ius* e lo piega alle più pazze delle necessità – pazze perché realmente tali, o pazze perché così eque e giuste da dover essere considerate per forza «pazze»... Ora, nella sua epistola sulla schiavitù (quella del celebre *«servi sunt»: immo homines*) Seneca loda la saggezza dei *maiores*, che si adoperarono per togliere ogni motivo di astio da parte dei servi verso i padroni, e ogni forma di offesa da parte dei padroni verso i servi: «stabilirono un giorno di festa, non perché i servi mangiassero con i padroni solo in quello, ma almeno in quello: permisero loro di assumere cariche in casa e di emettere sentenze

[12] *Captivi*, 811.
[13] *Ivi*, 492 sgg.
[14] *Menaechmni*, 453 sgg.
[15] *Persa*, 65 sgg. M. Bettini, *Il parassito Saturio, una riforma legislativa e un testo variamente tormentato*, in «Stud. class. or.» 27, 1977, pp. 83 sgg.
[16] *Mercator*, 817 sgg.
[17] Catone, *De dote*, fr. 222 Malc.^{2}.
[18] *Mercator*, 1015 sgg.

(*ius dicere*), facendo della *domus* una piccola *res publica*».[19] Del gioco dei Saturnali faceva dunque parte, sembrerebbe, anche il rivolgimento delle parti in campo giuridico: quel giorno sono gli schiavi (d'altronde rivestiti di *honores*) che emettono sentenze alla maniera del pretore. L'analogia con le *edictiones* plautine ci pare particolarmente stretta: come nel giorno dei Saturnali, sulla scena della palliata la signoria della legge appartiene a tutti coloro che sembrano i meno indicati per possederla. Ai Saturnali, come sulla scena, si gioca con la legge: un costume che ci è testimoniato anche dalla conviviale *lex Tappula*, una legge parodica che cadeva in pieno periodo saturnalesco, il 22 dicembre.

Faccendiere sfrontato e abile intrigante, lo schiavo domina incontrastato (come ben si sa) sulla scena plautina. Ma – re per burla – il suo aspetto ha molto di grottesco (e nulla di regale). Val la pena di guardarlo, questo effimero eroe, per quelle poche e preziose volte in cui il poeta si è divertito a tracciarne il profilo. Ecco il Leonida dell'*Asinaria*, vv. 400 sgg.: «Guance scavate, piuttosto rosso di pelo, panciuto, occhio torvo, statura normale, fronte aggrondata». E il celebre Pseudolo della commedia omonima, vv. 1218 sgg.: «Un tipo rossiccio, panciuto, con grossi polpacci, di colorito scuro, gran testa, occhi acuti, faccia rubiconda, e dei piedoni enormi».[20] La pancia, i grossi polpacci, i piedi enormi, la faccia rubiconda (o macilenta) sono tutti caratteri che (nella loro disarmonia e dismisura) evocano automaticamente una giocosa infrazione alle regole. Né va trascurato l'inquietante tratto dei capelli rossi: di Catone il censore (il «furbo» – *Cato* – che mutò il cognome di *Priscus* in quello di *Cato* proprio per la sua abilità) la tradizione amava ricordare proprio l'insolito color rosso della capigliatura, assieme ad altre caratteristiche quali la mordacità.[21]

Nelle Eleutherie di Tossilo c'è tutto, persino il travestimento, la farsa persiana. Ma non sono solo singole scene o tematiche generali (come quelle che elencavamo) a connotare questo mondo rovesciato della palliata plautina. La dimensione carnevale-

[19] Seneca, *Epistulae* , 47, 14.
[20] Cfr. anche *Captivi,* 647 sgg. In questa descrizione è forse da riconoscere la maschera fissa del servo da commedia: cfr. E. Paratore, *Storia del teatro latino*, Milano 1957, p. 31; G.E. Duckworth, *The Nature of Roman Comedy*, Princeton 1971², pp. 89 sgg. In generale si veda F. Della Corte, *La tipologia del personaggio nella Palliata*, in *Opuscula* VI, Genova 1978, pp. 354 sgg.
[21] Cfr. Plutarco, *Cato maior*, 1, 3, e l'epigramma ivi riportato.

sca compare infatti anche in altri spazi del testo, il tono per esempio. Abbiamo già accennato a quel che di fittizio, di iperbolico che colora un po' tutto il teatro di Plauto: quel lievito da cui pare germinare, tra l'altro, proprio il Plauto migliore, il più originale. Ma i toni accesi ed esasperati, volutamente falsi, sono appunto i toni di queste feste. Come pure è propria di questa dimensione la coscienza continua del carattere fittizio o «scenico» di quel che si va svolgendo. Così in Plauto, dove tutti sanno che si sta giocando, che ci si traveste: tutti sanno che sulla scena si sta facendo del teatro,[22] l'attore non ha pudore di manifestarsi tale e di rivelare il suo travestimento.

Ecco le raccomandazioni di Tossilo a Saturione, prima della beffa persiana: «E tu porta qua tua figlia vestita alla moda esotica: ma come si deve, eh! *Sat.*: Ma i vestiti, dove li piglio? *To.*: E pigliali dall'impresario, no? Te li deve dare per forza, gli edili gliene hanno appaltato la fornitura». È il travestimento sulla scena (quello regolato dalla verisimiglianza) di cui si sta parlando, o non piuttosto quello che l'attore compie abitualmente dietro le quinte? Queste barriere del dentro e del fuori-scena in Plauto cadono di frequente. Il personaggio plautino è contemporaneamente spettatore e attore della mascherata: il gioco richiede che si sia a un tempo destinatori e destinatari del messaggio teatrale. Di fronte alla mascherata di Sagaristione e della ragazza, Tossilo è pieno di meraviglia (vv. 462 sgg.): «Bravo, bravissimo, ti sei travestito da re! E come ci sta bene questa tiara nell'insieme! E la nostra forestiera, come le torna a pennello il sandaletto...». Il Carnevale mischia attori e pubblico, è una grande platea di se stesso. Non ci sarebbe festa se nel personaggio carnevalesco non coesistessero sempre, senza contraddizione, ciò che realmente si è e ciò che si dice o si finge di essere.

Anche il linguaggio, questo linguaggio plautino così ricco, corposo, quasi fisico, il metaforeggiare sfrenato, il libero scomporsi e ricomporsi delle parole e il loro riecheggiarsi in un universo apparentemente senza ordine e senza confini – tutto ciò rassomiglia troppo al «carnevalesco» di Rabelais per non dover essere iscritto nel medesimo orizzonte letterario. Leo Spitzer – commentando una «carnevalesca» ottava del Pulci, zeppa di pa-

22 Rimando ancora a M. Barchiesi, *Plauto e il «metateatro» antico*, cit., pp. 113 sgg. Sulla problematica del «farsesco» plautino in generale vedi G. Chiarini, *La recita*, cit. (con particolare riferimento al *Persa*).

role rare e difficili e giocata tutta su un incalzante andamento anapestico dell'endecasillabo – aveva trovato una formula davvero felice per caratterizzare questo tipo di linguaggio: lo diceva inteso «to create a "word reality" not a "world reality"».[23] Nella festa tutto si fa abbondanza, accumulazione e consumazione gratuita: anche di parole. L'ingordigia linguistica dei servi (e non solo dei servi) plautini è pari solo a quella – corporea – dei suoi parassiti, sempre pronti a tutto concedere per soddisfare le brame sfrenate del ventre. Siamo di fronte, inutile dirlo, a un altro tema carnevalesco per eccellenza: l'iperbole alimentare, la consumazione smisurata come regola e misura della festa («Santo Pancione» era il santo comunemente associato al Carnevale in Francia).[24] Ecco in azione Ergasilo, il parassita dei *Captivi*, cui è stata concessa mano libera nella dispensa per l'inatteso ritorno del figlio di Egione (vv. 901 sgg.): «Se n'è andato, e mi ha affidato il supremo potere mangereccio. Dei immortali, ora sì che gli troncherei il collo alle groppe di porco! Che morìa per i prosciutti, che strage per il lardo, che pappata di poppa di scrofa, che rovina per la cotenna. Voglio veder stremati macellai e beccai. Ma perderei troppo tempo a rammentare tutto quel che fa godere il mio ventre. In forza dei poteri conferitimi andrò ad amministrar giustizia al lardo, e soccorrerò i prosciutti impiccati senza processo». Si ode, dopo di ciò, un gran fragore di piatti e di stoviglie proveniente dall'interno della casa,[25] mentre uno schiavetto commenta (vv. 909 sgg.): «Che Giove e gli dei tutti ti rovinino, Ergasilo, e con te il tuo ventre, e tutti i parassiti, e chi d'ora in avanti darà ancora da cena ai parassiti. Che disastro, che flagello, che ciclone si è abbattuto sulla nostra casa. Pareva un lupo inferocito, temevo che mi saltasse addosso... che paura, come digrignava i denti! Appena arrivato butta all'aria carne e carnaio, afferra la spada, spicca di netto le ghiandole a tre groppe. Poi spacca tutte le pentole e i bicchieri che non siano almeno da un moggio e chiede al cuoco se si possono mettere sul fuoco le giare. Sfonda tutte le celle della cantina e spalanca la

[23] *Crai e Poscrai o Poscrilla e Posquacchera*, in *Romanische Literaturstudien*, Tübingen 1959, pp. 596 sgg. (partic. pp. 606 sgg.). Sul linguaggio carnevalesco in generale ha belle pagine anche Camporesi, *La maschera*, cit., pp. 141 sgg., 151, 226.
[24] M. Bachtin, *L'opera di Rabelais e la cultura popolare*, tr. it., Torino 1979, p. 359 (si veda anche il capitolo quarto, *Le immagini del banchetto in Rabelais*, pp. 304 sgg.). Sui «panciuti» carnevaleschi vedi anche Camporesi, *La maschera*, cit., p.162.
[25] Vedi la nota del Lindsay ad l., nella sua edizione commentata dei *Captivi*.

madia...». La guerra e la tavola, la battaglia come metafora della «strage» di vivande è uno dei temi favoriti, come si sa, di Rabelais e della letteratura burlesca in genere.[26]

Ma questo tema dell'abbondanza – del godimento alimentare e del godimento verbale, giocoso, che il cibo produce – era davvero così importante alla festa dei Saturnali? C'è da pensare di sì, e si può a questo proposito invocare la testimonianza di un poeta che pare assai alieno – per levigata, compassata letteratura – dagli eccessi verbali dei comici: lo Stazio delle *Silvae*. Non ci riferiamo tanto al componimento sesto del libro primo esplicitamente dedicato alla descrizione della festa: e in cui pure si rammenta la pioggia di Delikatessen che (fuor di metafora, una vera «pioggia») con abile meccanismo Domiziano fece rovesciare sulla folla entusiasta, mentre ovunque trionfava «la libertà dei vini», un'abbondanza di cibarie da far impallidire la larghezza dell'età dell'oro e, soprattutto, *ridens Iocus et Sales protervi*. Vorremmo piuttosto ricordare il carme nono del libro quarto, indirizzato all'amico Plozio Gripo, uno «scherzo» che Stazio stesso (nella prefazione al libro) ricorda come «endecasillabi su cui ridemmo assieme ai Saturnali».[27] Ed ecco l'occasione del componimento. Alla festa di Saturno (in cui, com'è noto, ci si scambiavano doni) Stazio aveva inviato all'amico una copia delle sue poesie in edizione di lusso. Ma l'altro, in vena di scherzi, aveva ricambiato con un *volumen* brutto e tarlato – e contenente, per di più, «gli sbadigli del vecchio Bruto»! Una raccolta, insomma, delle noiose orazioni di quel vetusto personaggio. Stazio non è disposto a fargliela passare liscia: ma non aveva niente di meglio, da mandargli? ed ecco nascere, di endecasillabo in endecasillabo, un crescente, interminabile elenco di cibi e stramberie la cui *allure* incalzante ha qualcosa del "mozza-fiato" plautino (vv. 27 sgg.):

Non avevi un paniere di prugne o di fichi di Siria
ammucchiati in una piramide che crolla?
stoppacci secchi, bucce di cipolla
accartocciate? uova neppure, o spelta
dolce, o farro aspro? non hai trovato
l'umida casa delle chiocciole curve
che vagano nei campi del Cinyps?

[26] Vedi ancora Bachtin, *L'opera*, cit., e il citato quarto capitolo.
[27] Stazio, *Silvae*, 23 sg.

o lardo rancido, o prosciutto anemico?
né salsiccia alla Lucanica, né ventresca alla Falisca,
o sale, o digestivo, né formaggio
o pani di verde fior di nitro,
o passito ricotto nei grani del suo psitio,
mosto cotto torbido di feccia?
...

Negli endecasillabi staziani, lo «scherzo dei Saturnali» si trasforma immediatamente in scherzo alimentare. La festa, il cibo, il gioco sul cibo si richiamano: e la categoria stilistica cui si fa ricorso è, ancora una volta, quella dell'elencazione e dell'accumulo.

Nel parassita plautino il nome stesso è, di frequente, trasparenza del ventre: *Artotrogus* («Divora-pani»), *Curculio* («Gorgoglione», il tonchio),[28] *Saturio* («Pancia-piena»)... E anche in questo i riscontri con la tradizione carnevalesca (o addirittura saturnalesca) romana sono assai precisi. Verso la fine del secolo scorso Th. Mommsen rese noto, da Vercelli, un testo invero singolare, risalente probabilmente alla fine del primo secolo dopo Cristo o agli inizi del secondo: la *lex Tappula*.[29] Dell'esistenza di questo parodico editto conviviale si sapeva anzi già qualcosa da una glossa di Festo,[30] che citava in aggiunta un verso di Lucilio in cui la suddetta *lex* era ricordata. Ora, fra i «magistrati» rammentati nella *lex Tappula* compaiono, accanto a *Tappo*,[31] per l'appunto un *Multivorus* «Molto-vorace», un *Properocius* «Sbrigati-presto» e (forse) un *Mero* «Vino-schietto».[32] Accanto a questi simpatici magistrati, si fa menzione di una tribù *Satureia*, quella tribù dei «Pancia-piena» cui l'omonimo parassita del *Persa* si sarebbe indubbiamente vantato di appartenere. L'editto cadeva in pieno periodo di Saturnali, il 22 dicembre. E certo

[28] Un parassita nella cui fantastica e godereccia geografia balena anche (e come poteva mancare?) una sorta di paese di Cuccagna: *Peredia e Perbibesia* – «Mangia-Mangia» e «Bevi-Bevi», potremmo rendere – *Curculio*, 444. Sulla *edacitas* di questi personaggi cfr. G. Guastella, *La contaminazione*, cit., pp. 81 sgg.

[29] Cfr. il lavoro di A. Premerstein, *Lex Tappula*, in «Hermes» 39, 1904, 327 sgg. Il testo lo si può reperire anche nel Petronio del Buecheler, p. 266.

[30] 496 L.

[31] Il nome ricorre anche in Catullo, 104, 4.

[32] Il testo è frammentario. La congettura è del Mommsen, che rimandava ai *tria nomina* burleschi affibbiati a Tiberio imperatore (che amava un po' troppo il vino): *Biberius Caldius Mero*. Accanto a queste creazioni linguistiche latine non sfigurano certo i nomi degli «Zani» della tradizione italiana: Zan Ganassa, Zan Massella, Zan Tripò... (cfr. Camporesi, *La maschera*, cit., p. 212).

questi burleschi *collegae* della *lex Tappula*, questa tribù *Satureia*, non sono poi molto diversi dalle goderecce *decuriae* (*Per.*, v. 143), dai *senatus congerronum* (*Most.*, v. 1049: «senato di compagnoni») cui il colorito universo linguistico plautino ci ha assuefatto.[33]

Anche l'insulto (insieme con la beffa) trova naturalmente posto in questo universo rovesciato e trionfante. Bachtin ci ha insegnato molto bene la funzione del linguaggio di piazza – con la sua riduzione al «basso» materiale e corporeo di ogni oggetto che capiti a tiro – nella liberazione carnevalesca. In questo mondo rovesciato la terra, gli escrementi (trait d'union fra l'uomo e la terra), così come certe parti «basse» del corpo umano (basse rispetto alla testa, la «parte sovrana», potremmo dire con gli Stoici), non solo rientrano dall'esilio culturale cui sono normalmente condannate, ma assumono una funzione dominante: ciò che era rimosso si fa addirittura regola, diventa un paradigma capace di ricodificare (rovesciando l'«alto» col «basso») la realtà. Di qui il carattere anche liberatorio, quasi fecondante dell'insulto che «abbassa». Viene subito alla memoria la filza di ingiurie che Tossilo e il lenone Dordalo si scambiano nel *Persa* (altre se ne potrebbero ricordare): «O melma ruffianica, letamaio pubblico impastato di sudiciume, zozzone, svergognato, traditore, fuori legge, rovina della gente, sparviero voglioso e invidioso dei nostri soldi, procace, rapace, strappace...» (vv. 406 sgg.). E Dordalo: «O grand'uomo, rifugio d'ogni servitù, affrancatore di puttane, tu che fai sudare la sferza e logorare le catene, cittadino della città delle macine, servo perpetuo, pappone, sbafatore, rapinatore, disertore...» (vv. 418 sgg.). È vero, c'è qualcosa di forte, di liberatorio e di fecondante in questo «abbassamento» cui i due contendenti assoggettano le proprie persone in maniera assolutamente gratuita (dopo un momento, parleranno di nuovo da buoni amici). È un abbassamento ma anche, per paradosso, un innalzamento contestuale, la sporcizia e l'insulto danno vita: rammentano all'uomo la sua corporeità, e la esaltano.

Un altro aspetto, per concludere, di questo carnevale linguistico che andiamo rintracciando: le percosse, i supplizi. Difficil-

[33] Altri testi, specialmente arcaici e di teatro, meriterebbero di essere ulteriormente approfonditi in questa direzione. Per l'Atellana, vedi i richiami saturnaleschi e carnevaleschi che vi ha ben rintracciato R. Raffaelli, *Pomponio e l'Atellana*, in *Cispadana e letteratura antica*, Bologna 1987 (presso la Deputazione di storia patria), pp. 115 sgg.

mente altri poeti hanno raggiunto tanta potenza e tanta raffinatezza (balenano qua e là luci barocche) nella rappresentazione di sì ingrati aspetti dell'esistenza. Eppure Plauto vi insiste con una puntigliosità quasi idiosincratica: se non si assiste mai a una vera e propria flagellazione di servi sulla scena, il fantasma del patibolo, della sferza, del mulino e della tortura in genere balena però frequentissimo nelle volute del linguaggio, spauracchio dei poveri servi. Spauracchio? Non so. Certo non più di quanto non lo sia la morte nelle rappresentazioni carnevalesche: amica e nemica insieme, compagna e infida, termine e rinascita.[34] Oppresso dall'ansia (il padrone è già al porto) Tranione cerca chi lo sostituisca sull'ineluttabile croce (vv. 355 sgg.): «C'è qualcuno che vuol guadagnare un po' di denaro, ed è disposto a farsi mettere oggi sulla croce al posto mio? Dove sono quei pigliabotte di professione, quei macina-catene, o quegli individui che per tre soldi si fanno sotto le torri nemiche, dove hanno l'abitudine di farsi trafiggere il corpo da dieci lance per volta? Regalerò un talento al primo che correrà in cima alla croce, ma a questo patto: che gli si inchiodino due volte i piedi e due volte le braccia. Quando sarà stato fatto, venga pure a chiedermi il denaro in contanti...». La tortura e la sofferenza si fanno burla, il supplizio è allegria. Il fatto è che la tortura e la sofferenza restituiscono contestualmente l'uomo alla sua fisicità: costituiscono l'altro «rimosso» corporeo che fa pendant con il sudiciume e la trivialità dell'insulto, e sono così (paradossalmente) liberatorie e vivificanti. Il corpo percosso o smembrato riporta l'uomo a un «basso» quotidianamente negato dalle regole culturali. Anche qui (e anche oggi) il Carnevale ci insegna. Le percosse, i colpi, più o meno attenuati, più o meno simulati o simboleggiati, fanno parte integrante della sua rottura, della sua utopia: quando si pretende che il *verso*, non il *recto* dell'esistenza sia la realtà.

[34] Bachtin, *L'opera*, cit., pp. 102 sgg.

Plauto: vita e opere

T. Maccio Plauto nacque a Sarsina, in Umbria, probabilmente attorno al 250 a.C., e morì a Roma nel 184. La sua vita, e soprattutto la sua attività di autore di teatro, coincide dunque con anni di decisiva importanza nella formazione dello stato romano: sia dal punto di vista politico-militare (la seconda guerra punica, gli interventi in Macedonia e in Asia), sia sociale e culturale (l'ascesa della famiglia Scipionica, la massiccia importazione di cultura greca a Roma, lo sviluppo di una società impostata su nuovi sistemi di valori, ecc.). Poco si sa della biografia di Plauto, e tutto è affidato ad aneddoti leggendari. Pare che egli avesse consumato in imprese di mercatura il denaro guadagnato nell'attività di teatrante, e perciò si fosse impiegato presso un mugnaio a girare le macine (la pena tante volte minacciata dai padroni, nelle sue commedie, agli schiavi disobbedienti!): durante questo servizio avrebbe scritto tre commedie. Per quel che riguarda le opere, nel secolo II a.C. circolavano sotto il suo nome circa 130 pièces (certo non tutte sue): di più esistevano anche commedie genuine che andavano sotto il nome di altri poeti. Varrone si adoperò a rimettere le cose a posto, distinguendo un primo gruppo formato da 21 commedie sicuramente genuine – sono verisimilmente quelle pervenuteci, benché la ventunesima, la *Vidularia*, sia gravissimamente mutilata – da altri due gruppi in cui comparivano, rispettivamente, commedie certo autentiche (per lo stile) ma solitamente attribuite ad autori diversi, e commedie sicuramente spurie. Le 21 commedie pervenuteci sono: *Amphitruo, Asinaria, Aulularia, Bacchides, Captivi, Casina, Cistellaria, Curculio, Epidicus, Menaechmi, Mercator, Miles Gloriosus, Mostellaria, Persa, Poenulus, Pseudolus, Rudens, Stichus, Trinummus, Truculentus* e *Vidularia.* Difficile stabilire una cronologia. Le didascalie ci dicono che lo *Stichus* fu rappresentato nel 200 e lo *Pseudolus* nel 191, mentre Cicerone ci fa sapere che

Pseudolus e *Truculentus* appartengono alla vecchiaia del poeta. Per le altre commedie si sono voluti individuare riferimenti a fatti storici concreti che, in un caso o nell'altro, possono fornire criteri indicativi.

Come si sa, le commedie di Plauto (allo stesso modo delle *palliatae* scritte da altri autori) non sono opera totalmente originale, ma rifacimenti su testi greci della Commedia Nuova (essenzialmente Menandro, Difilo e Filemone): e greca resta la loro ambientazione. Si tratta sia di traduzioni da una sola commedia, sia di « contaminazioni » operate mettendo insieme scene tratte da commedie diverse. Ciò naturalmente non deve indurci a ricadere nel vecchio pregiudizio che svalutava l'arte di Plauto in quanto priva di ciò che farebbe l'essenza stessa della poesia: la creazione libera. I ritrovamenti papiracei, che ci hanno restituito almeno parte della produzione menandrea, ci permettono infatti di verificare quanto Plauto mutasse i suoi originali, soprattutto nello spirito. Naturalmente non bisogna fare di Menandro un filosofo in veste di commediante, né siamo in grado di dire esattamente quale fosse il registro specifico delle commedie composte dagli altri autori della *néa*. È indubbio però che in Plauto il cosiddetto studio dei caratteri, la ripresa di tematiche filosofico-culturali sull'uomo e la società ecc., si stempera nella sbrigliata gaiezza del canto e del variegato gioco verbale. Qui sta, soprattutto, la novità di Plauto. Nel canto e nel linguaggio. Le sue commedie non sono infatti costituite da parti esclusivamente recitate (come nella *néa*): queste formano solo un aspetto della composizione (i cosiddetti *diverbia*), il resto è formato da una sorta di « recitativi » in versi lunghi, e da vere e proprie parti musicali, i cosiddetti *cantica*. Plauto trasforma dunque in melodramma quella che era una commedia nel senso attuale del termine (un puro testo parlato): il che porta all'uso di una straordinaria quantità di metri, i suoi *numeri innumeri*. Ma quello musicale non è il solo canale attraverso cui si realizza questo accentrarsi dell'interesse sulle modalità formali secondo cui il messaggio si organizza. In Plauto la musica sta anche nelle parti non cantate, esiste una vera e propria musica verbale, se così si può dire. Di qui la trionfale riutilizzazione di tutta una serie di artifici linguistici cari già alla preistoria della poesia e della prosa romana, come l'allitterazione, l'omeoteleuto, la parechesi, l'isosillabismo, la figura etimologica ecc. Pochi sono gli autori il cui stile si piega così facilmente alle teorie jakobsoniane sulla funzione poetica; ma pochi sono anche gli autori, crediamo, che come Plauto hanno posseduto una cifra stilistica così definita ed inconfondibile. Né è da credere che musica e linguaggio siano gli unici spazi in cui le innovazioni plautine sui testi della Commedia

Nuova hanno avuto modo di realizzarsi. La sua tecnica teatrale (che non consisteva solo in inserzioni buffonesche che guastavano la nobile e pura linea del testo greco, come sembrano aver creduto alcuni filologi tedeschi dell'Ottocento) rivela la presenza di tratti che anticipano straordinariamente il teatro moderno: la rottura dell'illusione scenica in una direzione che potrebbe definirsi metateatrale, o quel « lirismo » comico che pervade come un lievito ironico tutta la produzione plautina, facendo del personaggio il divertito attore di se stesso (di questi aspetti si è parlato nell'introduzione, e si parla qua e là nelle note al testo). In definitiva quella di Plauto è l'arte singolare di un autore molto creativo che lavora su testi altrui. L'affermazione non risulterà paradossale se si pensa che di rado un poeta (specie un poeta di teatro) crea dal nulla, ma sempre ha di fronte a sé una tradizione che gli fornisce temi e modelli da rielaborare. Semplicemente, nel caso di Plauto questa tradizione assume la fisicità di un vero e proprio originale. Non sembra perciò che quel glorioso filone di lavoro filologico (culminato nel celebre libro di E. Fraenkel), inteso a distinguere ciò che è « plautino » da ciò che è « attico », differisca poi in misura così decisa da studi dedicati ad autori diversi, ma che intendono pur sempre segnalare debiti e innovazioni all'interno di generi letterari altrettanto rigidamente codificati.

Nota bibliografica

Edizioni principali:

La tradizione manoscritta di Plauto consta di due filoni, rappresentati per noi dai cosiddetti codici palatini da un lato (risalenti tutti ad un medesimo archetipo in minuscola carolingia databile all'VIII secolo circa), e dal palinsesto ambrosiano dall'altro (risalente al IV-V secolo circa, e scoperto dal cardinale A. Mai nel 1815). La scoperta dell'ambrosiano, la cui accurata trascrizione si deve all'abnegazione di W. Studemund, ha naturalmente impresso una svolta decisiva alla costituzione del testo plautino. Ecco le indicazioni dei manoscritti (non tutti, ma quelli soltanto cui ci è occorso di far riferimento nelle note):

A: Palinsesto Ambrosiano (G 82 sup.) sec. IV-V
B: Palatino Vaticano (1615), sec. X-XI
C: Palatino Heidelbergense (1613), sec. X-XI
D: Vaticano (3870), sec. X-XI

Di grande utilità resta la cosiddetta *Editio maior* curata da Ritschl-Loewe-Goetz-Schoell, Leipzig, 1879-1892 (il lavoro promana dalla scuola di F. Ritschl, il *sospitator Plauti*, lo studioso che costituisce un po' il cardine degli studi plautini in età moderna). Fondamentali le edizioni di F. Leo, Berlin, 1895, e di W.M. Lindsay, Oxford, 1904. La più recente edizione completa di Plauto è quella curata da A. Ernout, Paris Les Belles Lettres, pubblicata a partire dal 1933 (e più volte ristampata). Non mancano poi buone edizioni parziali di singole commedie (fra queste segnaliamo quella delle *Bacchides* curata da C. Questa, Firenze, 1975).

Opere di carattere generale:

F. Leo, *Plautinische Forschungen*, Berlin, 1912² (ancora fondamentale).
G. Jachmann, *Plautinisches und Attisches*, Berlin, 1931.

F. Arnaldi, *Da Plauto a Terenzio*, Napoli, 1946.
W. Beare, *The Roman Stage*, London, 1952².
G.E. Duckworth, *The Nature of Roman Comedy*, Princeton, 1952 (1971²).
E. Paratore, *Storia del teatro latino*, Milano, 1957.
M. Barchiesi, *Problematica e poesia in Plauto*, « Maia » n.s. 9, 1957, 163 sgg.
R. Perna, *L'originalità di Plauto*, Bari, 1955.
B.A. Taladoire, *Essai sur le comique de Plaute*, Monaco, 1956.
E. Fraenkel, *Elementi plautini in Plauto*, Firenze, 1960 (di particolare importanza).
E. Paratore, *Plauto*, Firenze, 1961.
M. Delcourt, *Plaute et l'impartialité comique*, Paris-Bruxelles, 1964.
F. Della Corte, *Da Sarsina a Roma*, Firenze, 1967².
J. Blänsdorf, *Archaische Gedankengänge in den Komödien des Plautus*, Hermes-Einzelschr., 1967.
E. Segal, *Roman Laughter, The Comedy of Plautus*, Cambridge, Mass., 1968.
M. Fuhrmann, *Plautus*, in *Der kleine Pauly* 4, Stuttgart, 1971, 911 sgg.
N. Zagagi, *Tradition and Originality in Plautus*, Göttingen, 1980.
M. Bettini, *Verso un'antropologia dell'intreccio*, « Materiali e discussioni per l'analisi dei testi classici » 7, 1982, 39 sgg.
G. Petrone, *Teatro antico e inganno*, Palermo, 1983.
C. Questa - R. Raffaelli, *Maschere, prologhi, naufraghi nella commedia plautina*, Bari, 1984.
C. Questa, *Parerga Plautina*, Urbino, 1985.
N.W. Slater, *Plautus in performance*, Princeton, 1985.
Per la metrica ci si può affidare alla *Introduzione alla metrica di Plauto* di C. Questa, Bologna, 1967.

Traduzioni e commenti:

Fra le molteplici traduzioni italiane di tutto Plauto (accanto alla vecchia del Rigutini e Gradi, Firenze, 1870) segnaliamo quella di M. Scandola, Milano, Rizzoli 1954-1956; quella di C. Carena, Torino, Einaudi 1975; quella di E. Paratore, Roma, Newton-Compton 1976.

Un commentario perpetuo alle commedie plautine fu steso da J.L. Ussing, Kopenhagen, 1883-1892 (ristampa Hildesheim 1972). Non mancano naturalmente commenti alle singole commedie, fra cui segnaliamo quello classico del Lindsay ai *Captivi*, London, 1900 (ristampa Cambridge, 1962), e quello di G.E. Duckworth all'*Epidicus*, Princeton, 1940 (notevole per la quantità di materiale raccolto). Da non dimenticare infine l'esemplare antologia della palliata curata da A. Traina (*Comoedia*, Padova, 1969³).

Sulla Mostellaria:

Di questa commedia possediamo il commento di E.A. Sonnenschein, Oxford, 1907 (1964[3]); quello di N. Terzaghi, Torino, 1929; quello di J. Collart, Paris, 1970; quello di F.R. Merrill, London, 1972. Tra i saggi dedicati alla *Mostellaria*:

A. Knorr, *Das Griechische Vorbild der Mostellaria des Plautus*, Diss. München, 1934.
F. Della Corte, *La commedia del fantasma*, « Dioniso » 15, 1952, 49 sgg (= *Opuscula* II Genova, 1972, 17 sgg.).
G. Williams, *Some Aspects of Roman Marriage Ceremonies and Ideals*, « Journ. Rom. Stud. » 48, 1958, 16 sgg.
I. Weide, *Der Aufbau der Mostellaria des Plautus*, « Hermes » 89, 1961, 191 sgg.
E.W. Leach, *De exemplo meo ipse aedificato: an organizing Idea in the Mostellaria*, « Hermes » 97, 1969, 318 sgg.
J.C.B. Lowe, *Plautine Innovations in Mostellaria 529-857*, « Phoenix » 39, 1985, 6 sgg.

Sul Persa:

Al commento curato da G. Ammendola, Lanciano, 1922, si è aggiunta l'edizione commentata a cura di E. Woytek, Wien, 1982. Tra i saggi si può segnalare:

U. von Wilamowitz-Moellendorff, *De tribus carminibus plautinis commentatio: de Plauti Persa*, in *Kleine Schriften II*, Berlin, 1971, 249 sgg.
G.L. Müller, *Das Original des plautinischen Persa*, Diss. Frankfurt a.M., 1957.
G. D'Anna, *Il finale del Δύσκολος e il teatro plautino*, « Riv. Cult. class. e med. » 1, 1958, 298 sgg.
G. Chiarini, *La recita*, Bologna, 1979.

AVVERTENZA: il testo riportato a fronte della traduzione è quello di A. Ernout, *Plaute*, *Comédies*, vol. V, Paris Les Belles Lettres (più volte ristampato). Là dove me ne sono distaccato, l'ho segnato in nota (tranne che si trattasse di correggere semplici sviste o errori di stampa).

Personae

Tranio, *servus*
Grumio, *servus*
Philolaches, *adulescens*
Philematium, *meretrix*
Scapha, *ancilla*
Callidamates, *adulescens*
Delphium, *meretrix*
Theopropides, *senex*
Misargyrides, *danista*
Simo, *senex*
Phaniscus, *servus*
Pinacium, (?) *servus*
Sphaerio, (?) *puer*
Lorarii

Mostellaria

Personaggi

Tranione, *schiavo di Teopropide*
Grumione, *schiavo di campagna, anch'egli di Teopropide*
Filolachete, *figlio di Teopropide, amante di Filemazio*
Filemazio, *cortigiana, amante di Filolachete*
Scafa, *cameriera di Filemazio*
Callidamate, *amico di Filolachete*
Delfio, *cortigiana, amante di Callidamate*
Teopropide, *padre di Filolachete*
Misargiride, *usuraio*
Simone, *vicino di casa di Teopropide*
Fanisco, *schiavo di Callidamate*
Pinacio, *schiavo di Callidamate*
Sferione, *schiavetto di Teopropide*
Altri schiavi, muniti di cinghie

Siamo ad Atene. Sulla scena due case, quella di Teopropide e quella del vecchio Simone: bene in vista si eleva anche un altare.

Argumentum

Manu misit emptos suos amores Philolaches,
Omnemque absente rem suo absumit patre.
Senem, ut revenit, ludificatur Tranio;
Terrifica monstra dicit f*i*eri in aedibus,
Et inde pri*de*m emigratum. Intervenit
Lucripeta fenus fenerator postulans,
Ludosque rursum fit senex; nam mutuum
Acceptum [tum] dicit pignus emptis aedibus.
Requirit quae sint: ait vicini proxumi.
Inspectat illas. Post se derisum dolet,
Ab sui sodale gnati exoratur tamen.

Argomento

Filolachete ha comprato la sua amante per liberarla, e mentre suo padre è lontano sperpera tutto il patrimonio. Quando il vecchio ritorna Tranione lo prende in giro: dice che in casa avvengono prodigi terribili, e che da tempo hanno dovuto traslocare. Sopraggiunge un usuraio, avido di guadagno, reclamando gli interessi, ma il vecchio è ingannato una seconda volta: Tranione gli dice infatti che il prestito su pegno è stato fatto per comprare una casa. Chiede quale sia: gli dice che è quella del vicino lì accanto. La va a vedere. Poi gli brucia di esser stato preso in giro, ma viene placato dall'amico di suo figlio.

⟨ACTUS I⟩

GRUMIO TRANIO
SERVI II

GR. Exi e culina sis foras, mastigia,
Qui mihi inter patinas exhibes argutias.
Egredere, *e*rilis permities, ex aedibus.
Ego pol te ruri, si vivam, ulciciscar probe.
Exi, inquam, †nidore cupinam†; quid lates?
TR. Quid tibi, malum, hic ante aedis clam⟨it⟩atiost?
An ruri censes te esse? abscede ab aedibus.
Abi rus, abi dierecte; abscede ab ianua.
E*m*; hocine volebas?
GR. Perii. Qur me verberas?
TR. Quia vivis.
GR. Patiar. Sine modo adveniat senex.
Sine modo venire salvom, quem absentem comes.
TR. Nec veri simile loquere nec verum, frutex:
Comesse quemquam ut quisquam absentem poss*i*et?
GR. Tu urbanus vero scurra, deliciae popli,
Rus mihi tu obiectas? sane hoc, credo, Tranio,
Quod te in pistrinum s*c*is actutum tradier.
Cis hercle paucas tempestates, Tranio,
Augebis ruri numerum, genus ferratile.
Nunc dum tibi lubet licetque, pota, perde rem,
Corrumpe *e*rilem, adulescentem optumum*;

5. Il testo è corrotto irrimediabilmente.
21. Il testo è lacunoso, anche se il senso è chiaro.

ATTO I

Scena I

GRUMIONE E TRANIONE

GRUMIONE Andiamo, vieni fuori dalla cucina, furfante: e smettila di fare lo spiritoso al riparo fra le padelle! Esci di casa, disgrazia del tuo padrone. Per Polluce, se son vivo, in campagna te la farò pagare come si deve. Esci, ti dico, ... perché ti nascondi?

TRANIONE Accidenti, ma che hai da gridare qui davanti casa? Ti credi di essere in campagna? Va' via di qui, vattene in campagna, vattene al diavolo. E staccati dalla porta! Toh, è questo che volevi? (*Lo colpisce*)

GRUMIONE Povero me, perché mi picchi?

TRANIONE Perché sei al mondo.

GRUMIONE E va bene, pazienza. Lascia solo che torni il vecchio: lascia solo che torni sano e salvo, quel pover'uomo che tu ti mangi vivo mentre è via.

TRANIONE Quel che dici non è né verisimile né vero, testa di legno: come si potrebbe mangiare qualcuno mentre è via?

GRUMIONE E così tu, damerino di città, coccolino del popolo, mi rinfacci la mia campagna, eh? Ma lo so perché, Tranione: perché sai bene che da un momento all'altro ti manderanno alla mola. Non passerà molto tempo, Tranione, che tu verrai ad aumentare il numero di noi in campagna, razza da catena. Ora, finché ne hai la possibilità e la voglia, bevi, sperpera il patrimonio, guasta il padroncino, quel bravo ragazzo! Bevete notte e

Dies noctesque bibite, pergraecaminei;
Amicas emite, liberate; pascite
Parasitos; obsonate pollucibiliter.
Haecine mandavit tibi, quom peregre hinc *i*t, senex?
Hocine modo hic rem curatam offendet suam?
Hocine boni esse officium servi existumas,
Ut eri sui corrumpat et rem et filium?
Nam ego illum corruptum duco, quom his factis studet;
Quo nemo adaeque iuventute ex omni Attica
Antehac est habitus parcus nec magis continens,
Is nunc in aliam partem palmam possidet.
Virtute id factum tua et magisterio tuo.
TR. Quid tibi, malum, me aut quid ego agam curatiost?
An ruri, qu*a*eso, non sunt quos cures boves?
Lubet potare, amare, scorta ducere:
Mei tergi facio haec, non tui, fiducia.
GR. Quam confidenter loquitur [fue]!
TR. At te Iuppiter
Dique omnes perdant! ⟨Fufae!⟩ oboluisti alium,
Germana inluvies, rusticus hircus, hara sui⟨s⟩,
C*a*en*u*m c*o*pr*o* commixt*u*m.
GR. Quid vis fieri?
Non omnes possunt olere unguenta exotica,
Si tu oles, neque superior⟨es⟩ [quam erus] accumbere,
Neque tam facetis, quam tu vivis, victibus.
Tu tibi istos habeas turtures, piscis, avis;
Sine me aleato fungi fortunas meas.
Tu fortunatu's, ego miser; patiunda sunt.
Meum bonum me, te tuum maneat malum.

22. *pergraecaminei*: nel verbo *pergraecari* c'è tutta la riprovazione che la romanità di tipo « catoniano » dimostrava nei confronti dei greci, accusati di essere troppo inclini a lussi e mollezze.
24. *Pollucibiliter*: avverbio tratto da un antico termine della lingua religiosa, *polluceo*, cioè « offro in sacrificio un ricco festino » (cfr. E. Benveniste, *Il vocabolario delle istituzioni indoeuropee*, tr. it. Torino, 1976, II, pp. 480 sgg.).
37. *mei tergi*: l'allusione è alle frustate che lo schiavo, così facendo, rischia di prendersi.
38. Nel parlare Grumione gli si è avvicinato troppo, e gli ha

giorno, continuate a vivere alla greca, comprate amanti, e poi affrancatele! Ingrassate i parassiti, fate provviste degne di un banchetto per gli dei! Sono questi gli ordini che ti aveva dato il vecchio partendo per l'estero? È questo il modo in cui si aspetta di trovare amministrati i suoi beni? È questo, secondo te, il dovere di un servo come si deve, guastare figlio e patrimonio al suo padrone? Perché per me è bell'e rovinato, da che sta dietro a cose del genere. Lui, che prima era considerato il più parsimonioso, il più temperante di tutti i giovani dell'Attica, e non aveva chi gli stesse a pari: ora la palma l'ha presa in tutt'altro campo. E il merito è tutto tuo, e dei tuoi insegnamenti!

TRANIONE Mi dici che te ne importa a te, accidenti, di me e di quel che faccio? Ma non ce n'hai buoi da badare in campagna? Mi piace bere, far l'amore e pagarmi le donne. Ci gioco le mia spalle, non le tue.

GRUMIONE Ma senti che arroganza!

TRANIONE (*disgustato*) Che Giove e tutti gli dei ti mandino in malora. Puuh, mi hai mandato una tanfata d'aglio, sudiciume puro, caprone d'un contadino, castro da maiali, impasto di fango e di sterco.

GRUMIONE Che vuoi, se tu profumi di unguenti esotici non è detto che tutti possano farlo; né che possano sedere a capotavola, o vivere di pietanzine delicate come le tue. Tienti pure le tue tortore, i pesci, gli uccellini, e lasciami col mio aglio al mio destino. Tu sei fortunato, io no: pazienza. A ciascuno ciò che l'attende: bene a me, e male a te.

---

sbuffato in faccia. È possibile che nella recitazione Grumione enfatizzasse, a questo scopo, il gruppo *-nf-* di *confidenter* (nel testo dei codici c'è un *fue* che però guasta il metro: al v. seguente, dove manca invece qualcosa, Goetz integrava un *fufae*).

40. Sul verso cfr. G. Chiarini, « St. cl. e or. », 31, 1972, pp. 277 sgg. (che propone tra l'altro di dividerlo in tre cola ritmico-sintattici).

44. Il verso è corrotto. Per il significato di *superior accumbere* cfr. la nota a *Per.* 767.

⟨TR.⟩ Quasi invidere mihi hoc videre, Grumio,
Quia mihi bene est et tibi male est. Dignissumumst.
Decet me amare et te bubulcitarier,
Me victitare pulcre, te miseris modis.
GR. O carnufic⟨i⟩um cribrum, quod credo fore;
Ita te forabunt patibulatum per vias
Stimulis, *si huc reveniat senex.
TR. Qui scis an tibi istuc eveniat prius quam mihi?
GR. Quia numquam merui; tu meruisti et nunc meres.
TR. Orationis operam compendi face,
Nisi te mala re magna mactari cupis.
GR. Eruom daturi⟨n⟩ estis bubus quod feram?
Date si non estis; agite, porro pergite,
Quoniam occepistis; bibite, pergraecamini,
Este, ecfer*c*ite vos, saginam caedite.
TR. Tace atque abi rus; ego ire in Piraeum volo
In vesperum parare piscatum mihi.
Eruom tibi aliquis cras faxo ad villam adferat.
Quid est quod tu me nunc optuere, furcifer?
GR. Pol tibi istuc credo nomen actutum fore.
TR. Dum inter*e*a sic sit, istuc 'actutum' sino.
GR. Ita est; sed unum hoc scito: nimio celerius
†Venire quod moleste† quam illud quod cupide petas.
TR. Molestus ne sis nunciam; i, rus te amove.
Ne tu [erres] hercle praeterhac mihi non facies moram.
⟨GR.⟩ Satin abiit neque quod dixi flocci existumat?
Pro di inmortales, obsecro vostram fidem,
Facite huc ut redeat noster quam primum senex,
Triennium qui iam hinc abest, priusquam omnia

57. Il verso è lacunoso, ma il senso è chiaro.
63. Il verso è alquanto incerto. In questa restituzione (del Sonnenschein) verrebbe fuori un gioco di parole fra *estis* seconda persona del verbo essere e *estis* da *edo,* « mangiate ».
65. *Saginam caedite*: espressione interessante; probabilmente vale « abbattete gli animali da ingrasso » (che si nutrivano e conservavano solo per le grandi occasioni). Cfr. l'*Introduzione*, pp. 13 sg., e il v. 236.
73. Testo corrotto. Può esserci però un gioco di parole fra il *moleste* di Grumione e il *molestus ne sis* nella risposta di Tranione.

TRANIONE Quasi mi sembra che tu mi invidi, Grumione, perché io me la passo bene e tu te la passi male. Ma non c'è niente di più giusto. Torna bene che io faccia l'amore e tu badi ai buoi, che io faccia la bella vita e tu triboli.

GRUMIONE O crivello del boia, perché è sicuro che lo diventerai: ti metteranno addosso la forca e ti sforacchieranno per le vie a colpi di pungolo, quando tornerà il vecchio.

TRANIONE Come fai a sapere che questo non toccherà prima a te che a me?

GRUMIONE Perché non ho mai fatto nulla per meritarlo. Tu te lo sei meritato, e anche adesso continui a far di tutto per meritartelo.

TRANIONE Non chiacchierare tanto, stringi, se non vuoi beccarti qualche malanno grosso (*leva la mano minaccioso*).

GRUMIONE Me lo volete dare sì o no il foraggio da portare ai buoi? Datemelo, se non ve lo mangiate voi. Via, continuate pure come avete cominciato: bevete, gozzovigliate come fanno i Greci, pappate, rimpinzatevi, fate strage di bei bocconi grassi!

TRANIONE Sta' zitto e tornatene in campagna. Io voglio andarmene al Pireo, a comprarmi un po' di pesce per la cena. Stai sicuro che domani qualcuno ti porterà il foraggio alla fattoria. Che hai ora da guardare, pezzo da forca?

GRUMIONE Per Polluce, penso proprio che fra poco questo nome toccherà a te.

TRANIONE Basta che per ora le cose vadano come vanno, mi sta bene anche il tuo « fra poco ».

GRUMIONE Va bene, ma ricordati soltanto questo: quel che ci dà fastidio capita prima di quel che si desidera.

TRANIONE Cerca tu di non darmi più fastidio: via, tornatene in campagna. Per Ercole, di tempo non me ne farai perdere altro, sta' sicuro (*rientra*).

GRUMIONE Ma come, se n'è andato? E non gl'importa un fico di quel che gli ho detto? Oh dei immortali, vi scongiuro, fate che il nostro padrone vecchio torni al più presto, prima che tutto se ne vada in malora, la casa e la terra: manca ormai da tre anni, e se non ritorna ce n'è

Periere, et aed*es* et ager. Qui nisi huc redit,
Paucorum mens*um* sunt relictae reliquiae.
Nunc rus abibo; nam eccum erilem filium
Video, corruptum | ex adulescente optumo.

PHILOLACHES
ADOLESCENS

Recordatus multum et diu cogitavi
Argumentaque in pectus multa institui
Ego atque in meo corde – si est quod mihi cor –
Eam rem volutavi et diu disputavi,
Hominem cuius rei, quando natus est,
Similem esse arbitrarer simulacrumque habere.
Id repperi iam exemplum.
Novarum aedium esse arbitro similem ego hominem,
Quando [hic] natus est. Ei rei argumenta dicam.
Atque hoc haud videtur veri simile vobis,
At ego id faciam ita esse ut credatis.
Profecto esse ita ut praedico vera vincam.
Atque hoc vosmet ipsi, scio, proinde uti nunc
Ego esse autumo, quando dicta audietis
Mea, haud aliter id dicetis.
Auscultate, argumenta dum dico ad hanc rem;
Simul gnaruris vo⟨s⟩ volo esse hanc rem mecum.
Aedes quom extemplo sunt paratae, expolitae,
Factae probe examussim,
Laudant fabrum atque aedes probant, sibi quisque inde exemplum expetunt,
Sibi quisque similis vo*lt* sua*s*; sumptum, operam ⟨non⟩ parcunt suam.
Atque ubi illo inmigrat nequam homo, indiligens [que],
Cum pigra familia, inmundus, ⟨in⟩strenuus,
Hic iam aedibus vitium additur, bonae cum curantur male.
Atque illud saepe fit: tempestas venit,
Confringit tegulas imbricesque. Ibi
Dominus indiligens reddere alias nevolt.
Venit imber, lavit parietes, perpluunt,
Tigna put*e*facit, per⟨dit⟩ operam fabri.

per pochi mesi. Ora me ne rivado in campagna. Ma ecco che vedo il padroncino: come s'è rovinato da quel bravo ragazzo che era!

Scena II

FILOLACHETE

Ho riflettuto molto, ci ho pensato a lungo, mi son fatto fra me e me un bel po' di ragionamenti e nel mio cervello – ammesso che io abbia un cervello – ho rigirato e soppesato a lungo la questione: a cosa si potrebbe paragonare un uomo quando nasce? A cosa si può dire che assomigli? E finalmente ho trovato questo paragone. Io penso che un uomo, quando nasce, rassomiglia ad una casa nuova, ed ecco qui le ragioni. Magari la cosa vi sembrerà poco verisimile, ma io farò in modo che ve ne possiate convincere. Vi dimostrerò che quanto dico è vero e voi stessi, ne sono sicuro, quando avrete udito il mio discorso, direte che le cose stanno proprio come dico io. Ascoltatemi, mentre sostengo la mia tesi: voglio che siate edotti quanto me della faccenda.

Non appena una casa è pronta, rifinita, tirata su proprio a regola d'arte, allora tutti lodano l'architetto e ammirano l'edificio; ciascuno lo prende a modello per sé e vuole che il proprio gli rassomigli. Nessuno lesina né sui soldi né sulla fatica. Ma quando ci va ad abitare uno scansafatiche, trascurato, con servi svogliati, sporco, trasandato, allora la casa comincia a guastarsi: è fatta bene ma è tenuta male. Ed ecco quel che succede spesso: viene il temporale, spacca le tegole e gli embrici, ma il padrone sfaticato non ha voglia di farli cambiare. Viene la pioggia, bagna i muri – che cominciano a filtrare acqua – e così fa marcire le travi, e guasta l'opera del costruttore. Ormai l'edificio si è

Nequior factus iam est usus aedium;
Atque ⟨ea⟩ haud est fabri culpa, sed magna pars
Mor*e*m hunc induxerunt: siquid nummo sarciri potest,
Usque mantant neque id faciunt, donicum
Parietes ruunt: aedificantur aedes totae denuo.
Haec argumenta ego aedificiis dixi; nunc etiam volo
†Dicere ut homin*e*s aedium esse similis arbitremini.
Primumdum parentes fabri liberum sunt.
E*i* fundamentum substruunt liberorum,
Extollunt, parant sedulo in firmitatem,
Et, ut ⟨et⟩ in usum boni et in speciem
Pop*l*o sint sibique, *h*aud materiae reparcunt,
Nec sumptus *s*ibi sumptui esse ducunt.
Expoliunt, docent litteras, iura, leges;
Sumptu suo et labore
Nituntur, ut alii sibi esse illorum similis expetant.
Ad legionem †comita† adminiculum eis danunt
†Tum iam aliquem cognatum suum.
†Eatenus abeunt a fabris unum ubi emeritumst stipendium.
Igitur tum specimen cernitur quo eveniat aedificatio.
Nam ego ad illud frugi usque et probus fui,
In fabrorum potestate dum fui.
Postea, qu*o*m immigravi ingenium in meum,
Perdidi operam fabrorum ilico oppido.
Venit ignavia. Ea m*i* tempestas fuit;
M*i* adventu suo grandinem imbremque attulit.
Haec verecundiam m*i* et virtutis modum
Deturbavit [texit] detexitque a me⟨d⟩ ilico.
Postilla optigere *me* neglegens fui;
Continuo pro imbre amor advenit [in cor meum].
Is usque in pectus permanavit, permadefecit cor meum.
Nunc simul res, fides, fama, virtus, decus[que]
Deseruerunt; ego sum in usu factus nimio nequior.
Atque edepol ita haec tigna umid⟨itat⟩e putent; non videor mihi
Sarcire posse aedes meas, quin totae perpetuae ruant,

119. Testo poco sicuro.
129 sgg. Il testo è probabilmente guasto sino al v. 131, e il senso che ne emerge è solo parziale.

molto degradato all'uso. Ma non è colpa dell'architetto, è che tanta gente ha questa brutta abitudine: se si può rimediare a qualcosa con poche lire, aspettano, aspettano e non ne fanno nulla, finché i muri franano: così bisogna ricostruire tutta la casa da capo.

Questi sono dunque i miei ragionamenti sulle case. Ora voglio anche dirvi come dobbiate credere che gli uomini sono simili a una casa. Prima di tutto i genitori sono come i costruttori dei loro figli. Gettano le fondamenta dei loro figli, li tirano su, ce la mettono tutta per consolidarli. Non pensano a risparmiare sul materiale per farli buoni e belli, per sé e per il popolo, e le spese che sopportano non le considerano nemmeno spese. Rifiniscono la loro educazione, gli insegnano lettere, diritto, leggi: a suon di quattrini e di fatica si sforzano di fare in modo che gli altri desiderino aver dei figli come i loro. Quando poi vanno sotto le armi, si preoccupano di dargli qualche parente come appoggio. Dopo la loro prima campagna, non sono più sotto il controllo dell'architetto: e si comincia a vedere che ne sarà della costruzione. Guardate me, per esempio. Finché rimasi sotto la potestà dei costruttori, ero un ragazzo per bene e assennato. Ma poi, non appena mi trasferii in me stesso, sono subito riuscito a mandare completamente in malora il lavoro dei costruttori. Mi venne addosso la voglia di non far nulla, il mio temporale: e col suo arrivo mi ha portato anche pioggia e grandine. Immediatamente mi strappò via ogni ritegno ed ogni moderazione, e quasi mi ha lasciato scoperchiato. Poi non ho avuto voglia di rifarmi il tetto. E subito, come la pioggia, venne l'amore, e mi è filtrato sino in fondo al petto, ha inzuppato ogni mia ragione. E ora patrimonio, credito, reputazione, virtù, decoro, tutti insieme mi hanno abbandonato: io non sono più buono a nulla. Che anzi, per Polluce, queste travi per l'umido son marce, e non vedo come si possa rappezzare l'edificio senza che crolli tutto definitivamente: è guasto dalle

[Quin] Cum fundamento perierint, nec quisquam esse auxilio queat.
Cor dolet, cum scio ut nunc sum atque ut fui,
Quo neque industrior de iuventute erat
Arte gymnastica. Disco, hastis, pila,
Cursu, armis, equo, victitabam volup.
Parsimonia e⟨t⟩ duritia disciplinae aliis eram;
Optumi quique expetebant a me doctrinam sibi.
Nunc, postquam nihili sum, id vero meopte ingenio repperi.

PHILEMATIUM MERETRIX — **SCAPHA** ANCILLA — **PHILOLACHES** ADOLESCENS

PHILE. Iam pridem ecastor frigida non lavi magis lubenter,
Nec quom me melius, mea Scapha, rear esse deficatam.
SC. Eventus rebus omnibus⟨t⟩, velut horno messis magna
Fuit.
PHILE. Quid ea messis attinet ad meam lavationem?
SC. Nihilo plus quam lavatio tua ad messim.
PHILO. Oh Venus venusta!
Haec illa est tempestas mea, mihi quae modestiam omnem
Detexit, tectus qua fui. *Tu*m mihi Amor et Cupido
In pectus perpluit meum, neque iam umquam opt*i*gere possum.
Madent iam in corde parietes; periere haec oppido aedes.
PHILE. Contempla, amabo, mea Scapha, satin haec me vestis deceat.
Volo m*e* placere Philolach*i*, meo ocello, meo patrono.
SC. Qui*d* tu te exornas, moribus lepidis quom lepida tute es?

150 sgg. Testo poco sicuro: probabilmente è caduto qualcosa.
158. *deficatam*: la *faex* (da cui *de-ficata*) è propriamente il sedimento o fondo (la « feccia ») lasciato dal vino. Filemazio, per esprimere il benessere che l'ha invasa dopo il bagno, dichiara insomma di sentirsi come un vino liberato dal torbido (mi pare perciò inutile, oltre che banalizzante, la correzione *defricata*

fondamenta, e nessuno mi può aiutare. Mi piange il cuore quando penso a quel che sono ora e a quello che ero. Non c'era nessuno fra i giovani più abile di me negli esercizi sportivi. Disco, giavellotto, palla, corsa, armi, cavallo erano la mia vita, la mia gioia. Per sobrietà e fortezza ero di esempio agli altri, ed i migliori venivano ad imparare da me. Ora non valgo più nulla, e di questo non posso ringraziare che me stesso.

Scena III

FILEMAZIO, SCAFA, FILOLACHETE

FILEMAZIO (*esce di casa con la sua schiava: ancora non è perfettamente abbigliata*) Da tempo, per Castore, non prendevo tanto volentieri un bagno freddo, mia cara Scafa, né mi sentivo così pulita come adesso.

SCAFA Tutto va a meraviglia: anche il raccolto quest'anno è stato abbondante.

FILEMAZIO Che c'entra il raccolto col mio bagno?

SCAFA Tanto quanto il tuo bagno col raccolto.

FILOLACHETE (*a parte*) O Bella fra le belle! Ecco il mio temporale, colei che ha scoperchiato tutta la mia copertura di modestia. Fu allora che Amore e Cupido mi piovvero nel petto, e ormai non posso più ripararmi. I muri della mia ragione sono ormai zuppi, questa casa è guastata per sempre.

FILEMAZIO Guarda, ti prego, o mia Scafa, se questa veste mi dona. Voglio esser bella per Filolachete, pupilla dei miei occhi, mio protettore.

SCAFA Che bisogno hai di farti bella, se sei già bella per

---

proposta recentemente da J. Foster, « Rh. Mus. » 117, 1974, p. 190 sgg.).

161. *Venus venusta,* dice il testo, « Venere deliziosa ». Ma c'è in più la figura etimologica fra *Venus* e *venus-ta.*

Non vestem amatores amant mulieris, sed vestis fartim.
PHILO. Ita me di ament, lepida⟨st⟩ Scapha; sapit scelesta multum.
Ut lep*i*de omnis ⟨mo⟩res tenet sententiasque amantum!
PHILE. Quid nunc?
SC. Quid est?
PHILE. Quin me aspice et contempla ut haec me dece⟨a⟩t.
SC. Virtute formae id evenit, te ut deceat quicquid habeas.
PHILO. Ergo ob *ist*oc verbum te, Scapha, donabo ego hodie aliqui,
Neque patiar te istanc grat*i*is laudasse, quae placet m*i*.
PHILE. Nolo ego te adsentari mihi.
SC. Nimis tu quidem stulta es mulier.
Eho, mavis vituperari⟨er⟩ falso quam vero extolli?
Equidem pol vel falso tamen laudari multo malo
Quam vero culpari, aut meam speciem alios inridere.
⟨PHILE.⟩ Ego verum amo; verum volo dici mihi; mendacem odi.
SC. Ita tu me ames, ita Philolaches tuus te amet, ut venusta es.
PHILO. Quid ais, scelesta? quomodo adiurasti? ita ego istam amarem?
Quid istaec me, id cur non additum est? infecta dona facio.
Peristi; quod promiseram tibi dono, perdidisti.
SC. Equidem pol miror tam ca*t*am, tam †doctam† te et bene doctam
N*unc* stultam stulte facere.
PHILE. Quin mone, quaeso, si quid erro.
SC. Tu ecastor erras, quae quidem illum expectes unum, atque illi
Morem praecipue sic geras, atque alios aspernere.
Matronae, non meretricium est unum inservire amantem.

186. La ripetizione *doctam te et bene doctam* ha dato fastidio ad alcuni editori, fra cui Ernout. La specularità con lo *stultam stulte facere* che segue (v. 187) mi inviterebbe forse a correggere in *tam docte te et bene doctam*: cfr. del resto v. 279 *nil hoc docta doctius*, etc.

le tue belle maniere? Non è la veste che gli amanti amano in una donna, ma ciò che la riempie.

FILOLACHETE (*a parte*) Gli dei mi assistano, che donna di mondo è questa Scafa! La sa lunga, la sciagurata. Con che garbo conosce i costumi e i pensieri degli amanti!

FILEMAZIO (*impaziente*) E allora?

SCAFA Che cosa?

FILEMAZIO Guardami piuttosto, e dimmi se mi sta bene.

SCAFA Grazie alla tua bellezza tutto quel che ti metti ti sta bene.

FILOLACHETE (*a parte*) E io per queste parole, Scafa, oggi ti farò un regalino. Non permetterò che la mia bella sia lodata gratuitamente.

FILEMAZIO Guarda che io non voglio che tu mi aduli.

SCAFA Davvero sei proprio una sciocca. Ma come, preferisci che si parli male di te a torto piuttosto che ti si facciano dei complimenti a ragione? Quanto a me, per Polluce, preferisco di gran lunga che la gente mi lodi anche a torto piuttosto che mi critichino a ragione, o peggio ancora che mi ridano dietro per il mio aspetto.

FILEMAZIO Io amo la verità, e voglio che mi si dica la verità. Odio i bugiardi.

SCAFA Che tu possa volermi bene, e il tuo Filolachete possa volerti bene, tanto quanto sei bella!

FILOLACHETE (*a parte*) Che dici, disgraziata? Che giuramento è questo? Io solo dovrei amarla? Perché non hai aggiunto che anche lei deve amarmi? Mi rimangio tutti i regali, per me sei bell'e finita. Non ci pensare più a quel regalo che ti avevo promesso.

SCAFA Mi meraviglio davvero, per Polluce, che una ragazza così accorta, così esperta e così smaliziata faccia la sciocca così scioccamente.

FILEMAZIO Dimmi, dimmi pure se sbaglio in qualcosa.

SCAFA Sì, per Castore, tu fai l'errore di non pensare che a lui: sei tutta per lui, agli altri non ci badi neppure. Ma dedicarsi tutta ad un solo amante è cosa da matrone, non da cortigiane.

PHILO. Pro Iuppiter, nam quod malum *versatur* meae dom⟨i⟩ illu*d*?
Di deaeque omnes me pessimis exemplis interficiant,
Nisi ego illam anum interfecero siti fameque atque algu.
PHILE. Nolo ego m*ih*i male te, Scapha, praecipere.
SC. Stulta es plane,
Quae illum tibi aeternum putes fore amicum et benevolentem.
Moneo ego te: te ille deseret aetate et satietate.
PHILE Non spero.
SC. Insperata accidunt magis s*a*epe quam qu*a*e speres.
Postremo, si dictis nequis perduci ut vera haec credas
Mea dicta, ex factis nosce rem. Vides quae sim; et quae fui ante!
Nihilo ego quam nunc tu amata sum, atque uni modo gessi morem,
Qui pol me, ubi aetate hoc caput colorem commutavit,
Reliquit deseruitque me. Tibi idem futurum credo.
PHILO. Vix comprimor quin involem illi in oculos stimulatrici.
PHILE. Solam ille me soli sibi suo ⟨sumptu⟩ liberavit:
[Solam] Illi m*e* soli censeo esse oportere opsequentem.
PHILO. Pro di immortales, mulierem lepidam et pudico ingenio!
Bene hercle factum, et gaudeo mihi nil esse huius causa.
SC. In*scita* ecastor tu quidem es.
PHILE. Quapropter?
SC. Quae istuc ⟨cures⟩,
Ut te ille amet.
PHILE. Cur, obsecro, non curem?
SC. Libera es iam.
Tu iam quod quaerebas habes: ille te nisi amabit ultro,
Id pro capite tuo quod dedit perdiderit tantum argenti.

200. Il testo ha una particolarità stilistica vivace (forse del parlato) e cioè *nihilo ... quam* per *nihilo m i n u s ... quam.* Per questo « *positivus pro comparativo* » cfr. il saggio omonimo di S. Timpanaro, ora in *Contributi di filologia e di storia della lingua latina,* Roma, 1978, pp. 38 sgg. (partic. n. 8).
208. Cfr. n. al v. 235 – Di qui sino al v. 235 si sono volute

FILOLACHETE (*a parte*) Per Giove, che razza di accidente è questo che mi gira per casa? Che tutte le dee e tutti gli dei mi facciano morire fra i peggiori tormenti se non farò schiantare di sete, di fame e di freddo questa vecchia!

FILEMAZIO Non voglio sentire cattivi consigli, Scafa.

SCAFA Sei proprio una sciocca a pensare che lui sarà il tuo amante e il tuo benefattore in eterno. Da' retta a me, ti lascerà con gli anni e con la noia.

FILEMAZIO Non è questo che mi aspetto.

SCAFA Le cose che non ci aspettiamo capitano più spesso di quelle che ci aspettiamo. Ma insomma, se le parole non riescono a convincerti che ciò che ti dico è la verità, giudica dai fatti. Guardami, come sono: e com'ero, una volta! Non sono stata certo amata meno di quanto lo sei tu ora, e anch'io mi concedevo ad uno solo: ma lui, per Polluce, quando la mia testa ha cambiato colore con gli anni, mi ha lasciato e non s'è più visto. Ti succederà lo stesso, ne sono sicura.

FILOLACHETE (*a parte*) Mi trattengo a stento dal saltare agli occhi di questa metti-male.

FILEMAZIO Mi ha liberato coi suoi soldi, per aver me sola per lui solo. Mi par giusto che io sia tutta per lui.

FILOLACHETE (*a parte*) Dei immortali, che donna amabile e onesta! Ho fatto proprio bene, per Ercole, sono contento d'essermi rovinato per lei.

SCAFA Sì, per Castore, sei proprio una sciocca.

FILEMAZIO Ma perché?

SCAFA Perché ti preoccupi di avere il suo amore.

FILEMAZIO E perché non dovrei preoccuparmene, scusa?

SCAFA Ormai sei libera, hai già quello che cercavi: se ora lui, per parte sua, non continuerà a volerti bene, perderà tutto il denaro che ha speso per riscattarti.

---

vedere (dal Ladewig) tracce di un'aggiunta posteriore a Plauto: cfr. W.H. Friedrich « Herm. » 76, 1941, pp. 128 sgg.; H. Fuchs « Herm. » 79, 1944, pp. 127 sgg.; e soprattutto G. Williams, *op. cit.*

PHILO. Perii hercle, ni ego illam pessumis exemplis enicasso.
Illa hanc corrumpit mulierem malesuada †vitilena†.
PHILE. Numquam ego illi possum gratiam referre, ut meritust de me.
Scapha, id tu mihi ne suadeas, ut illum minoris pendam.
SC. At hoc unum facito cogites: si illum inservibis solum
Dum tibi nunc haec aetatulast, in senecta male querere.
PHILO. In anginam ego nunc me velim verti, ut veneficae illi
Fauces prehendam atque enicem scelestam stimulatricem.
PHILE. Eundem animum oportet nunc mihi esse gratum, ut inpetrav*i*,
Atque olim priusquam id extudi, quom illi subblandiebar.
PHILO. Di⟨vi⟩ me faciant quod volunt, ni ob istam orationem
Te liberasso denuo et ni *S*cap*h*am enicasso.
SC. Si tibi sat acceptum est fore tibi victum sempiternum,
Atque illum amatorem tibi proprium futurum in vita,
Soli gerundum censeo morem et capiundas crin*i*s.
PHILE. Ut fama est homini, exin solet pecuniam invenire.
Ego si bonam famam mihi servasso, sat ero dives.
PHILO. Siquidem hercle vendund*ust* pater, venibit multo potius
Quam te me vivo umquam sinam egere aut mendicare.
SC. Quid illis futurum est ceteris qui te amant?
PHILE. Magis amabunt,
Quom ⟨me⟩ videbunt gratiam refer⟨re rem fe⟩renti.
PHILO. Utinam meus nunc mortuos pater ad me nuntietur,
Ut ego exheredem me meis bonis faciam atque haec sit heres.
SC. Iam ista quidem absumpta [quidem] res erit: dies noctesque estur, bibitur,
Neque quisquam parsimoniam adhibet: sagina plane est.
PHILO. In te hercle certumst princip*i* ut sim parcus experiri;

213. Il testo, alla fine del verso, è corrotto.
234. Mi distacco dal testo di Ernout (che segna *cruces*) per adottare la trasposizione *me meis* (*meis me* codd.) dello Schoell.

FILOLACHETE (*a parte*) Son morto, per Ercole, se non la farò crepare fra i più crudeli tormenti. Con i suoi cattivi consigli mi vuol guastare la donna, questa sciagurata.

FILEMAZIO Non potrò mai essergli abbastanza riconoscente per quanto ha fatto per me. È inutile, Scafa, che tu cerchi di convincermi a non tenerlo nel cuore.

SCAFA Però rifletti su questo solo: se vorrai essere soltanto per lui adesso che sei giovane e bella, da vecchia avrai di che piangere.

FILOLACHETE (*a parte*) Come vorrei potermi trasformare in angina per afferrare alla gola questa strega e strozzarla, metti-male maledetta.

FILEMAZIO Bisogna che io gli dimostri riconoscenza, ora che ho ottenuto quel che volevo, così come cercavo di intenerirlo con le carezze allora, prima di esserci riuscita.

FILOLACHETE (*a parte*) Che gli dei facciano di me ciò che vogliono, se per queste parole non vorrei liberarti una seconda volta... e strangolare Scafa!

SCAFA Se sei proprio sicura che avrai sempre di che vivere, e che il tuo amante sarà tuo tutta la vita, allora mi pare giusto che tu dia retta solo a lui: e che ti debba far le trecce come le matrone.

FILEMAZIO Ciascuno trova danaro a seconda della fama di cui gode. Se conserverò la mia buona reputazione, sarò ricca a sufficienza.

FILOLACHETE (*a parte*) Per Ercole, se sarà necessario che io venda mio padre lo venderò senza esitare, piuttosto che permettere, finché vivo, di vederti povera o mendicante.

SCAFA Che ne sarà di quegli altri che ti amano?

FILEMAZIO Mi ameranno ancor di più, nel vedermi riconoscente a chi mi fa del bene.

FILOLACHETE (*a parte*) Come vorrei che qualcuno mi annunciasse ora la morte di mio padre, per poter diseredare me di tutti i miei beni e farne erede lei!

SCAFA Ormai qui c'è rimasto ben poco da mungere. Giorno e notte si mangia, si beve, e nessuno bada a risparmiare: si vive all'ingrasso.

FILOLACHETE (*a parte*) Stai tranquilla che comincerò pro-

Nam neque edes quicquam neque bibes apud me *h*is dec⟨em⟩ diebus.
PHILE. Siquid tu in illum bene voles loqui, id loqui licebit;
Nec recte si illi dixeris, iam ecastor vapulabis.
⟨PHILO.⟩ Edepol si summo Iovi †bo† argento sacruficassem
Pro illius capite quod dedi, numquam aeque id bene [col]locassem.
[Ut] Videas eam medullitus me amare. Oh! probus homo sum:
Quae pro me causam diceret, patronum liberavi.
SC. Video te nihili pendere prae Philolache omnis homines;
Nunc, ne eius causa vapulem, tibi potius adsentabor,
Si acceptum sat habes tibi fore illum amicum sempiternum.
PHILE. Cedo mihi speculum et cum ornamentis arculam actutum, Scapha,
Ornata ut sim quom huc ⟨ad⟩veniat Philolaches, voluptas mea.
SC. Mulier quae se suamque aetatem spernit, speculo *ei* us*u*⟨s⟩ est:
Quid opust speculo tibi, quae tute speculo speculum es maxumum?
PHILO. Ob istuc verbum, ne nequiquam, Scapha, tam lepide dixeris,
Dabo aliquid hodie p*e*culi – tibi, Philematium mea.
PHILE. Suo quique loco, viden, capillus satis compositust commode?
SC. Ubi tu commod*a* es, capillum commodum esse credito.
PHILO. Vah, quid illa pote peius quicquam muliere ⟨me⟩morarier?
Nunc adsentatrix scelesta est, dudum adversatrix erat.
PHILE. Cedo cerussam.
SC. Quid cerussa opust nam?
PHILE. Qui malas oblinam.
SC. Una opera, ⟨era⟩, ebur atramento candefacere postules.

241. Testo parzialmente corrotto.
258. *cerussam*: la *cerussa* era il fondo-tinta delle donne romane, che serviva a rendere candida e liscia la pelle del viso. Sul-

prio da te a sperimentare il risparmio: per dieci giorni non berrai né mangerai un bel niente a casa mia.

FILEMAZIO Se vorrai dir bene di lui, potrai dirlo liberamente: se invece ne parlerai male, stai sicura, per Castore, che le prenderai!

FILOLACHETE (*a parte*) Per Polluce, se col denaro che ho speso per riscattarla avessi sacrificato al sommo Giove, non l'avrei impiegato altrettanto bene. Ma guarda come mi ama, con tutto il cuore! Ehi, non sono mica scemo, ho riscattato un avvocato perché difendesse la mia causa!

SCAFA Vedo proprio che, per te, gli altri uomini non valgono nulla rispetto a Filolachete. E allora, per non essere battuta per causa sua, ho deciso che ti asseconderò: sempre che tu sia proprio sicura che lui continuerà ad essere per sempre il tuo amante.

FILEMAZIO Dammi subito lo specchio e il cofanetto dei gioielli, Scafa. Voglio esser pronta per quando verrà Filolachete, il mio amore.

SCAFA Lo specchio serve alle donne che diffidano di se stesse e della propria giovinezza: che te ne fai tu di uno specchio, tu che sei il miglior specchio per ogni specchio?

FILOLACHETE (*a parte*) Che parole garbate, Scafa! Ma non le avrai pronunziate invano: ti meriti che io regali qualcosa – a te, mia Filemazio!

FILEMAZIO Ti pare che i capelli siano tutti a posto, come si deve?

SCAFA Visto che sei tu, come si deve, sta pur sicura che sono come si deve anche i capelli.

FILOLACHETE (*a parte*) Beh, che c'è di peggio di questa donna? Ora è tutta compiacenza, questa disgraziata, e un attimo fa tutta maldicenza.

FILEMAZIO Dammi il bianchetto.

SCAFA E a che ti serve mai il bianchetto?

FILEMAZIO Per passarmelo sulle guance.

SCAFA Tanto varrebbe, padrona, sbiancare l'avorio con l'inchiostro.

---

la *cerussa* si applicava poi il *fucus* o *purpurissum*, il color rosso.

PHILO. Lepide dictum de atramento atque ebore. Eug*ae*, plaudo Scaphae.
PHILE. Tum tu igitur cedo purpurissum.
SC. Non do. Scita es tuquidem.
Nova pictura interpolare vis opus lepidissimum?
Non istanc aetatem oportet pigmentum ullum attingere,
Neque cerussam neque Melinum neque aliam ullam offu*c*iam.
PHILE. Cape igitur speculum.
PHILO. Ei mihi misero! savium speculo dedit.
Nimis velim lapidem qui ego illi speculo dimminuam caput.
SC. Linteum cape atque exterge tibi manus.
PHILE. Quid ita, obsecro?
SC. Ut speculum tenuisti, metuo ne ol*a*nt argentum manus:
Ne usquam argentum te accepisse suspicetur Philolaches.
PHILO. Non videor vidisse lenam callidiorem ullam alteras.
Ut lepide atque astute in mentem venit de speculo mal*ae*!
PHILE. Etiamne unguentis unguendam censes?
SC. Minime feceris.
PHILE. Quapropter?
SC. Quia ecastor mulier recte olet, ubi n*i*l olet.
Nam ist*ae* veteres, quae se unguentis unctitant, interpoles,
Vetulae, edentulae, quae vitia corporis fuco occulunt,
Ubi sese sudor cum unguentis consociavit, ilico
Itidem olent quasi cum una multa iura confudit cocus:
Quid *o*la*n*t nescias, nisi id unum, *ut* male olere intellegas.
PHILO. Ut perdocte cuncta callet! nil hac docta doctius.
Verum illuc est; maxuma adeo pars vestrorum intellegit,
Quibus anus domi sunt uxores, quae vos dote meruerunt.
PHILE. Agedum, contempla aurum et pallam, satin haec ⟨me⟩ deceat, Scapha.
SC. Non me *i*stuc *c*urare oportet.
PHILE. Quem obsecro igitur?
SC. Eloquar:

274. *Interpoles*: la parola si riferisce all'uso dei lavandai di ritingere le vesti scolorite.
282. *pallam*: propriamente la lunga sopravveste senza maniche che le donne romane indossavano sopra gli altri vestiti per uscire di casa.

FILOLACHETE (*a parte*) Ben detto questo dell'inchiostro e dell'avorio. Brava, brava, applausi per Scafa!

FILEMAZIO Dammi allora il rossetto.

SCAFA Non te lo do. Sei proprio furba, davvero! Vorresti forse incrostare un capolavoro con dell'altra vernice? Non è questa l'età per i cosmetici, il bianchetto, la cipria di Melos e tutti gli altri impiastri.

FILEMAZIO Tieni allora lo specchio (*prima di darglielo, lo bacia*).

FILOLACHETE (*a parte*) Oh povero me, ha dato un bacio allo specchio. Come vorrei avere un sasso, per rompergli la testa, a quello specchio!

SCAFA Tieni l'asciugamano e pulisciti le mani.

FILEMAZIO Perché poi, scusa?

SCAFA Hai toccato lo specchio, e non vorrei che le mani ti sapessero di argento: sai, Filolachete potrebbe pensare che hai preso del denaro.

FILOLACHETE (*a parte*) Non credo d'aver mai visto una ruffiana più furba di questa. Come diavolo l'ha pensata questa finezza sullo specchio, la sciagurata?

FILEMAZIO Pensi che possa almeno ungermi con qualche unguento profumato?

SCAFA Per carità!

FILEMAZIO Ma perché?!

SCAFA Perché, per Castore, una donna odora di buono quando non odora di nulla. Guarda queste vecchie che si ungono di profumi, stracci ritinti, decrepite, sdentate, che tappano col belletto i guasti del loro corpo: appena il sudore si mischia al profumo, allora sì che odorano come quando il cuoco mescola le salse e i sughi! Non sai di cosa sappiano, se non questo: si sente che puzzano.

FILOLACHETE (*a parte*) Ma senti un po' come la sa lunga su tutto. Non c'è niente e nessuno più smaliziato di lei. Ed ha ragione, la maggior parte di voi (*si rivolge al pubblico*) lo sa bene. Intendo dire quelli che a casa hanno la moglie vecchia, perché son stati accalappiati con la dote.

FILEMAZIO Andiamo, Scafa, guarda un po' se questi gioielli e il mantello mi stanno bene.

SCAFA Non è cosa che riguardi me.

FILEMAZIO E allora chi?

SCAFA Te lo dico subito: Filolachete. È lui che deve

Philolachem; is nequid emat, nisi quod tibi placere censeat.
Nam amator meretricis mores sibi emit auro et purpura.
Quid opu*s*t, quod suum esse nolit, e⟨i⟩ ultro ostentarier?
Purpura aetati occultandaest, aurum turpi mulieri;
Pulchra mulier nuda erit quam purpurata pulchrior.
[Post*e* nequiquam exornata est bene, si morata est male.
Pulchrum ornatum turpes mores peius *ca*eno con*l*inunt.]
Nam *s*i pulchra est, nimis ornata est.
PHILO. Nimis diu abstineo man*um*.
Quid hic vos [diu] agitis?
PHILE. Tibi me exorno ut placeam.
PHILO. Ornata es satis.
Abi tu hinc intro atque ornamenta haec aufer. Sed, voluptas mea,
Mea Phil*e*matium, potare tecum conlibitum est mihi [libet].
PHILE. Et edepol mihi tecum; nam quod tibi libet, idem mihi libet,
Mea voluptas.
⟨PHILO.⟩ Em istuc verbum vile est viginti minis.
PHILE. Cedo, amabo, dec*e*m; bene emptum tibi dare hoc verbum volo.
PHILO. Etiam nunc decem minae apud te sunt; vel rationem puta:
Triginta minas pro capite tuo dedi.
PHILE. Cur exprobras?
PHILO. Egone id exprobrem, qui mihimet cupio id obprobrarier,
Nec quicquam argenti locavi *i*am diu usquam aeque bene?
PHILE. Certe ego, quod te amo, operam nusquam melius potui ponere.
PHILO. Bene igitur ratio accepti atque expensi inter nos convenit.
Tu me amas, ego te amo; merito id fieri uterque existimat.

284-285. Per il testo, vedi la nota al v. 287 (in fondo al volume).
290 sg. Questi versi moraleggianti, che paiono abbastanza inadatti al contesto, sono considerati frutto di un'interpolazione.

preoccuparsi di acquistare solo quello che ti piace. Perché l'amante si compra l'amore della sua cortigiana proprio con l'oro e con la porpora, no? E allora, che bisogno c'è di andargli a mettere di nuovo sotto il naso ciò che a lui, chiaramente, non interessa? La porpora va bene per nascondere l'età, l'oro è per le donne brutte. Una bella donna è più bella nuda che rivestita di porpora. [E poi, è inutile che sia ben vestita una donna che si conduce male. Le cattive abitudini insozzano un bel vestito più del fango]. Se una è bella, è già sin troppo ben messa.

FILOLACHETE (*a parte*) È troppo tempo, ormai, che mi trattengo. (*Rivolgendosi alle donne*) Che si fa qui?

FILEMAZIO Mi faccio bella per piacerti.

FILOLACHETE Sei già abbastanza bella. (*A Scafa*) Vattene dentro, tu, e porta via questi gioielli. (*Vezzeggiando l'amante*) Lo sai, amore mio, mia Filemazio, che mi è venuta voglia di bere insieme a te?

FILEMAZIO E anch'io ho voglia di bere con te, per Polluce. Perché quel che piace a te piace anche a me, amore mio.

FILOLACHETE Ah, questa parola vale ben più di venti mine.

FILEMAZIO Dammene solo dieci, caro, voglio venderti questa parola a un prezzo speciale.

FILOLACHETE In ogni caso, avrei sempre con te un credito di dieci mine. Fa' pure il conto. Trenta mine le ho già spese per riscattarti...

FILEMAZIO Perché me lo rinfacci?

FILOLACHETE Rinfacciartelo io? Vorrei piuttosto che qualcuno venisse a rinfacciarlo a me, a me che da un pezzo non investivo tanto bene il mio denaro!

FILEMAZIO Per parte mia, io ti amo, e non avrei potuto impiegare meglio di così le mie grazie.

FILOLACHETE E allora siamo in pari col dare e con l'avere. Tu mi ami, io ti amo, e tutti e due ne siamo soddisfatti.

Haec qui gaudent, gaudeant perpetuo suo semper bono;
Qui invident, ne umquam eorum quisquam invideat prosus commodis.
PHILE. Age accumbe igitur. Cedo aquam manibus, puere; appone hic mensulam;
Vide tali ubi sint. Vin unguenta?
⟨PHILO.⟩ Quid opu*s*t? cum stacta accubo.
Sed estne hic meus sodalis, qui huc incedit cum amica sua?
Is est: Callidamates cum amica [cum] incedit. Euge, oculus meus!
Conveniunt manuplares eccos, praedam participes petunt.

CALLIDAMATES ADOLESCENS — **DELPHIUM** MERETRIX — **⟨PHILOLACHES⟩** ⟨ADOLESCENS⟩

⟨PHILEMATIUM⟩ ⟨MERETRIX⟩

CAL. Adversum venir*i* mihi ad Philolachem
Volo temperi. Audi; em, tibi imperatumst.
Nam illi ubi fu*i* inde effugi foras,
Ita me ibi male convivi sermonisque t*a*esu*m*⟨s⟩t.
Nunc co*m*issatum ibo ad Philolachetem,
Ubi nos hilari ingenio et lepide accipie*n*t.
Hecquid tibi videor ma-m-ma-mad*e*re?

314. Gli schiavi (o meglio: lo schiavo) a cui Callidamate si rivolge sono i cosiddetti *advorsitores*, cioè coloro che venivano *adversus*, « incontro » al loro padrone nel luogo dove questi si era recato. Esibizione di prestigio e motivi di sicurezza concorrevano a formare questo costume. Del resto, in una città in cui mancava l'illuminazione pubblica il ritorno notturno poteva davvero riservare sorprese sgradevoli. – Due servi, Fanisco e Pinacio, verranno realmente a riprendere Callidamate all'inizio del quarto atto (il fatto che Callidamate si rivolga qui ad *u n s o l o* servo – *audi; em tibi imperatum est* – è stato invocato dalla Weide, *op. cit.*, come prova che Plauto avrebbe introdotto di suo il personaggio di Pinacio: ma l'argomento, come si vede, è debole).
319. Mi distacco dal testo di Ernout per seguire quello dei codi-

Chi ne gode, possa sempre godere ed essere felice. Chi ne patisce invidia, non abbia mai nulla per cui far invidia a chicchessia!

FILEMAZIO Su via, sdraiati dunque (*indicando un letto tricliniare*). Ragazzo (*a uno schiavo*) versaci l'acqua per le mani, e porta qui un tavolinetto. Vedi un po' se ci trovi i dadi. Vuoi del profumo?

FILOLACHETE A che servirebbe? Ho la mirra distesa accanto a me (*si odono voci: Filolachete guarda verso la via*). Ma quello non è il mio compagno che si avvicina con la sua donna? Ma sì, è lui, è Callidamate che viene con la sua amica. Benissimo, luce degli occhi miei! Ecco che si raccolgono i commilitoni, vengono a reclamare la loro parte di bottino!

Scena IV

CALLIDAMATE, DELFIO, FILOLACHETE, FILEMAZIO
Schiavi di Callidamate

CALLIDAMATE (*rivolto ai suoi schiavi*) Voglio che mi si venga a prendere da Filolachete per tempo. Intendimi bene, tu: ascolta, ecco, te l'ho detto quel che devi fare. Infatti di là dov'ero me ne sono scappato via: che noia di festa e di discorsi! Ora andrò a fare un po' di baldoria da Filolachete, dove ci accoglieranno allegramente, come si deve. (*A Delfio, che fa l'atto di sostenerlo mentre traballa*). Hei, ma ti sembra forse che io sia ub-ub-ubbriaco?

---

ci (accettato dal Terzaghi), che presentano una *h-* anomala qui, in *Hecquid* (= *Ecquid*), al v. 325 *Hohohocellus* (= *o-o-ocellus*, col trascinamento della prima sillaba come in *ma-m-madere* v. 331) e ancora *Hecquis* al v. 339. Si tratta di artifici che vogliono rendere, tramite la sconnessione linguistica, lo stato di ubriachezza in cui versa Callidamate. Non escluderei, peraltro, che in questa *h-* usata a sproposito confluisse anche un fatto di affettazione (un'affettazione, naturalmente, da ubriaco). È noto il caso dell'*Arrius* catulliano, lo sciocco per cui le *insidiae* diventavano *hinsidiae* e i flutti *Ionios* si trasformavano in *Hionios* (*Carm.* 84). In casi del genere, è chiara la volontà di voler imitare la lingua dei greci, che aveva numerose aspirazioni iniziali. Per l'uso, in latino, della *h-* anche là dove non era giustificata cfr. in generale Gellio 2, 3; Nigidio in Gellio 13, 6, 3.

DEL. Semper istoc modo. Moratu's †vite debebas†.
CAL. Visne ego te ac tu me amplect*a*re?
DEL. Si tibi cord*i* est facere, licet.
CAL. Lepida es.
Duce me, amabo.
DEL. Cave ne cadas, asta.
CAL. Ho-ho-hocellus es meus; tuos sum alumnus, mel meum.
DEL. Cave modo ne prius in via accu*m*bas
Quam illi, ubi lectus est stratus, coimus.
CAL. Sine, sine cadere me.
DEL. Sino. Sed et hoc quod mihi in manust.
Si cades, non cades, quin cadam tecum.
CAL. Iacentis tollet postea nos ambos aliquis.
DEL. Madet homo.
⟨CAL.⟩ Tu me a*i*s ma-m-ma-madere?
DEL. Cedo manum; nolo equidem te adfligi.
CAL. Em, tene.
⟨DEL.⟩ Age, *i* simul.
⟨CAL.⟩ Qu*o* ego eam?
⟨DEL.⟩ Nescis?
CAL. Scio; in mentem venit modo:
Nempe domum eo co*m*issatum.
DEL. Immo istuc quidem.
⟨CAL.⟩ Iam memini.
PHILO. Num non vis me obviam his*c*e ire, anime mi?
Il⟨l⟩i ⟨e⟩*g*o ex omnibus optume volo.
Iam revertar.
PHILE. Diu est 'iam' id mihi.
CAL. Hecquis hic est?
PHILO. Adest.
⟨CAL.⟩ Eu, Philolaches!
Salve, amicissume mi omnium hominum.
⟨PHILO.⟩ Di te ament. Accuba, Callidamates.
Unde agis te?
CAL. Unde homo ebrius probe.
⟨PHILE.⟩ Quin, amabo, accubas, Delphium mea?

320. Testo corrotto.
329. Il testo è piuttosto oscuro ed incerto. Sospetto però che possa esserci un doppio senso osceno nel verbo *cadere*: cfr. *Per.* 656 *libera eris actutum, si crebro cades.*

DELFIO Ma possibile che tu debba sempre comportarti a questo modo...

CALLIDAMATE Vuoi che io abbracci te e tu abbracci me?

DELFIO Se ti va di farlo, va bene.

CALLIDAMATE Come sei cara! Guidami tu, ti prego.

DELFIO Attento a non cadere, sta' su!

CALLIDAMATE Sei la piu-piu-piupilla dei miei occhi, sono il tuo piccolo, dolcezza mia.

DELFIO Sta' attento a non trovarti sdraiato sulla via prima che siamo giunti là dove hanno preparato il letto.

CALLIDIMATE Lascia, lascia pure che vada giù.

DELFIO Fa' pure. Ma per quel che è in mano mia, non andrai giù senza che io venga giù con te.

CALLIDAMATE Qualcuno poi ci tirerà su da terra tutti e due.

DELFIO (*a parte*) È proprio ubriaco.

CALLIDAMATE (*che ha sentito*) Tu dici che io sono ub-ub-ubbriaco?

DELFIO Dammi la mano, non vorrei che ti facessi male.

CALLIDAMATE. Ecco, tieni.

DELFIO Andiamo, vieni insieme a me.

CALLIDAMATE Venire dove?

DELFIO Non lo sai?

CALLIDAMATE Ah sì! mi è venuto in mente ora. Vado a far baldoria a casa mia.

DELFIO Ma no, andiamo qui (*indica la casa di Filolachete*).

CALLIDAMATE Ah, ora mi ricordo.

FILOLACHETE (*a Filemazio*) Non vuoi che vada loro incontro, anima mia? Lo sai che a lui sono più affezionato che a tutti gli altri. Tornerò subito.

FILEMAZIO « Subito » è già troppo tardi per me.

CALLIDAMATE Hei, c'è qualcuno qui? (*È presso la porta di Filolachete, ma non lo vede*)

FILOLACHETE Sono qui.

CALLIDAMATE Filolachete, che bellezza! Salve, tu sei per me l'amico più caro del mondo.

FILOLACHETE Gli dei ti amino! Sdraiati, Callidamate. Da dove te ne vieni?

CALLIDAMATE Da dove può venire uno quando è ubriaco fradicio.

FILEMAZIO Ma prego, mia Delfio, perché non ti sdrai?

⟨CAL.⟩ Da illi quod bibat. Dormiam ego iam.
PHILO. Num mirum aut novum quippiam facit?
⟨DEL.⟩ Quid ego | hoc faciam postea, mea?
PHILE. Sic sine eu*m*pse.
Age tu, interim da ab Delphio cito cantharum circum.

⟨ACTUS II⟩

TRANIO PHILOLACHES CALLIDAMATES
SERVUS ⟨ADULESCENTE II⟩
DELPHIUM ⟨PHILEMATIUM⟩
⟨MERETRICES II⟩

TR. Iuppiter supremus summis opibus atque industriis
Me perisse et Philolachetem cupit erilem filium.
Occidit spes nostra; nusquam stabulum est confidentiae,
Nec Salus nobis saluti iam esse, si cupiat, potest;
Ita mali, m*a*eroris montem maximum ad portum modo
Conspicatus sum. Erus advenit peregre; periit Tranio.
Ecquis homo est, qui facere argenti cupiat aliquantum lucri,
Qui hodie sese excruciari meam vice*m* possit pati?
Ubi sunt isti plagipatidae, ferritribaces viri,
Vel isti, qui h*o*sti⟨ca⟩s trium numm*u*m causa subeunt sub fal*as*,
Ubi †aliqui quique† denis hastis corpus transfigi solet?
Ego dabo ei talentum, primus qui in crucem excucurrerit,
Sed ea lege ut offigantur bis pedes, bis bra*c*chia.
Ubi id erit factum, a me argentum petito praesentarium.

356. *Plagipatidae, ferritribaces*: due composti plautini; l'autore si diverte spesso a forgiare fantasie verbali su temi come le percosse e le catene. Per il senso della battuta mi pare interessante il confronto con una glossa di Paolo-Festo, 79 L.: *Flagratores dicebantur genus hominum, quod mercede flagris caedebantur.*
358. Il testo è parzialmente corrotto. Tranione allude qui ai soldati di ventura, personaggi di cui i romani, che avevano la

CALLIDAMATE Dalle da bere, io farò un sonnellino.

FILOLACHETE Come se facesse qualcosa di strano o di diverso dal solito!

DELFIO (*A Filemazio*) E ora, che me ne faccio di questo qua, mia cara?

FILEMAZIO Lascialo stare lì com'è. (*Allo schiavo*) Forza, tu, comincia a far girare la coppa cominciando da Delfio.

ATTO II

Scena I

TRANIONE, FILOLACHETE, CALLIDAMATE, DELFIO, FILEMAZIO

TRANIONE (*arrivando trafelato dal porto*) Giove supremo con tutta la sua potenza e la sua forza vuole la rovina mia e del mio padroncino Filolachete. Le nostre speranze son crollate, e non v'è più rifugio per la nostra baldanza: neppure la dea Salvezza, se lo volesse, potrebbe trarci in salvo. Che mostruosa montagna di malanni e di miserie ho appena visto al porto! Il padrone è tornato dall'estero: è finita per Tranione. C'è qualcuno che vuol guadagnare un po' di denaro, ed è disposto a farsi mettere oggi sulla croce al posto mio? Dove sono quei piglia-botte di professione, quei macina-catene, o quegli individui che per tre soldi si fanno sotto alle torri nemiche, dove hanno l'abitudine di farsi trafiggere il corpo da dieci lance per volta? Regalerò un talento al primo che correrà in cima alla croce, ma a questo patto: che gli si inchiodino due volte i piedi e due volte le braccia. Quando sarà stato fatto, venga pure da me a chiedermi il denaro in

---

coscrizione obbligatoria, non avevano esperienza diretta, ma che erano tipici del mondo ellenistico: quel mondo che, in ibrida mistura con le usanze di Roma, funge da scenario alla commedia palliata (per l'espressione *trium nummum causa* richiamo il τετρωβόλους, detto ancora di soldati mercenari, in Menandro *Perik.* 203: cfr. anche v. 380; nonché, ovviamente, il nome *Trinummus* portato dal sicofante nella commedia omonima).

Sed ego, sumne [ille] infelix, qui non curro curriculo domum?
PHILO. ⟨Euge⟩, adest opsonium; eccum Tranio a portu redit.
TR. Philolaches!
PHILO. Quid est?
TR. ⟨Et⟩ ego et tu –
PHILO. Quid et ego et tu?
TR. Peri*i*mus.
PHILO. Quid ita?
TR. Pater adest.
PHILO. Quid ego e*x* te*d* audio?
TR. Absumpti sumus.
Pater, inquam, tuus venit.
PHILO. Ubi is est, obsecro?
TR. * * adest.
PHILO. Quis id ait? quis vidit?
TR. Egomet, inquam, vidi.
PHILO. Vae mihi!
Quid ego ag*o* nam?
TR. Quid tu, malum! me rogitas quid agas? accub*as*.
⟨PHILO.⟩ Tu*t*in vidisti?
TR. Egomet, inquam.
PHILO. Certe?
TR. ⟨Certe,⟩ inquam.
PHILO. Occidi,
Si tu vera memoras.
TR. Quid mihi sit boni, si menti*a*r?
PHILO. Quid ego nunc faciam?
TR. Iube haec hinc omnia amolirier.
Qui*s* istic dormit?
PHILO. Callidamates. Suscita istum, Delphium.
DEL. Callidamates, Callidamates, vigila!
CAL. Vigilo; cedo [ut] bibam.
DEL. Vigila; pater advenit peregre Philolachae.
CAL. Valeat pater.
PHILO. Valet ille quidem, atque ⟨ego⟩ disperi*i*.
CAL. Bis peri*i*sti? qui potest?

366. Il verso è parzialmente lacunoso.

contanti... Ma io non sono uno sciagurato, che non corro a casa come un fulmine?

FILOLACHETE (*vedendolo*) Meraviglioso, arrivano le provviste! Ecco Tranione che torna dal porto.

TRANIONE Filolachete! (*Chiamandolo in corsa*)

FILOLACHETE Che c'è?

TRANIONE Io e te... (*ha il fiato mozzo*)

FILOLACHETE Cosa « io e te »?

TRANIONE Siamo morti.

FILOLACHETE E perché?

TRANIONE È arrivato tuo padre.

FILOLACHETE Che sento mai? Che dici?

TRANIONE Siamo finiti. È venuto tuo padre, ti dico.

FILOLACHETE E dov'è? dimmi.

TRANIONE È qui.

FILOLACHETE Ma chi lo dice? Chi l'ha visto?

TRANIONE L'ho visto io, ti dico.

FILOLACHETE Maledizione a me! E ora che faccio?

TRANIONE Cosa fai, accidenti? E me lo chiedi? Te ne stai lì sdraiato, ecco cosa fai.

FILOLACHETE L'hai visto proprio tu?

TRANIONE Sì, io, ti dico.

FILOLACHETE Sei sicuro?

TRANIONE Ti dico che son sicuro.

FILOLACHETE Se dici la verità, per me non c'è più nulla da fare.

TRANIONE Ma che vantaggio avrei a dirti una bugia?

FILOLACHETE E ora, che posso fare?

TRANIONE Da' intanto ordine che sbaracchino via tutto da qui. (*Indica Callidamate*) Chi è questo che dorme?

FILOLACHETE Callidamate. Sveglialo, Delfio.

DELFIO Callidamate, Callidamate, sveglia!

CALLIDAMATE Sono sveglio: dammi da bere (*si rimette a dormire*).

DELFIO Svegliati, è tornato dall'estero il padre di Filolachete.

CALLIDAMATE Salute al padre!

FILOLACHETE Quello ne ha, di salute. Sono io che sono bell'e morto.

CALLIDAMATE Come fai a essere bello se sei morto? Non è possibile.

PHILO. Quaeso edepol, exsurge: pater advenit.
CAL. Tuus venit pater?
Iube | abire rursum. Quid illi reditio | etiam huc fuit?
PHILO. Quid ego agam? pater iam hic me offend*e*t miserum adveniens ebrium,
Aedis plenas convivarum et mulierum. Miserum est opus
Igitur demum fodere puteum, ubi sitis fauces tenet,
Sicut ego adventu patris nunc qu*a*ero quid faciam miser.
⟨TR.⟩ Ecce | autem hic depos⟨i⟩vit caput et dormit. Suscita.
⟨PHILO.⟩ Etiam vigilas? pater, inquam, aderit iam hic meus.
CAL. Ain tu, pater?
Cedo soleas mihi, ut arma capiam; iam pol ego occidam patrem.
PHILO. Perdis rem.
⟨DEL.⟩ Tace amabo.
⟨TR.⟩ Abripite hunc intro actutum inter manus.
CAL. Iam hercle ego vos pro matula habebo, nisi mihi matulam datis.
PHILO. Perii!
TR. Habe bonum animum; ego istum lepide medicabo metum.
PHILO. Nullus sum!
TR. Taceas; ego qui istaec sedem meditabor tibi.
Satin habes, si ego advenientem ita patrem faciam tuum
Non modo ne intro ⟨e⟩at, verum etiam ut fugiat longe ab aedibus?
Vos modo hinc abite intro atque haec hinc propere amolimini.
PHILO. Ubi ego ero?
TR. Ubi maxime esse vis: cum | hac, cum istac eris.
DEL. Quid *si* igitur abeamus hinc nos?
TR. Non hoc longe, Delphium.
Nam intus potate hau tantillo hac quidem causa minus.

376. Ernout segna lacuna dopo *edepol*, evidentemente perché lo disturba la sillaba breve in arsi: si tratta però di "locus Jacobsohnianus".

FILOLACHETE Ti prego, per Polluce, vuoi tirarti su? È venuto mio padre!

CALLIDAMATE È venuto tuo padre? E digli di riandarsene da capo. Che diavolo è tornato a fare?

FILOLACHETE Che posso fare? Da un momento all'altro mio padre verrà qui e mi troverà ubriaco, povero me, con la casa piena di invitati e di donne. Brutto affare decidersi a scavare il pozzo quando la sete già stringe la gola: così io, che sto qui a chiedermi come un disgraziato che debbo fare, ora, mentre mio padre sta arrivando.

TRANIONE Ma guardalo lì (*indicando Callidamate*), questo ha rimesso giù la testa e dorme. Sveglialo!

FILOLACHETE Ti vuoi svegliare? Ti sto dicendo che da un momento all'altro mio padre sarà qui.

CALLIDAMATE Che dici, tuo padre? Dammi i sandali, per impugnare le armi. Lo faccio fuori io, tuo padre, per Polluce.

FILOLACHETE (*seccato*) Tu sei la nostra rovina.

DELFIO (*a Callidamate*) Sta' zitto, ti prego.

TRANIONE (*agli schiavi*) Trascinatelo dentro a braccia senza perder tempo.

CALLIDAMATE (*sempre più fuori di sé, rivolto agli schiavi*) Per Ercole, prenderò voi per pitale, se non mi date subito il pitale! (*Viene portato via*)

FILOLACHETE Sono morto.

TRANIONE Sta' tranquillo: ce l'ho io una bella cura per la tua paura.

FILOLACHETE Sono finito, non ci sono più.

TRANIONE Taci. Ti troverò io il modo di far tornare tranquille le acque. Ti va bene se faccio in maniera che tuo padre non solo non entri qui quando arriverà, ma se ne scappi addirittura lontano da casa? Basta che voi ve ne andiate dentro e sbaracchiate di qui alla svelta.

FILOLACHETE E io dove starò?

TRANIONE Dove ti pare: (*mostrando le due donne*) un po' con questa, un po' con quest'altra.

DELFIO E se noi ci allontanassimo da qui?

TRANIONE Non c'è bisogno di andare tanto più lontano di così, Delfio (*mostra il suo dito*). Restatevene dentro, e non sognatevi di bere neanche un goccio di meno per quel che sta accadendo.

PHILO. Ei mihi, quom istaec blanda dicta quo eveniant, madeo metu.
TR. Potin animo ut sie*s* quieto et facias quod iubeo?
PHILO. Potest.
TR. Omnium primum, Philematium, intro abi, et tu, Delphium.
DEL. Morigerae tibi erimus ambae.
TR. Ita ille faxit Iuppiter!
Animum advorte nunciam tu quae volo accurarier.
Omnium primumdum ⟨haec⟩ aedes iam fac occlusae sient.
Intus cave mu⟨t⟩tire quemquam siveris.
PHILO. Curabitur.
TR. Ta*m*quam si intus natus nemo in aedibus habitet.
⟨PHILO.⟩ Licet.
⟨TR.⟩ Neu quisquam responset, quando hasce aedis pultabit senex.
PHILO. Numquid aliud?
TR. Clavem mi har*unc* *a*edium *L*aconicam
Iam iube efferri intus; hasce ego aedis occludam hinc foris.
PHILO. In tuam custod⟨e⟩*l*am meque et meas spes trado, Tranio.
TR. Pluma haud interest patronus an cliens probior siet.

TRANIO ⟨SPHAERIO⟩
SERVUS PUER

TR. Homini, cui nulla *in* *p*ectore *e*st auda*c*ia,
[Nam cuivis homini, vel optumo vel pessimo]
Quamvis desubito facile est facere nequiter.
Verum id videndum est, id viri docti est opus,
Quae dissignata sint et facta nequit*er*

410. Questo verso fu espunto dal Ritschl.
413. *Dissignata* ha in sé l'idea di « ordine » « organizzazione »: cfr. *dissignator* « colui che assegna i posti in teatro » (o che

FILOLACHETE Mamma mia, se penso a dove ci porteranno questi tuoi discorsi incoraggianti, mi vengono i sudori freddi.

TRANIONE Vuoi stare tranquillo e fare quel che ti dico, sì o no?

FILOLACHETE Va bene.

TRANIONE Prima di tutto, Filemazio, va' in casa, e anche tu, Delfio.

DELFIO Saremo a tua disposizione, tutte e due.

TRANIONE Magari, Giove lo volesse! (*A Filolachete*) E ora stai bene attento, tu, a quello che si deve fare. Prima di tutto fai in modo che la casa sia chiusa a chiave: dentro nessuno deve dire neppure « bah ».

FILOLACHETE Sarà fatto.

TRANIONE Come se dentro non ci fosse anima viva.

FILOLACHETE D'accordo.

TRANIONE E che nessuno risponda, quando il vecchio verrà a bussare alla porta.

FILOLACHETE È tutto?

TRANIONE Da' ordine che mi si porti subito la chiave Laconica: così chiuderò la casa dal di fuori.

FILOLACHETE (*con tono accorato*) Pongo in tua custodia me stesso e le mie speranze, Tranione.

TRANIONE (*solo, commentando*) Chi è meglio, il patrono o il cliente? Mah, non ci corre neanche una piuma di differenza!

Scena II

TRANIONE, SFERIONE

TRANIONE È facile, per un uomo dappoco [per un uomo qualunque, il migliore o il peggiore], combinare anche su due piedi qualche imbroglio. Bisogna vedere però – e qui sta la classe del vero furbo – se l'imbroglio ordito e realizzato se ne va tutto in porto liscio e senza dan-

---

presiede allo svolgimento della cerimonia funebre); *dissignatio*, usato da Cicerone (*nat. deor.* 1, 20) insieme a *machinae* ed *apparatus*; ecc.

Tranquille cuncta et ut proveniant sine [mo] malo,
Niquid potiatur quam ob rem pigeat vivere.
Sicut ego efficiam, quae facta hic turba*v*imus,
Profecto ut liqueant omnia et tranquilla sint,
Neque quicquam nobis pariant ex ⟨s⟩*e* incommodi.
Sed quid tu egredere, Sp⟨ha⟩erio? Iamiam. Optime
Praeceptis paruisti.

PUER Iussit maxumo
Op*e*re orare ut patrem aliquo absterreres modo,
Ne intro iret ad *se*.

TR. Quin etiam illi hoc dicito,
Facturum ⟨me⟩ ut ne etiam aspicere aedis audeat,
Capite obvoluto ut fugiat cum summo metu.
Clavim cedo atque abi [hinc] intro atque occlude ostium,
Et ego hinc occludam. Iube venire nunciam.
Ludos ego hodie vivo praesenti hic seni
Faciam, quod credo mortuo numquam fore.
Concedam a foribus huc; hinc speculabor procul,
Unde advenienti sarcinam inponam seni.

THE*O*⟨P⟩ROPIDES TRANIO
SENEX SERVUS

TH. Habeo, Neptune, gratiam magnam tibi,
Quom me⟨d⟩ amisisti a te vix vivom *domum*.
V*e*rum si posthac me pedem latum modo
S⟨c⟩ies inposisse in undam, hau causast ilico
Quod nunc voluisti facere quin facias mihi.
Apage, apage te a me nunciam post hunc diem!
Quod crediturus tibi fui, omne credidi.

TR. Edepol, Neptune, peccavisti largiter,
Qui occasionem hanc amisisti tam bonam.

419. Il testo è stato giudicato lacunoso da alcuni editori (tra cui Ernout, da cui mi distacco per seguire Lindsay), ma forse non ce n'è bisogno. Si veda la nota del Collart ad loc.

no: senza cioè che ci si rimedi qualcosa che possa poi render dura la vita. E così farò io: dopo quel che abbiamo combinato tutto dovrà tornarsene limpido e tranquillo, senza che ce ne nascano seccature. Ma tu perché esci, Sferione? (*Vede la chiave Laconica in mano allo schiavo, e si ricorda*) Ah già! Meglio di così non potevi eseguire i miei ordini.

SFERIONE Mi ha detto di scongiurarti con tutta la forza di tenere lontano il padre in qualche modo, e di non farlo entrare in casa.

TRANIONE Meglio ancora, digli addirittura questo: io farò in modo che non abbia neppure il coraggio di guardarla, la casa, e che se ne scappi via terrorizzato con la testa coperta. Dammi la chiave, vai dentro e chiudi la porta dall'interno: io, per parte mia, la chiuderò dal di fuori. (*Sferione rientra*) Fatelo pure venire, adesso. Gliela farò io la festa a questo vecchio, da vivo e in sua presenza: neppure da morto ne avrà una simile! Meglio che mi allontani dalla porta, e me ne stia a spiare qui da lontano, per caricarlo ben bene quando arriva.

Scena III

TEOPROPIDE, TRANIONE
Schiavi con i bagagli

TEOPROPIDE Molto ti rendo grazie, o Nettuno, per aver mollato la presa, ed avermi lasciato tornare a casa vivo, bene o male. Ma, per l'avvenire, se saprai che ho posato sulle tue onde anche solo la punta di un dito non ci sarà motivo perché tu non mi faccia immediatamente quello che stavi per farmi ora. Basta, basta, da oggi fra noi due questa è l'ultima volta. Tutto il credito che potevo farti te l'ho già fatto.

TRANIONE (*a parte*) Per Polluce, Nettuno, l'hai fatta grossa a perdere una così buona occasione!

---

428. Il testo gioca su *ludos facere*, « prendere in giro qualcuno » ma anche « fare i giochi funebri per qualcuno ».
433. *pedem latum*: lett. « la larghezza di un piede ».

TH. Triennio post Aegypto advenio domum;
Credo, exspectatus veniam familiaribus.
TR. Nimio edepol ille potuit exspectatior
Venire qui te nuntiaret mortuum.
TH. Sed quid hoc? occlusa ianua est interdius.
Pultabo. Heus, ecquis ⟨hic⟩ *e*st? aperitin foris?
TR. Quis homo est qui nostras aedes accessit prope?
TH. Meus servos hicquidem est Tranio.
TR. O The*o*⟨p⟩ropides,
Ere, salve! salvom te advenisse gaudeo.
Usquin valuisti?
TH. Usque, ut vides.
TR. Factum optime.
TH. Quid vos, insanin estis?
TR. Quidum?
TH. Sic: quia
Foris ambulatis; natus nemo in aedibus
Servat, neque qui recludat neque [quis] respondeat.
Pultando [pedibus] paene confregi hasce ambas ⟨foris⟩.
TR. Eho, an *tu* tetigisti has aedis?
TH. Cur non tangerem?
Quin pultando, inquam, p*a*ene confregi foris.
TR. Tetigistin?
TH. Tetigi, inquam, et pultavi.
TR. Vah!
TH. Quid est?
TR. Male hercle factum.
TH. Quid est negot*i*?
TR. Non potest
Dici quam indignum facinus fecisti et malum.
TH. Quid iam?
TR. Fuge, obsecro, atque abscede ab aedibus.
Fuge huc, fuge ad me propius. Tetigistin foris?
TH. Quo modo pultare potui, si non tangerem?

TEOPROPIDE Dopo tre anni di lontananza arrivo a casa dall'Egitto: penso proprio che in famiglia aspettino a gloria il mio ritorno.

TRANIONE (*a parte*) Sai quanto sarebbe giunto più atteso, per Polluce, quello che venisse ad annunziare la tua morte!

TEOPROPIDE Ma che significa? Il portone è chiuso in pieno giorno. Busserò. Ehi, c'è qualcuno? Mi aprite la porta?

TRANIONE (*si avvicina fingendo di non aver riconosciuto il vecchio*) Chi è costui che si è avvicinato alla nostra casa?

TEOPROPIDE Ma questo è il mio schiavo Tranione.

TRANIONE Oh, Teopropide, padrone mio, salve! Son contento che tu sia di ritorno sano e salvo. Sei sempre stato in buona salute?

TEOPROPIDE Sì, come vedi.

TRANIONE Benissimo.

TEOPROPIDE Ma dico, siete impazziti?

TRANIONE E perché?

TEOPROPIDE Come « perché »? Siete tutti in giro, e in casa non c'è anima viva a dare un'occhiata, né qualcuno che apra o che risponda. A forza di bussare per poco non ho fracassato tutti e due i battenti.

TRANIONE Ehi (*terrorizzato*), come dici? Hai toccato questa casa?

TEOPROPIDE E perché non avrei dovuto toccare? Che anzi, te l'ho detto, a suon di bussare ho quasi fracassato i battenti.

TRANIONE Allora hai toccato?

TEOPROPIDE Sì, ho toccato, te l'ho detto, e ho bussato.

TRANIONE (*retrocedendo rapidamente*) Aah!

TEOPROPIDE Che c'è?

TRANIONE Male hai fatto, per Ercole!

TEOPROPIDE Mi vuoi spiegare che faccenda è questa?

TRANIONE Hai commesso un'azione mostruosa, terribile, da non dire!

TEOPROPIDE Ma perché?

TRANIONE Fuggi, ti prego, allontanati da questa casa. Fuggi di qua, fuggi più vicino a me. Dunque, hai toccato i battenti?

TEOPROPIDE Ma insomma, come avrei potuto bussare senza toccarli?

TR. Occidisti hercle...
TH. Quem mortalem?
TR. Omnis tuos.
TH. Di te deaeque omn*es* faxint cum isto*c* omine...
TR. Metuo te atque istos expiare ut possies...
TH. Quam ob rem? aut quam subito rem mihi adportas novam?
TR. Et, heus, iube illos illinc am*b*o abscedere.
TH. Apscedite.
TR. Aedes ne attigatis. Tangite
Vos quoque terram.
TH. Obsecro hercle, quin eloquere ⟨rem⟩?
TR. Quia septem menses sunt quom in hasce aedis pedem
Nemo intro tetulit, semel ut emigravimus.
TH. Eloquere, quid ita?

466 sg. Mi distacco dal testo di Ernout che, come Leo, segna lacuna fra il v. 466 e il v. 467 (cfr. Richter in *Studemunds Studien* 1, 2 p. 573 n.). Queste le motivazioni addotte: 1. Occorre qualcosa a cui l'*et*, con cui inizia il v. 467, possa riagganciarsi. 2. Tranione, ai vv. 468 sg., formula questa esortazione: *tangite vos quoque terram*. La presenza di *quoque* dovrebbe implicare che lo schiavo abbia già rivolto (ovviamente, in ciò che è caduto) un'analoga esortazione a Teopropide. Il secondo argomento non è forte: Tranione dirà *vos quoque* verisimilmente perché già lui stesso sta compiendo quest'atto (cosa che avrà aggiunto un effetto di scena non trascurabile). Quanto all'*et* iniziale, va detto che di frequente in Plauto, dopo l'interruzione di un interlocutore, il discorso riprende proprio con questa particella (*Poe.* 1352; *rud.* 1171; *mil.* 812; etc. etc.: spesso segue proprio un'esortazione o un comando): e anzi, in *Bacch.* 327 il discorso riprende con *atque heus*. Il fatto è che Tranione volutamente evita di rispondere alle domande di Teopropide, per tirare il più possibile la corda. Lo fa ai versi 458, 460, 472, e lo farà anche qui, usando l'espediente di riprendere come un discorso interrotto.
Quanto al contenuto specifico di questa "aggiunta" di Tranione (esortazione affinché Teopropide faccia allontanare i due servi dalla porta di casa), esso appare ben motivato nel contesto dei movimenti scenici. Al v. 465 Tranione aveva indicato questi due servi col pronome *istos*: segno che essi sono vicini a Teopropide, cui il discorso è rivolto, ovvero che tutti e tre sono vicini alla porta di casa (si ricorderà che Teopropide stava bussando). Un attimo dopo, invece, nella "aggiunta" di Tranione al v. 467, i due son diventati *illos*: evidentemente Teopropide – proprio mentre rivolgeva a Tranione le sue ansiose domande (v. 466) –

TRANIONE Per Ercole, tu hai assassinato...

TEOPROPIDE Chi?

TRANIONE Tutti i tuoi.

TEOPROPIDE (*facendo gesti di scongiuro*) Che gli dei e le dee tutti insieme ti possano, te e il tuo malaugurio...

TRANIONE Ho paura che non potrai mai espiare questa colpa, né per te né per questi qui (*indica gli schiavi*).

TEOPROPIDE Ma perché? Che strane storie mi vai raccontando, così di botto?

TRANIONE E ascolta, di' loro che si allontanino di là tutti e due (*indica gli schiavi*).

TEOPROPIDE Allontanatevi!

TRANIONE Non vi azzardate a toccar la casa. (*Chinandosi verso la terra*) Toccate la terra anche voi!

TEOPROPIDE Ma ti prego, perché non mi spieghi?...

TRANIONE Perché sono sette mesi che nessuno ha più messo piede in questa casa, dopo che l'abbiamo abbandonata.

TEOPROPIDE Parla, perché l'avete fatto?

---

si è preoccupato anche di allontanarsi dalla porta, rispondendo finalmente all'invito di Tranione (v. 461: *fuge huc, fuge ad me propius*): i due servi, al contrario, son rimasti là. A questo punto, toccherà a costoro allontanarsi dalla porta: « (tu ti sei allontanato), ora dai ordine che si allontanino loro ». Tranione insomma, nella sua replica, non tien conto di ciò che il padrone ha detto, ma tien conto di ciò che ha fatto mentre gli rivolgeva le sue domande.

469 sg. Ernout, seguendo Leo, segna lacuna dopo il v. 469, ma non credo che ce ne sia bisogno (Lindsay non la segna). Per la sillaba mancante alla fine del v. 469, è una buona soluzione il *rem* di Bothe: *eloqui rem* è assai frequente in Plauto, e del resto Teopropide un attimo prima (466) ha chiesto appunto *quam subito r e m mihi adportas novam*? Aggiungo che, diversamente dal Lindsay, ho inteso *eloquere* come indicativo (segnando punto di domanda alla fine del verso), per far emergere la correlazione *quin...? quia...* (cfr. *merc.* 191, *Pseud.* 502). Nel momento stesso in cui motiva la sua reticenza (*Quia...*) Tranione, in realtà, comincia finalmente a fornire spiegazioni. Si tratta in definitiva di un costrutto retorico, il cui senso sarà all'incirca: « non voglio parlare perché la cosa è molto seria: infatti sono sette mesi che abbiamo lasciato questa casa... ».

TR. Circumspicedum, numquis est
Sermonem nostrum qui aucupet?
TH. Tutum probest.
TR. Circumspice etiam.
TH. Nemo est; loquere nunciam.
TR. Capital*e* sce*lu*s factu⟨m⟩ est.
TH. Quid est? non intellego.
TR. Scelus, inquam, factum est iam diu, antiquom et vetus.
⟨TH.⟩ Antiquom?
⟨TR.⟩ Id adeo nos nunc factum invenimus.
TH. Quid istuc est scele⟨ri⟩*s* aut quis id fecit? cedo.
TR. Hospes necavit hospitem captum manu;
Iste, ut ego o*p*inor, qui has tibi aedis vendidit.
TH. Necavit?
TR. Aurumque e*i* ademit hospiti,
Eumque hic defodit hospitem ibidem in aedibus.
TH. Quapropter id vos factum suspicamini?
TR. Ego dicam; ausculta. | Ut foris cenaverat
Tuus gnatus, postquam redi*i*t a cena domum,
Abimus omnes cubitum, condormivimus.
Lucernam forte oblitus fueram extinguere;
Atque ille exclamat derepente maximum.
TH. Quis homo? an gnatus meus?
TR. *S*t; tace; ausculta modo.
Ait venisse illum in somnis ad se mortuum.
TH. Nempe ergo in somnis?
TR. Ita, sed ausculta modo.
Ait illum hoc pacto sibi dixisse mortuum...
TH. In somnis?
TR. Mirum qui⟨n⟩ vigilanti diceret,
Qui abhinc sexaginta annis occisus foret.
Interdum inepte stultus es, ⟨quin tu taces?⟩

473. *aucupet*: *aucupare*, « prendere alla pania » come l'uccellatore catturava gli uccelli con la cima del suo bastone spalmato di vischio. L'azione prevedeva ovviamente silenzio e destrezza, come quella di spiare i discorsi altrui per impadronirsene.
495. La fine del verso è lacunosa. Lo Schoell integrava *Theopropides*, al vocativo, ma la cosa sa molto di zeppa. Dato che il vecchio risponde con *taceo*, è certo preferibile una formula del tipo *quin tu taces?* (*Cu.* 84, *Men*, 561, in fine di senario) oppure

TRANIONE Guardati bene in giro: non c'è nessuno che possa captare i nostri discorsi?

TEOPROPIDE Tutto è tranquillo.

TRANIONE Guarda ancora!

TEOPROPIDE Non c'è nessuno: parla, insomma!

TRANIONE È stato commesso un assassinio.

TEOPROPIDE Che cosa? Non capisco.

TRANIONE Ti dico che è stato commesso un assassinio, tanto tempo fa: si tratta di un crimine antico, vecchio.

TEOPROPIDE Un crimine antico?

TRANIONE Noi ce ne siamo accorti solo adesso.

TEOPROPIDE Che razza di assassinio sarebbe, chi l'ha commesso? dimmelo.

TRANIONE Un ospite ha osato metter le mani sul suo ospite, e l'ha ucciso! Io credo che sia stato quello che ti ha venduto la casa.

TEOPROPIDE L'ha ucciso?

TRANIONE E gli ha portato via il suo oro, all'ospite, e l'ha sotterrato, l'ospite, qui stesso, in casa.

TEOPROPIDE Ma cos'è che vi fa sospettare una cosa simile?

TRANIONE Te lo dirò, sta' a sentire. Una volta che tuo figlio aveva cenato fuori, dopo che fu rientrato a casa da cena ce ne andammo tutti a letto: ci addormentammo. Per caso, mi ero dimenticato di spengere la lucerna. Ecco che lui, d'improvviso, caccia un urlo terribile.

TEOPROPIDE Ma chi? Mio figlio?

TRANIONE Sst, stai zitto: pensa ad ascoltare. Dice che il morto era venuto da lui in sogno.

TEOPROPIDE In sogno, allora era venuto in sogno?

TRANIONE Sì, così. Ma stai a sentire. Dice che il morto gli parlò in questo modo...

TEOPROPIDE In sogno?

TRANIONE E che vuoi che glielo dicesse da sveglio, uno che era stato ucciso sessant'anni fa? Ma lo sai che certe volte sei proprio stupido? ⟨Perché non te ne stai un po' zitto?⟩

---

non tu taces? (*Bacch.* 470 ecc.). Il Terzaghi integrava un *tace modo* (che viola però la cosiddetta norma di Bentley-Luchs).

TH. Taceo.
TR. Sed ecce, quae illi in — ⏑ –́ ⏑ —
'Ego transmarinus hospes sum Diapontius.
Hic habito, | haec mihi dedita est habitatio.
Nam me A*c*cheruntem recipere Or*c*us noluit,
Quia praemature vita careo. Per fidem
Deceptus sum; hospes me hic necavit, isque me
Defodit insepultum clam [ibidem] in hisce aedibus,
Scelestus, auri causa. Nunc tu hinc emigra.
Scelestae hae sunt aedes, imp*i*a est habitatio'.
Quae hic monstra fiunt, anno vix possum eloqui.
*S*t! *s*t!
TH. Quid, obsecro, hercle factum est?
TR. Concrepuit foris.
Hicine percussit?
TH. Guttam haud habeo sanguinis.
Vivom me accersunt A*c*cheruntem mortui.
⟨TR.⟩ Per⟨ii⟩! illisce hodie hanc conturbabunt fabulam.
Nimis quam formido ne manifesto hic me opprimat.
TH. Quid tute ⟨te⟩cum loquere?
⟨TR.⟩ Abscede ab ianua.
Fuge, obsecro, hercle!
TH. Quo fugiam? etiam tu fug*e*.
TR. Nil ego formido; pax mihi est cum mortuis.
INTUS. Heus, Tranio!
⟨TR.⟩ Non me appellabis, si sapis.
Nil ego *c*ommerui, neque istas percussi fores.
Quaeso ⏑ — ⏑ –́ ⏑ — quid segreges
⏑ –́ ⏑ — ⏑
⟨TH. Quae r⟩es te agitat, Tranio?
Quicum ista*e*c loquere?
⟨TR.⟩ An, quaeso, tu appellaveras?
Ita me di amabunt, mortuum illum credidi
Expostulare quia percussisses fores.
Sed tu, etiamne astas nec quae dico optemperas?

496. Anche la fine di questo verso è lacunosa. Lo Schoell integrava un *somnis mortuos*.
517. Il testo è lacunoso.

TEOPROPIDE Va bene, sto zitto.

TRANIONE Ed ecco ciò che a tuo figlio ⟨in sogno ha rivelato il morto⟩ « Io sono Diaponzio, l'ospite d'oltremare. Abito qui, questa è la sede che mi è stata assegnata. l'Orco non ha voluto accogliermi sulle rive dell'Acheronte, perché sono morto anzitempo. Caddi tradito nella mia buona fede: il mio ospite mi ha ucciso qui, e mi ha sotterrato di nascosto, senza le giuste esequie, in questa casa. Scellerato, fu l'oro la causa del delitto! Ma tu ora vattene da qui: la casa è maledetta, abitarla è sacrilegio. » Per raccontarti i prodigi che accadono in questo luogo, non mi sarebbe sufficiente un anno. (*In preda al terrore*) Sst, sst!

TEOPROPIDE Che è stato, per Ercole?

TRANIONE La porta ha fatto rumore. (*Si odono dei colpi dal di dentro*) Che sia lui che ha battuto?

TEOPROPIDE Non ho più una goccia di sangue nelle vene. Sono i morti che vogliono trascinarmi vivo all'Acheronte! (*si odono altri rumori di dentro*).

TRANIONE (*a parte*) Sono morto! Questi oggi mi vogliono mandare all'aria la commedia. Ho una paura terribile che il vecchio finisca per cogliermi in fallo.

TEOPROPIDE Che hai da parlare da solo?

TRANIONE Va via dalla porta! Scappa, per Ercole, ti scongiuro!

TEOPROPIDE Scappare dove? Scappa anche tu, allora.

TRANIONE Io non ho nulla da aver paura. Sono in pace con i morti.

VOCE DAL DI DENTRO Ehi, Tranione!

TRANIONE (*verso la casa*) Non mi chiamerai, se hai senno! Io non ho fatto nulla, non sono stato io a bussare a questa porta. Per favore... perché dovresti rinchiudere...

TEOPROPIDE Che ti piglia, Tranione? Con chi stai parlando?

TRANIONE (*con aria sollevata*) Ah, scusa, eri tu che mi chiamavi? Gli dei mi proteggano, ho creduto che fosse il morto che mi chiedeva ragione del tuo bussare alla porta. Ma che fai, te ne stai ancora lì e non obbedisci a quello che ti dico?

TH. Quid faciam?
TR. Cave respexis, fuge, [atque] operi caput.
TH. Cur non fugis tu?
TR. Pax mihi est cum mortuis.
TH. Scio; quid modo igitur? cur tanto opere extimueras?
TR. Nil me curassis, inquam; ego mihi providero.
Tu, ut occepisti, tantum quantum quis fug*e*
Atque Herculem invoc*a*.
TH. Hercules, te⟨d⟩ invoco.
TR. Et ego – *t*ibi hodie ut det, senex, magnum malum.
Pro d*i* immortales, obsecro vestram fidem,
Quid ego hodie negoti confeci mal*i*!

⟨ACTUS III⟩

DANISTA **TRANIO** **THE*OP*ROPIDES**
SERVUS SENEX

DA. Scelestiorem ego annum argento f*e*nori
Numquam ullum vidi, quam hic mihi annus optigit.
A man*i* ad noctem usque in foro dego diem,
Locare argenti nemini nummum queo.
TR. Nunc pol ego perii plane in perpetuum modum.
Danista adest, qui dedit ◡ — ◡ —́ ◡ —
Qui amica est empta quoque ◡ — ◡ —́ ◡ —
Manifesta res est, nisi qu*i*d occurro prius,
Ne | hoc senex resci*s*cat. Ibo huic obviam.
Sed quidnam hic sese tam cito recipit domum?
Metuo ne de hac re quippiam in*d*audiverit.
Accedam atque adpellabo. E*i*, quam timeo miser!
Nil est miserius quam animus hominis conscius,
Sicut me ⟨male⟩ habet. Verum utut res esse habet.
Pergam turbare porro: ita haec res postulat.
Unde is?

528. Ercole ἀλεξίκακος, colui che scongiurava i mali.
537 sgg. Il testo è lacunoso.

TEOPROPIDE Che dovrei fare?

TRANIONE Non voltarti a guardare, scappa, copriti il capo.

TEOPROPIDE E tu, perché non scappi?

TRANIONE Ma io sono in pace con i morti.

TEOPROPIDE Ah, lo so. Ma allora com'è che un minuto fa... perché avevi tanta paura?

TRANIONE Non pensare a me, ti dico: di me stesso mi occuperò io. Tu continua come avevi cominciato, scappa più lontano che puoi e raccomandati ad Ercole.

TEOPROPIDE O Ercole, ti invoco (*esce di scena correndo*).

TRANIONE E anch'io... perché oggi ti mandi un bell'accidente, vecchio! O dei immortali, vi scongiuro, proteggetemi: che razza di imbroglio son riuscito a metter su oggi!

ATTO III

Scena I

L'USURAIO, TRANIONE, TEOPROPIDE

USURAIO Non ho mai visto un anno più sciagurato di questo per il prestito del denaro. Passo le mie giornate al foro, dalla mattina alla sera, e non trovo nessuno a cui piazzare neanche una moneta.

TRANIONE (*a parte*) Ora sì, per Polluce, che son proprio morto per sempre! C'è qui l'usuraio che ci ha dato ⟨il denaro⟩ con cui abbiamo riscattato la ragazza e... Si scopre tutto, se non corro per tempo ai ripari e impedisco al vecchio di venire a sapere come stanno le cose. Gli andrò incontro. (*Entra Teopropide*) E questo, perché se ne ritorna a casa così di fretta? Non vorrei che fosse venuto a sapere qualcosa. Mi avvicinerò e gli parlerò. Ahimé, che paura che ho, povero me! Non c'è niente di peggio della coscienza sporca, per un uomo... come nel caso mio. Ma insomma, la cosa sta come sta: continuerò a imbrogliare la matassa, non si può fare altrimenti. (*A Teopropide*) Da dove vieni?

TH. Conveni illum, unde hasce aedis emeram.
TR. Numquid dixisti de illo quod dixi tibi?
TH. Dixi hercle vero | omnia.
TR. E*i* misero mihi!
Metuo ne techinae meae perpetuo perierint.
TH. Quid tu⟨te⟩ tecum?
TR. Nihil enim. Sed, dic mihi,
Dixtine quaeso?
TH. Dixi, inquam, ordine omnia.
TR. Etiam fatetur de hospite?
TH. Immo pernegat.
TR. Negat? ⏑ – ⏑ – ⏑ – quom cogita
⏑ –́ ⏑ – ⏑
⟨TH.⟩ Dicam, si confessus sit.
Quid nunc faciundum censes?
TR. Egon quid censeam?
Cape, obsecro hercle, cum eo | una iudicem;
(Sed eum videto ut capias qui credat mihi.)
Tam facile vinces quam pirum volpes comest.
DA. Sed Philolachetis servom | eccum Tranium,
Qui mihi neque fenus neque sortem argenti danunt.
TH. Quo te agis?
TR. N*e*quoquam abeo. – Ne ego sum miser,
Scelestus, natus de*i*s inimicis omnibus.
Iam illo praesente adibit. Ne ego homo sum miser,
Ita et hinc et illinc mihi exhibent negotium.
Sed occupabo adire.
DA. Hic ad me i*t*; salvus sum:
Spes est de argento.
⟨TR.⟩ Hilarus est; frustra est homo.
Salvere iubeo te, Misargyri*de*s, bene.
DA. Salve et tu. Quid de argentost?
TR. Abi sis, belua!
Continuo adveniens pilum iniecisti mihi.

554. Il testo è lacunoso.
562. O, forse meglio, che fa le viste di fuggire.
563. *deis inimicis*: lett. « con gli dei ostili ».
568. *Misargyrides*: nome greco fittizio, dal significato antifrastico di « odia-argento ».
570. *pilum iniecisti*: lett. « mi scagli il giavellotto ».

TEOPROPIDE Sono andato a trovare quello che mi aveva venduto questa casa.

TRANIONE Gli hai mica detto nulla di quello che ti avevo raccontato?

TEOPROPIDE Per Ercole, certo che gli ho detto tutto.

TRANIONE (*fra sé*) Ah, povero me! Ho paura che i miei trucchi siano davvero finiti per sempre!

TEOPROPIDE Si può sapere cos'hai da parlare fra te e te?

TRANIONE No, niente. Ma dimmi, insomma glielo hai detto?

TEOPROPIDE Gli ho detto tutto, ti dico, per filo e per segno.

TRANIONE E ammette la faccenda dell'ospite?

TEOPROPIDE Neanche per idea, nega tutto.

TRANIONE Nega?...

TEOPROPIDE Te lo direi, se l'avesse ammesso. E ora, cosa pensi che si debba fare?

TRANIONE E che dovrei pensare, io? Fammi il favore, per Ercole, resta d'accordo con lui per prenderti un arbitro (ma vedi bene di prenderne uno che creda a me). Vincerai con la stessa facilità con cui una volpe mangia... una pera.

USURAIO Ma ecco là Tranione, il servo di Filolachete: quei due che del mio denaro non mi rendono né capitale né interessi!

TEOPROPIDE (*a Tranione che va verso l'usuraio*) Dove vai?

TRANIONE Io? in nessun posto. (*A parte*) Ma sarò un disgraziato, un maledetto, nato sotto una cattiva stella! Ora questo mi viene a parlare in presenza di quell'altro. Ma dico, sarò un uomo sfortunato! Da una parte e dall'altra ce l'hanno con me. Mah, gli andrò incontro io per primo (*va verso l'usuraio*).

USURAIO Viene verso di me. Sono a posto, c'è speranza di avere il denaro.

TRANIONE (*a parte*) È allegro: sta fresco, l'amico! (*All'usuraio*) Ti porgo i miei migliori saluti, Misargiride.

USURAIO Anche a te. Che mi dici del denaro?

TRANIONE Via da me, bestiaccia! Sei appena arrivato e già mi tiri la stoccata.

DA. ⟨Certe⟩ hic homo inanis est.
TR. Hic homo est certe *h*ariolus.
DA. Quin tu istas mittis tricas?
TR. Quin quid vis cedo.
DA. Ubi Philolaches est?
TR. Numquam potuisti mihi
Magis o*pp*ortunus adven⟨ire quam⟩ advenis.
DA. Quid est?
⟨TR.⟩ Concede huc.
⟨DA. Quin mihi f*e*nus red⟩ditur?
TR. Scio te bona esse voce; ne clam*a n*imis.
DA. Ego hercle vero clamo.
TR. Ah, gere morem mihi.
DA. Quid tibi ego morem vis geram?
TR. Abi, qu*a*eso, hinc domum.
DA. Abeam?
TR. Redito huc circiter meridiem.
DA. Reddeturne igitur fenus?
TR. Redde*t*; nunc abi.
DA. Quid ego huc recursem aut operam sumam aut conteram?
Quid si hic manebo potius ad meridiem?
TR. Immo abi domum. Verum hercle dico; abi modo.
At volo ◡ – ◡ faenus ... nqu ◡ ⊥ ◡ o.
DA. Quin vos mihi f*e*nus date. Quid hic nugamini?
TR. Eu hercle, ne tu ... abi modo; ausculta mihi.
DA. Iam hercle ego illum nominabo.
TR. Euge, strenue!
Beatus vero es nunc, quom clamas.
DA. Meum peto.
Multos me hoc pacto iam dies frustramini.
Molestus si sum, reddite argentum; abiero.
Responsiones omn*i*s hoc verbo eripis.
TR. Sortem accipe.
DA. Immo f*e*nus, id primum volo.

574 sgg. Il testo è lacunoso.
583b. Testo lacunoso.
591. Cioè, ovviamente, *reddo* « ti pago ».

USURAIO (*a parte*) Mi pare chiaro che l'amico è a secco.

TRANIONE (*a parte*) Mi pare chiaro che l'amico è un indovino!

USURAIO Perché non la smetti con questi imbrogli?

TRANIONE Mi vuoi dire cosa vuoi?

USURAIO Dov'è Filolachete?

TRANIONE Non saresti potuto capitarmi più a proposito di adesso.

USURAIO Perché?

TRANIONE Vieni un po' da questa parte (*lo tira più lontano da Teopropide*).

⟨USURAIO Perché invece non mi paghi gli interessi?⟩

TRANIONE Lo so che hai una bella voce: non gridare così!

USURAIO E invece io grido, per Ercole!

TRANIONE Via, cerca di fare come ti dico.

USURAIO E cos'è che mi dici?

TRANIONE Di andartene a casa, per favore.

USURAIO Dovrei andarmene a casa?

TRANIONE Torna qui verso mezzogiorno.

USURAIO Ma allora, me li pagherete gli interessi?

TRANIONE Sì, te li pagherà: ora vattene.

USURAIO Per qual motivo dovrei ritornare qui? Perché dovrei fare tutta questa fatica per nulla? Per me, è meglio se aspetto qui sino a mezzogiorno.

TRANIONE Ma no, vai a casa. Dico sul serio, per Ercole: va' via, ora. Però voglio...

USURAIO (*gridando*) Pagatemi piuttosto gli interessi! Perché volete prendermi in giro?

TRANIONE Bene, per Ercole: sta' tranquillo che tu... Vattene, però. Da' retta a me.

USURAIO (*fa un gesto verso la casa di Filolachete*) Guarda, per Ercole, che lo chiamo per nome!

TRANIONE Bene, benissimo! Ora sei contento, che stai gridando.

USURAIO Ma io chiedo il mio! Sono un sacco di giorni che mi menate per il naso in questo modo. Se vi dò fastidio, restituitemi il denaro e me ne vado. Con questa sola parola puoi troncare ogni discussione.

TRANIONE Prendi intanto il capitale.

USURAIO No, gli interessi: voglio quelli per prima cosa.

TR. Quid ais tu, hominum omnium taeterrume?
Venisti huc te extentatum? agas quod in manust.
Non dat, non debet.
DA. Non debet?
TR. N*e* frit quidem
Ferre hinc potes. An metuis nequo abeat foras
Urbe ex*u*latum f*e*noris causa tui?
Quoi sortem accipere iam †licebit†.
DA. Quin non peto
Sortem; illuc primum, f*e*nus, reddundum est mihi.
⟨TR.⟩ Molestus ne sis. Nemo dat. Age quidlubet.
Tu solus, credo, f*e*nore argentum datas.
DA. Cedo fenus, redde fenus, fenus reddite!
Daturin estis fenus actutum mihi?
Datur fenus mihi?
⟨TR.⟩ Fenus illic, fenus hic!
Nescit quidem nisi fenus fabularier.
U*l*tro te! neque ego taetriorem beluam
Vidisse me umquam quemquam quam te censeo.
DA. Non edepol tu nunc me istis verbis territas.
⟨TH.⟩ Calidum hoc est: etsi procul abest, urit male.
Quod illuc est fenus, opsecro, quod illic petit?
TR. Pater eccum advenit peregre non multo prius
Illius; is tibi et fenus et sortem dabit.
Ne inconciliare quid nos porro postules.
Vide num moratur.
DA. Quin feram, si quid datur.
TH. Quid ais tu?
TR. Quid vis?
⟨TH.⟩ Quis illic est? quid illic petit?
Quid Philolachetem gnatum compellat ⟨meum⟩
Sic, et praesenti tibi facit convicium?
Quid illi debetur?

594. *extentatum*: lett. « a gonfiarti ».
595. *frit*: (bella correzione di Ellis per l'*erit* dei codici), indica il granellino che stava in cima alla spiga ormai matura.
613. *Inconciliare*: un verbo plautino (*Bacch.* 651, *Per.* 834, *Tri.* 836) di senso non proprio chiarissimo. Paolo-Festo 95 L lo spiega

TRANIONE Cosa dici tu, l'uomo più schifoso del mondo? Sei venuto qui a fare il duro? Cerca di non strafare. Lui non te li dà, lui non te li deve.

USURAIO Non me li deve?

TRANIONE Non porterai via di qui neppure un bruscolo. Ma che, hai paura che se ne vada via dalla città, che espatri, per i tuoi interessi? E sì che ti dà la possibilità di riprenderti il capitale.

USURAIO Ma io non voglio il capitale. Quelli che mi dovete rendere per primi sono gli interessi.

TRANIONE Non mi seccare. Non ti si paga. Fa' quello che ti pare. Come se tu fossi il solo che presta denaro a interesse!

USURAIO (*strillando*) Dammi gli interessi, rendimi gli interessi, rendetemi gli interessi! Me li volete dare subito gli interessi, sì o no? Me li date gli interessi?

TRANIONE Interessi qui, interessi lì! Non sa dire che « interessi ». Passa via! Non credo di aver mai visto, mai, una bestia peggiore di te!

USURAIO Non credere di farmi paura con questi discorsi, per Polluce.

TEOPROPIDE (*a parte, inquieto*) La cosa si va surriscaldando: anche qui di lontano si sente bruciare forte. Che è questa faccenda degli interessi che costui insiste a chiedere?

TRANIONE Guarda, c'è suo padre che è arrivato appena adesso dall'estero. Lui ti darà il capitale e gli interessi. Ora smettila di volerci mettere di mezzo a tutti i costi. (*L'usuraio corre incontro a Teopropide*) Guarda un po' se perde tempo!

USURAIO Cosa credi, se mi dà qualcosa me lo porto via!

TEOPROPIDE (*a Tranione*) Che dici tu?

TRANIONE Che vuoi?

TEOPROPIDE Ma chi è questo? E cosa cerca? Perché continua a prendersela con mio figlio Filolachete, e ti fa una simile scenata? Che cosa gli si deve?

(per l'uso antico) come *per dolum decipere* « ingannare ». La cosa è ironica, perché se mai è stato proprio Tranione che, fino a quel momento, ha cercato di metter di mezzo l'usuraio.

TR. Obsecro hercle, ⟨tu⟩ iub*e*
Obi⟨cere⟩ argentum ob os inpurae beluae.
TH. Iubeam...?
TR. Iube [in] homini argento os verberarier.
DA. Perfacile ego ictus perpetior argenteos.
⟨TR.⟩ Audin? videtur, obsecro hercle, idoneus [629]
Danista qu*i* sit, genus quod inprobissimumst? [630]
TH. †Non ego istuc curo, qui sit, unde sit; [631]
†Id volo mihi dici, id me scire expeto, [632]
Quod illu*c* argentum est.
TR. Est ... huic debet Philolaches
Paulum.
TH. Quantillum?
TR. Quasi quadraginta minas.
Ne sane id multum censeas.
TH. Paulum id quidem est.
Adeo etiam argenti f*e*nus credit⟨um⟩ audio.
TR. Quattuor quadraginta illi debentur minae,
Et sors et fenus.
DA. Tantumst; nilo plus peto. [653]
TR. Velim quidem hercle ut uno nummo plus petas. [654]
Dic te daturum, ut abeat.
TH. Egon dicam dare?
TR. Dic.
TH. Egone?
TR. Tu ipsus. Dic modo, ausculta mihi.
Promitte, age inquam; ego iubeo.
TH. Responde mihi:
Quid eo est argento factum?
TR. Salvom est.
TH. Solvite
Vosmet igitur, si salvomst.
TR. Aedis filius
Tuus emit.
TH. Aedis?
TR. Aedis.

624. *Qui sit, unde sit*: formula tipica (con equivalenti già omerici) per interrogare uno sconosciuto sulla sua genealogia e provenienza. Qui e al verso seguente manca qualcosa.

TRANIONE Senti, per Ercole, fagli un po' buttare sul muso del denaro, a questa bestiaccia!

TEOPROPIDE Dovrei fargli...?

TRANIONE Fallo sgrugnare ben bene a suon di soldi!

USURAIO Non hai un'idea di come sopporto volentieri le bastonate quando sono d'argento.

TRANIONE Lo senti? Non ti pare, per Ercole, che sia un perfetto esemplare di usuraio, quella razzaccia?

TEOPROPIDE Non mi importa di sapere chi sia e di dove sia. L'unica cosa che voglio sapere, l'unica cosa che mi interessa, è cos'è questa faccenda del denaro.

TRANIONE Sarebbe... Filolachete ha un piccolo debito con lui.

TEOPROPIDE Quanto piccolo?

TRANIONE Sulle... quaranta mine. Non credere mica che sia molto.

TEOPROPIDE (*ironico*) No, no, è poco! E poi, sento dire che c'è anche la questione degli interessi da pagare.

TRANIONE Gli si debbono quarantaquattro mine, in tutto, fra capitale e interessi.

USURAIO Di tanto si tratta: non chiedo niente di più.

TRANIONE Vorrei anche vedere che tu chiedessi un soldo di più! Digli che glieli darai, così se ne va.

TEOPROPIDE Io dovrei dirgli che glieli darò?

TRANIONE Sì, diglielo.

TEOPROPIDE Io?

TRANIONE Ma sì, tu. Basta che glielo dici, dammi retta. Dai. Andiamo, prometti. Se te lo dico io!

TEOPROPIDE Rispondimi un po': che ne è di quel denaro?

TRANIONE È lì sano e salvo.

TEOPROPIDE Allora pagate voi, se è lì sano e salvo.

TRANIONE Tuo figlio ci ha comprato una casa.

TEOPROPIDE Una casa?

TRANIONE Sì, una casa.

TH. Euge, Philolaches
Patrissat; iam homo in mercatura vortitur.
Ain tu, aedis?
TR. Aedis, inquam. Sed scin quoiusmodi?
TH. Qui scire possum?
TR. Vah!
TH. Quid est?
TR. Ne me roga.
TH. Nam quid ita?
⟨TR.⟩ Speculo claras, can⟨d⟩orem merum.
TH. Bene hercle factum. Quid, eas quanti destinat?
TR. Talentis *m*agnis totidem quot ego et tu sumus.
Sed arraboni has dedit quadraginta minas;
Hi⟨n⟩c sumpsit, quas ei dedimus. Satin intellegis?
Nam postquam haec aed*es* *it*⟨a⟩ erant ut dixi tibi,
Continuo est alias aedis mercatus sibi.
TH. Bene hercle factum.
⟨DA.⟩ Heus! iam adpetit meridie*s*.
⟨TR.⟩ Absolve hunc, quaeso, vomit*u* ne hic nos enecet.
⟨TH.⟩ Adulescens, mecum rem habe.
DA. Nempe aps te petam?
TH. Petito cras.
DA. Abeo; sat habeo, si cras fero.
TR. Malum quod isti di deaeque omnes duint!
Ita mea consilia perturbat paenissume.
Nullum edepol hodie genus est hominum taetrius
Nec minus bono cum iure quam danisticum.
TH. Qua in regione istas aedis emit filius?
TR. Ecce autem perii!
TH. Dicisne hoc quod te rogo?
TR. Dicam. Sed nomen domini quaero quid siet.
TH. Age, comminiscere ergo.
TR. Quid ego nunc agam,
Nisi ut in vicinum hunc proximum ⏑ –́ ⏑ –

642. *speculo claras*: com'è nei codici (e non *speculoclaras* in composto, come fa Ernout seguendo altri). Sulla formazione vedi per ultimo Timpanaro, *Positivus pro comparativo*, cit., pp. 71 sgg. (con bibliografia).
663. Il finale del verso è corrotto.

TEOPROPIDE Benone! Filolachete prende da suo padre: comincia a inclinare per gli affari. Hai detto una casa, vero?

TRANIONE Sì, una casa. Ma lo sai che casa?

TEOPROPIDE E come potrei saperlo?

TRANIONE (*fa un gesto di ammirazione e di orgoglio*) Eh eh!

TEOPROPIDE Che sarebbe?

TRANIONE Non chiedermelo neppure!

TEOPROPIDE E allora?

TRANIONE Tirata a specchio, tutta un luccichìo.

TEOPROPIDE Ben fatto, per Ercole. Ma dimmi un po', e per quanto l'ha avuta?

TRANIONE Tanti talenti grandi quanti siamo io e te. Ma ha dato quelle quaranta mine di caparra. Le ha prese in prestito da lui (*indica l'usuraio*) per darle al proprietario. Capisci ora? Quando ci siamo accorti che questa casa qui era come ti ho detto, se n'è subito comprata un'altra.

TEOPROPIDE Ben fatto, per Ercole.

USURAIO Ehi voi, il mezzogiorno si avvicina.

TRANIONE Senti, pagalo, altrimenti ci ammazza col suo vomitìo.

TEOPROPIDE (*all'usuraio*) Giovanotto, è con me che devi trattare.

USURAIO Vuoi dire che debbo chiedere a te il denaro?

TEOPROPIDE Vieni a chiederlo domani.

USURAIO Me ne vado. Mi accontento già, se riscuoto domani.

TRANIONE (*a parte*) L'accidente che gli devono spedire le dee e gli dei tutti! C'è mancato poco che mi buttasse all'aria tutti i miei piani. Per Polluce, al giorno d'oggi non c'è razza d'uomini più disgustosa, più iniqua degli usurai.

TEOPROPIDE In che quartiere ha comprato questa casa, mio figlio?

TRANIONE Ecco, ci siamo, sono finito.

TEOPROPIDE Vuoi dirmelo o no quello che ti chiedo?

TRANIONE Sì, ma cercavo di ricordarmi il nome del proprietario.

TEOPROPIDE Via, fattelo venire in mente.

TRANIONE (*a parte*) E ora, che posso fare? A meno che non scarichi tutto addosso al nostro vicino, quello che sta qui

Eas emisse aedis huiius dicam filium?
Calidum hercle esse audivi optimum mendacium.
Quidquid dei dicunt, id decretumst dicere.
TH. Quid igitur? iam commentu's?
TR. Di istum perduint...
Immo istunc potius! De vicino hoc proxumo
Tuus emit aedis filius.
TH. Bonan fide?
TR. Siquidem tu argentum reddituru's, tum bona;
Si redditurus non es, non emit bona.
TH. Non in loco emit perbono.
TR. Immo in optumo.
TH. Cupio hercle inspicere hasce aedis. Pultadum fores
Atque evoca aliquem | intus ad te, Tranio.
TR. Ecce autem perii! Nunc quid dicam nescio.
Iterum iam ad unum saxum me fluctus ferunt.
⟨TH.⟩ Quid nunc?
⟨TR.⟩ Non hercle quid nunc faciam reperio.
Manufesto teneor.
TH. Evocadum aliquem ocius,
Roga circumducat.
TR. Heus tu, at hic sunt mulieres.
Videndumst primum utrum eae velintne an non velint.
TH. Bonum aequomque oras. I, percontare et roga.
Ego hic tantisper, dum exis, te opperiar foris.
TR. Di te deaeque omn*e*s funditus perdant, senex!
Ita mea consilia undique oppugnas mal*e*.
Eugae! optume eccum | aedium dominus foras
Simo progreditur intus. Huc concessero,
Dum mihi senatum consili in cor convoco.
Igitur tum accedam hunc, quando quid agam invenero.

677. Lett. « l'onda mi sbatte di nuovo sullo stesso scoglio ».

accanto (*indica l'altra facciata di casa che si vede sulla scena*), e dica a Teopropide che la casa acquistata dal figlio è questa. Ho sempre sentito dire che le migliori frottole son quelle che si raccontano a caldo. Ho deciso, dirò tutto quello che gli dei mi ispirano.

TEOPROPIDE E allora, te ne sei ricordato?

TRANIONE (*forte*) Accidenti a lui (*più piano*) o meglio a te. (*Forte di nuovo*) La casa tuo figlio l'ha comprata da questo qui accanto.

TEOPROPIDE (*meravigliato e contento*) Sul serio?

TRANIONE Se tu hai intenzione di sborsare i soldi, allora è sul serio: se invece non li vuoi sborsare, non è più sul serio.

TEOPROPIDE La posizione non è delle migliori.

TRANIONE Ma no, è bellissima.

TEOPROPIDE Per Ercole, ho una gran voglia di vedere questa casa. Bussiamo alla porta, Tranione, e fai uscire qualcuno di dentro che venga da te.

TRANIONE (*a parte*) Questa volta è finita! Non so proprio cosa dire. Mi sono incagliato di nuovo nel solito punto.

TEOPROPIDE E allora?

TRANIONE (*a parte, molto agitato*) Per Ercole, non mi viene in mente nulla per cavarmela! Son preso in castagna.

TEOPROPIDE Insomma, fa' uscire qualcuno alla svelta, chiedigli che ci faccia fare il giro.

TRANIONE Ma senti, dentro ci sono delle donne. Prima di tutto bisogna vedere se loro vogliono oppure no.

TEOPROPIDE Dici bene, è giusto. Vai allora, informati e chiedi il permesso. Io ti aspetterò qui fuori finché non sarai uscito.

TRANIONE (*a parte*) Che tutti gli dei e le dee ti mandino per sempre alla malora, vecchio. Possibile che tu debba contrastare i miei piani da ogni parte? (*Esce Simone*) Ma bravo! Ecco che viene fuori Simone, il padrone di casa: proprio al momento giusto. Facciamoci un po' da parte, mentre mi convoco in testa il senato delle mie idee. Mi avvicinerò a lui solo quando avrò escogitato un piano.

SIMO THEOPROPIDES TRANIO
SENES II SERVUS

SI. Melius anno hoc mihi non fuit domi,
Nec quod una esca me iuverit magis.
Prandium uxor mihi perbonum dedit.
Nunc dormitum iubet me ire; minime!
Non mihi forte visum ilico fuit
Melius quom prandium, quam solet, dedit.
Voluit in cubiculum abducere me anus.
Non bonust somnus de prandio. Apage!
Clanculum ex aedibus me edidi foras.
Tota turget mihi uxor, scio, domi.
TR. Res parata est mala in vesperum huic seni,
Nam et cenandum et cubandumst ei male.
SI. Quom magis cogito cum meo animo,
Siquis dotatam uxorem atque ⟨eam⟩ anum habet,
Neminem sollicitat sopor, i*ta* omnibus
Ire dormitum odio est. Velut nunc mihi
Exsequi certa res est, ut abeam
Potius hinc ad forum quam domi cubem.
Atque pol nescio ut moribus sient
Vostrae; haec sat scio quam me habeat male,
Peiius posthac fore quam fuit mihi.
TR. ⟨Si⟩ abitus tuus tibi, senex, fecerit male,
Nil erit quod deorum ullum accusites,
Te ipse iure optimo merito incusses licet.
Tempus nunc est senem hunc adloqui mihi.
Hoc habet. Repperi qui senem ducerem,
Quo dolo a me dolorem procul pellerem.
Accedam. – Di te ament plurimum, Simo!
SI. Salvos sis, Tranio!
TR. Ut vales?
SI. Non male.
Quid agis?
TR. Hominem optumum teneo.

710. Questo verso si riattacca piuttosto male al precedente. Il senso deve essere, però, all'incirca quello che abbiamo dato.

Scena II

SIMONE, TEOPROPIDE, TRANIONE

SIMONE Quest'anno non mi era mai andata tanto bene in casa mia, e non avevo mai mangiato così di gusto. Mia moglie mi ha preparato un pranzo coi fiocchi. E ora vorrebbe che andassi a dormire: no davvero! Ho avuto subito l'impressione che non lo facesse a caso, quando mi ha servito un pranzo migliore del solito. La vecchia mi voleva trascinare in camera da letto. Ma dormire col boccone sullo stomaco fa male. Passa via! Me ne sono uscito di casa zitto zitto. Mia moglie, in casa, starà scoppiando di bile contro di me, sono sicuro.

TRANIONE (*a parte*) Gli si prepara una gran brutta serata, a questo vecchio: cenerà male e dormirà peggio!

SIMONE Ci penso e ci ripenso, ma quelli che hanno sposato una moglie vecchia con una bella dote non sentono mai il bisogno di dormire: a tal punto hanno il disgusto di andare a letto! Come capita ora a me, che son deciso ad andarmene a tutti i costi nel foro piuttosto che mettermi a letto in casa mia. (*Agli spettatori*) Non so, per Polluce, come siano fatte le vostre mogli: ma la mia lo so ben io che brutta vita mi fa fare, e in futuro sarà sempre peggio.

TRANIONE Se la tua evasione, caro il mio vecchio, ti costerà cara, è inutile che tu vada a dar la colpa a qualche dio: se vuoi esser giusto, dovrai prendertela solo con te stesso! Ora è il momento di andargli a parlare. Toh! Ho trovato il modo di menarlo per il naso, il vecchio: con questo trucco respingerò il malanno che mi aspetta. Andiamo. (*Forte*) Che gli dei ti amino, Simone!

SIMONE Salute a te, Tranione.

TRANIONE Come va?

SIMONE Non c'è male. E tu che fai?

TRANIONE Lo vedi, stringo la mano a un galantuomo.

SI. Amice facis,
Quom me laudas.
TR. Decet certe.
SI. Quin mehercle te 720
Hau bonum teneo servom. 721
[⟨TH.⟩ Heia, mastigia, ad me redi.
TR. *I*am ist*i* ero. 721a
SI.] Quid nunc? quam mox...
TR. Quid est?
SI. Quod solet fieri hic 722
Intus...
TR. Quid id est?
SI. Scis iam quid loquar. Sic decet:
* * * morem geras. 725
Vita quam sit brevis, †simul cogita.
⟨TR.⟩ Quid?
Ehem, vix tandem percepi super his rebus nostris te loqui. 727/728
SI. Musice hercle agitis aetatem ita ut vos decet;
Vino et victu, piscatu probo, electili, 730
Vitam colitis.
TR. Immo vit⟨a⟩ antehac erat;
Nunc nobis †communia haec exciderunt.
SI. Quidum?
TR. Ita oppido occidimus omnes, Simo.
SI. Non taces? prospere vobis cuncta usque adhuc
Processerunt.
TR. Ita ut dicis facta hau nego. 735
Nos profecto probe ut voluimus viximus;
Sed, Simo, ita nunc ventus navem ⟨nostram⟩ deseruit.
SI. Quid est?
Quo modo?

721a. Le due battute sono fuori luogo, e il verso è giudicato, generalmente, interpolato. C'è però la possibilità che questa battuta sia pronunziata non da Teopropide ma da Simone stesso (com'è, del resto, nei codici). Si potrebbe cioè immaginare che dopo la frecciata di Simone l'altro abbia fatto le viste di andarsene, fingendosi sdegnato: e così Simone lo richiamerebbe indietro (in tal modo spiega il Collart, ad loc.). Ma la risposta

SIMONE Sei gentile a farmi questi complimenti.

TRANIONE Per carità, tutto meritato!

SIMONE Io, invece, stringo la mano a un servo che non è certo un galantuomo, per Ercole!

[TEOPROPIDE Ehi, farabutto, torna da me!

TRANIONE Sono lì fra un momento!

SIMONE] (*indicando la casa di Filolachete*) E allora, quanto manca...

TRANIONE A cosa?

SIMONE A quello che si fa di solito lì dentro...

TRANIONE E che si fa?

SIMONE Andiamo, lo sai cosa voglio dire. Ma va bene così... fai come ti si dice. Pensa sempre a quanto è breve la vita!

TRANIONE Ma che dici? Ah, ora ci sono: non avevo capito che alludevi alle nostre faccende.

SIMONE Per Ercole, vivete da quelle persone raffinate che siete. Vino buono, buone pietanze, pesce fine, roba scelta: ve la spassate!

TRANIONE Eh, magari: prima sì che era vita, ora va tutto a rotoli.

SIMONE Come sarebbe?

TRANIONE Eh, siamo tutti belli e finiti, Simone!

SIMONE Ma va! Finora tutto vi è andato nel modo migliore.

TRANIONE Non voglio mica negare che sia andata come dici tu. Abbiamo vissuto proprio come si voleva, non c'è dubbio. Ma ora, Simone, il vento ha abbandonato la nostra nave.

SIMONE Come sarebbe a dire? In che modo?

---

iam isti ero non si adatta molto a questa soluzione: Tranione infatti, dicendo così, implica che dovrà passare un po' di tempo prima che egli abbia eseguito il comando.

725-726. Testo parzialmente lacunoso.

732. Testo parzialmente corrotto.

⟨TR.⟩ Pessimo.
⟨SI.⟩ Quaen*e* subducta erat
Tuto in terra?
TR. Ei!
SI. Quid est?
TR. Me miserum! occidi.
SI. Qui?
TR. Quia venit navis, nostrae navi quae frangat ratem.
SI. Vel⟨l⟩*e*m ut tu velles, Tra*n*io. S⟨ed⟩ quid est negoti?
TR. Eloquar.
Erus peregre venit.
SI. Tunc * * * * * *
*p*ortenditur,
Inde ferriterium, postea * *
⟨TR. * * g⟩enua obsecro,
Ne indicium ero facias meo.
SI. E me, ne quid metuas, nihil sci*e*t.
TR. Patrone, salve.
SI. N*i*l moror m*i* istiusmodi clientis.
TR. Nunc hoc, quod ad te noster me [me] misit senex...
SI. Hoc mihi responde primum quod ego te rogo:
Iam de istis rebus voster quid sensit senex?
TR. N*i*l quicquam.
⟨SI.⟩ *N*umquid increpitavit filium?
TR. Tam liquidu*s*t quam liquida esse tempestas solet.
Nunc te hoc orare iussit opere maximo,
Ut sibi liceret inspicere hasce aedis tuas.
SI. Non sunt venales.
TR. Scio equidem istuc; sed senex
Gynaeceum aedificare volt hic in suis,
Et balineas, et ambulacrum, et porticum.
SI. †Quid consomniavit?
TR. Ego dicam tibi.

740. *Ratem*: *ratis* deve avere qui il senso di «scafo» (cfr. Collart ad loc.). Non c'è perciò da sospettare il testo (il Bickel «Rh. Mus.» 85, 1936, p. 384 correggeva poco felicemente in *natem*, che dovrebbe avere il senso – peraltro mai attestato – di «parte posteriore della nave»).
743. Testo lacunoso.
757. Il verso è incompleto.

TRANIONE Nel peggiore.

SIMONE Ma come? una nave tirata in secco, al sicuro.

TRANIONE Ahimè!

SIMONE Che accade?

TRANIONE Povero me, sono morto!

SIMONE Ma perché?

TRANIONE Eh, perché è venuta una nave che sta per speronare lo scafo della nostra.

SIMONE Hai tutta la mia comprensione, Tranione. Ma di che si tratta?

TRANIONE Te lo dirò. È tornato il padrone dall'estero.

SIMONE Allora... ti aspetta, poi i ferri, infine...

TRANIONE Per le tue ginocchia, ti scongiuro, non tradirmi col mio padrone!

SIMONE Sta' pure tranquillo, da me non saprà niente.

TRANIONE (*pieno di gratitudine*) Oh, salve, mio patrono!

SIMONE Non so che farmene di clienti come te.

TRANIONE Ecco ora la faccenda per cui il vecchio mi ha mandato da te...

SIMONE Rispondi prima a questa domanda: il vecchio cosa ha capito, per ora, di questi vostri affari?

TRANIONE Niente di niente.

SIMONE Se l'è presa con suo figlio?

TRANIONE È sereno quant'è serena la bella stagione. Ora mi ha ordinato di chiederti caldamente se gli fai dare un'occhiata qui alla tua casa.

SIMONE Non è in vendita.

TRANIONE Lo so bene, questo. Ma il vecchio vuol costruire un gineceo in casa sua, e anche dei bagni, un ambulacro e un portico.

SIMONE Che gli è venuto in mente?

TRANIONE Te lo dirò io. Vuole dar moglie a suo figlio il

Dare volt uxorem filio quantum potest;
Ad eam rem facere volt nov*o*m gynaeceum.
Nam sibi laudavisse hasce ait architectonem
Nescioquem exaedificatas insanum bene.
Nunc hinc exemplum capere volt, nisi tu nevis.
Nam ille eo maiore hinc opere sibi exemplum petit,
Quia isti umbram audivit esse aestate perbonam
Sub sudo columine usque perpetuum diem.
SI. Immo edepol vero, quom usque quaque umbra est, tamen
Sol semper hic est usque a mani ad vesperum.
Quasi flagitator astat usque ad ostium,
Nec m*i* umbra hic usquamst, nisi si in puteo quaepiamst.
TR. Quid? Sarsinatis ecquá est, si Umbram non habes?
SI. Molestus ne sis; haec sunt sicut praedico.
TR. At tamen inspicere volt.
SI. Inspiciat, si lubet.
Siquid erit quod illi placeat, de exemplo meo
Ipse aedificato.
TR. Eon, voco huc hominem?
SI. I, voca.
TR. Alexandrum magnum atque Agathoclem aiunt maxumas
Duo res gessisse; quid mihi fiet tertio,
Qui solus facio facinora immortalia?
Vehit hic clitellas, vehit hic autem alter senex.
Novicium mihi quaestum institui non malum.
Nam muliones mulos clitellarios
Habent, at ego habeo homines clitellarios.
Magni sunt oneris; quicquid imponas, vehunt.

765. Il testo è incerto.

più presto possibile, è per questo che vuol costruire un gineceo nuovo. Lui dice che non so qual architetto gli ha fatto l'elogio di casa tua, che è fabbricata pazzescamente bene. E allora vorrebbe prenderla a modello, se tu non hai nulla in contrario. Sai, lui è tanto più convinto di prenderla a modello perché ha sentito dire che da te, in estate, c'è un'ombra meravigliosa: per tutto il giorno, anche sotto lo stellone.

SIMONE Tutto il contrario, per Polluce. Quando dappertutto c'è ombra, a casa mia invece c'è il sole, dalla mattina alla sera: mi sembra un creditore che sta lì, incollato davanti alla porta. Di ombra qui non ne ho da nessuna parte, tranne che in fondo al pozzo.

TRANIONE Senti un po', se l'Umbra non ce l'hai, non è che hai qualche Sarsinate?

SIMONE Non essere noioso, le cose stanno come dico io.

TRANIONE Eppure lui vuol dare un'occhiata lo stesso.

SIMONE Faccia pure, se gli fa piacere. Se troverà qualcosa di suo gusto se la faccia pure costruire uguale.

TRANIONE Allora vado, gli dico di venire qui?

SIMONE Vai, chiamalo.

TRANIONE (*a parte*) Dicono che Alessandro Magno e Agatocle sono i due che hanno compiuto le imprese più grandi. E allora, cosa si dirà di me, il terzo, che compio azioni immortali senza l'aiuto di nessuno? Questo vecchio qui (*indica Simone*) porta la sua soma, e così la porta anche quest'altro (*indica Teopropide, lì in disparte*). Mi sono inventato un nuovo lavoro mica male. I mulattieri hanno dei muli da soma, io invece ho degli uomini da soma. E come son forti! Qualsiasi carico tu gli metta, te lo portano.

TRANIO THE*OP*ROPIDES SIMO
SERVUS SENES II

TR. Nunc hunc hau scio an conloquar. Congrediar.
Heus, Theopropides!
TH. Hem, quis hic nominat me?
TR. Ero servos multimodis suo fi*d*us.
TH. Unde is?
TR. Quod me miseras, adfero omne impetratum.
TH. Quid illic, opsecro, tam diu destitisti?
TR. Seni non erat otium; id sum opperitus.
TH. Antiqu*o*m optines hoc tuum, tardus ut sis.
TR. Heus tu, si voles verbum hoc cogitare:
Simul flare sorbereque haud factu facilest.
Ego hic esse et illic simitu hau potui.
TH. Quid nunc?
TR. Vise, specta tuo usque arbitratu.
TH. Age, ⟨i⟩, duc*e* me.
TR. Num moror?
TH. Subsequor te.
TR. Senex ipsus te ante ostium eccum opperitur.
Sed ut maestus est se hasce ⟨aedis⟩ vendidisse!
TH. Quid tandem?
TR. Orat ut suadeam Philolacheti
Ut istas remittat sibi.
TH. Haud opinor.
Sibi quisque ruri metit. Si male emptae
Forent, nobis istas redhibere haud liceret.
Lucri quicquid est, id domum trahere oportet.
Misericordias * * * hominem oportet.
TR. Morare hercle, * * facis. Sussequere.
⟨TH.⟩ Fiat.
Do tibi ego operam.
⟨TR.⟩ Senex illic est. Em, tibi adduxi hominem.

802. È questo il senso presumibile, anche se il testo è lacunoso.
803. Anche questo verso è lacunoso.

Scena III

TRANIONE, TEOPROPIDE, SIMONE

TRANIONE Adesso non so se parlargli (*una pausa*). Mi avvicinerò. (*Forte*) Senti, Teopropide!

TEOPROPIDE Sì? Chi mi chiama?

TRANIONE Un servo fedele in tutto al suo padrone.

TEOPROPIDE Da dove vieni?

TRANIONE Ho ottenuto tutto quello per cui mi avevi mandato.

TEOPROPIDE E perché sei stato laggiù tanto tempo?

TRANIONE Il vecchio aveva da fare, e sono stato ad aspettare.

TEOPROPIDE Non hai perduto il tuo antico vizio di far tardi.

TRANIONE Stai a sentire, ripensa un po' a quel proverbio « è difficile soffiare e succhiare nello stesso tempo ». Non potevo essere qui e là contemporaneamente!

TEOPROPIDE Beh, allora?

TRANIONE Visita pure, guarda tutto a tuo piacimento.

TEOPROPIDE Via, andiamo, fammi da guida!

TRANIONE E che, sono io che ti trattengo?

TEOPROPIDE Ti vengo dietro (*vanno verso la casa di Simone*).

TRANIONE Ecco il vecchio in persona che ti aspetta davanti alla porta. Ma come gli dispiace di aver venduto questa casa!

TEOPROPIDE E allora, che vuole?

TRANIONE Vorrebbe che convincessi Filolachete a ridargliela indietro.

TEOPROPIDE Non mi pare proprio. In campagna ciascuno miete per sé. Se con la casa avessimo fatto un cattivo affare, nessuno ce la farebbe ridare indietro. Il guadagno uno deve tenerselo per sé. Bisogna andarci piano con la compassione.

TRANIONE Perdiamo tempo, con questi tuoi discorsi. Vienimi dietro.

TEOPROPIDE Va bene, a tua disposizione.

TRANIONE Il vecchio è lì. (*A Simone*) Ecco, te l'ho portato.

SI. Salvom te advenisse peregre gaudeo, Theo⟨p⟩ropides.
TH. Dei te ament!
SI. Inspicere ⟨is⟩te aedis te has *v*elle aiebat mihi.
⟨TH.⟩ Nisi tibi est incommodum.
SI. Immo commodum. Intro atque inspice.
TH. At enim mulieres...
SI. Cave tu ullam flocci faxis mulierem.
Qualibet perambula aedis oppido tamquam tuas.
TH. 'Tamquam'?
TR. Ah, cave tu illi obiectes nunc in aegritudine
Te has emisse. Non tu vides hunc voltu ut tristi | est senex?
TH. Video.
TR. Ergo inridere ne videare et gestire admodum;
Noli facere mentionem te | emisse.
TH. Intellego;
Et bene monitum duco, atque ⟨es⟩se existumo humani ingen*i*.
Quid nunc?
SI. Quin tu is intro atque otiose perspecta, ut lubet.
TH. Bene beni⟨gne⟩que arbitror te facere.
⟨SI.⟩ Factum edepol volo.
[SI. Vin qui perductet?
TH. Apage istum perductorem; non placet. 816a
Qui⟨cqui⟩d est, errabo potius quam perductet quispiam] 816b
TR. Viden vestibulum ante aedis hoc et ambulacrum, cuiusmodi?
TH. Luculentum edepol profecto.
TR. Age specta post*is*, cuiusmodi,
Quanta firmitate facti et quanta crassitudine.
TH. Non videor vidisse postis pulchriores.
⟨SI.⟩ Pol mihi
Eo pretio empti fuerant olim.

816a-b. I due versi sono identici ai vv. 845 sgg. (tranne la domanda *vin qui perductet?*, e qualche sfumatura di dettaglio). Si tratta di una interpolazione, che sarà nata dal fatto che, così facendo, qualche capocomico poteva tagliar via i vv. 817-842.

SIMONE Son felice che tu sia tornato sano e salvo dall'estero, Teopropide.

TEOPROPIDE Che gli dei ti proteggano!

SIMONE Mi diceva che volevi dare un'occhiata a questa casa.

TEOPROPIDE Se non ti scomoda.

SIMONE Anzi, mi fa piacere. Entra pure e guarda.

TEOPROPIDE Ma, per le donne...

SIMONE Infischiatene di qualunque donna. Gira dove ti pare, fa' conto di essere proprio a casa tua.

TEOPROPIDE Come « fa' conto »...?

TRANIONE (*a bassa voce*) Ah, per carità, non gli ricordare che hai comprato la casa ora che è così afflitto! Non lo vedi che faccia malinconica che ha, il vecchio?

TEOPROPIDE Sì, lo vedo.

TRANIONE E allora non dargli l'impressione di prenderlo in giro e di esser troppo impaziente. Cerca di non rammentargli che l'hai comprata.

TEOPROPIDE Capisco. Mi dai dei buoni consigli, pieni di umanità. (*A Simone*) E allora?

SIMONE E allora te ne vai dentro, e guarda pure a tuo comodo, come ti pare.

TEOPROPIDE Sei proprio gentile a dirmi così.

SIMONE Per Polluce, è un dovere.

[SIMONE Vuoi qualcuno che ti porti in giro?

TEOPROPIDE Per carità, non mi piace esser portato in giro! Qualsiasi cosa accada preferisco perdermi piuttosto che essere portato in giro da qualcuno.]

TRANIONE Lo vedi che razza di vestibolo davanti casa, e che bel viale?

TEOPROPIDE Proprio uno splendore.

TRANIONE To', e guarda gli stipiti, che roba, come li hanno fatti solidi e spessi!

TEOPROPIDE Non credo d'aver mai visto stipiti migliori.

SIMONE Per Polluce, con quello che mi erano costati a suo tempo!

TR. Audin 'fuerant' dicere?
Vix videtur continere lacrimas.
TH. Quanti hosce emeras?
⟨SI.⟩ Tris minas pro istis d*uo*bus praeter vecturam dedi.
TH. Hercle qui mult*o* improbiores sunt quam a primo credidi.
SI. Quapropter?
TH. Quia edepol ambo ab infimo t*ar*mes secat.
⟨TR.⟩ Intempestivos excissos credo; id eis vitium nocet.
Atque etiam nunc satis boni sunt, si sunt inducti pice.
Non enim haec pultifagus opifex opera fecit barbarus.
Viden coagmenta in foribus?
TH. Video.
TR. Specta quam arte dormiunt.
TH. Dormiunt?
TR. Illud quidem, ut conivent, volui dicere.
Satin habes?
⟨TH.⟩ Ut quicquid magis contempl*o*, tanto magis placet.
TR. Viden pictum ubi ludifica*t* una cornix volturios duos?
TH. Non edepol video.
⟨TR.⟩ At ego vide*o*; nam inter volturios duos
Cornix astat, ea volturios duo vicissim vellicat.
Quaeso, huc ad me specta, cornicem ut conspicere possies.
Iam vides?
TH. Profecto nullam equidem illic cornicem intuor.
TR. At tu isto ad vos optuere, quoniam cornicem nequis
Conspicari, si volturios forte possis contui.
TH. Omnino, ut te absolvam, nullam pictam conspicio hic avem.
TR. Age, iam mitto; ignosco; aetate non quis optuerier.
TH. Haec quae possum, ea mihi profecto cuncta vehementer placent.
SI. Latius demumst operae pretium ivisse.
TH. Recte edepol mones.

830. Il latino gioca sui due sensi di *coniveo*, « stare uniti » e « chiudersi » detto degli occhi: per cui Tranione può dire *dormiunt* invece di *conivent*.

TRANIONE (*piano, a Teopropide*) Lo senti, « mi erano costati... ». A fatica trattiene le lacrime!

TEOPROPIDE E quanto ti erano costati?

SIMONE Tre mine per questi due, senza il trasporto.

TEOPROPIDE (*guardando più da vicino*) Per Ercole, ma sono molto peggio di quanto avevo creduto all'inizio!

SIMONE E perché?

TEOPROPIDE Perché dal basso se li mangia tutti e due la tignola.

TRANIONE Vedrai che hanno tagliato il legno fuori stagione, è questo il loro difetto. Ma insomma sono ancora in buono stato, basta spalmarli di pece. Non li ha mica fatti uno di quegli artigiani barbari, quei polentoni! Vedi le commessure dei battenti?

TEOPROPIDE Le vedo.

TRANIONE Guarda come si baciano stretti!

TEOPROPIDE Si baciano?

TRANIONE Volevo dire « combaciano », mi sono sbagliato. (*Indica la casa*) Ti piace?

TEOPROPIDE Più mi guardo intorno e più mi piace.

TRANIONE Lo vedi là quel dipinto, dove c'è una cornacchia che prende in giro due avvoltoi?

TEOPROPIDE No, per Polluce, non lo vedo.

TRANIONE Ma lo vedo io. C'è una cornacchia che sta ritta fra due avvoltoi, e li spenna, ora l'uno ora l'altro. Andiamo, guarda di qua dove sono io, per vedere la cornacchia! La vedi ora?

TEOPROPIDE No, davvero, non vedo neanche l'ombra di una cornacchia.

TRANIONE Allora guarda là dalla parte dove siete voi, se non vedi la cornacchia: così potrai vedere forse gli avvoltoi.

TEOPROPIDE Insomma, per farla breve, qui non ci vedo nessun uccello dipinto.

TRANIONE Va bene, lasciamo perdere: non ce l'ho con te, è l'età che non ti fa vedere bene.

TEOPROPIDE Comunque quel che posso vedere mi piace tutto, e molto!

SIMONE Ma anzi, val la pena che tu vada anche più oltre.

TEOPROPIDE Dici bene, per Polluce.

SI. Eho, istum, puere, circumduce hasce aedis et conclavia.
Nam egomet ductarem, nisi mi esset apud forum negotium.
TH. Apage istum a me perductorem; nil moror ductarier.
Quicquid est, errabo potius quam perductet quispiam. 846/847
SI. Aedis dico.
TH. Ergo intro eo igitur sine perductore.
SI. Ilicet.
TH. Ibo intro igitur.
TR. Mane sis videam, ne canis...
TH. Agedum vide.
⟨TR.⟩ *St*! abi, canis! *st*; abin dierecta? abin hinc in malam crucem?
At etiam restas? *St*! abi istinc.
⟨SI.⟩ N*il* pericli est; age *
Tam placidast quam feta quaevis; ire intro audacter licet.
Eo ego hinc ad forum.
TH. Fecisti commode; bene ambula.
Tranio, age, canem istam a foribus ⟨aliquis⟩ abducat face,
Etsi non metuenda est.
TR. Quin tu illam aspice ut placide accubat.
Nisi molestum vis videri te atque ignavom...
TH. Iam ut lubet.
Sequere hac me igitur.
TR. Equidem haud usquam a pedibus apscedam tuis.

851. Nel verso mancano due sillabe.

SIMONE (*si rivolge a quelli di casa*) Ehi, ragazzo, portalo in giro per la casa, fagli vedere le stanze. Ti ci porterei io in giro, ma ho una faccenda da sbrigare al foro.

TEOPROPIDE Per carità, assolutamente no: non mi piace essere portato in giro. Qualsiasi cosa accada preferisco perdermi piuttosto che essere portato in giro da qualcuno.

SIMONE Ma io dicevo per la casa!

TEOPROPIDE Allora io entro senza essere portato in giro.

SIMONE Vai pure.

TEOPROPIDE Allora entro.

TRANIONE Aspetta, che guardo se per caso la cagna...

TEOPROPIDE Sì, sì, dai un'occhiata.

TEOPROPIDE Psst! Passa via, cagna, psst, vuoi andartene a farti impiccare? E vattene in croce! Sei ancora lì? Psst! Passa via di lì!

SIMONE Non c'è pericolo, vai pure. È buona come una bestia pregna. Va' pure dentro tranquillo. Io me ne vado al foro.

TEOPROPIDE Sei stato molto gentile. Buona passeggiata. (*Simone esce*) Andiamo, Tranione, fai portar via questa cagna dalla porta, anche se non c'è da aver paura.

TRANIONE Ma no, guarda come se ne sta tranquilla a cuccia. Non vorrai mica far la figura del seccatore e del pauroso...

TEOPROPIDE Va bene, come vuoi. Vienimi dietro per di qua.

TRANIONE Stai tranquillo, sarò incollato ai tuoi piedi.

<ACTUS IV>

PHANISCUS
<ADVORSITOR>

Servi qui, quom culpa carent, tamen malum metuunt,
I solent esse eris utibiles.
Nam illi qui nil metuunt, †postquam sunt malum meriti,
Stulta sibi expetunt consilia.
Exercent sese ad cursuram, fugiunt. Sed *i* si reprehensi sunt,
Faciunt de malo peculium quod nequeunt <de bono>
Augent ex pauxillo * * *, * * de parant.
Mihi in pectore consili * * * * malam rem prius
Quam ut meum * * * * *
Ut adhuc fuit mihi corium esse oportet
Sincerum atque, †ut votem verberare.
Si huic imperabo, probe tectum habebo,
Malum quom impluit ceteris, ne impluat m*i*.
Nam ut servi volunt esse erum, ita solet:
†Bonis sum† inprobi sunt, malus f*i*t.
Nam nunc domi nostrae tot pessumi vivont
Peculi sui prodigi, plagigeruli.
Ubi advorsum ut eant voc<it>antur ero:
'Non eo, molestus ne sis.
Scio quod properas: gestis aliquo ... Iam hercle ire vis,
mula, foras pastum.'
Bene merens hoc pret*i* inde abstuli. Abi<i> foras.
Solus nunc eo adversum ero ex plurimis servis.
Hoc die crastini quom erus resciverit,
Mane castigabit eos bubulis exuviis.
Postremo minoris pendo tergum illorum quam meum.
Illi erunt bucaedae multo potius quam ego sim restio.

860. Metro incerto.
864. Di qui in avanti il testo è lacunoso per circa altri tre versi.
869. Il senso dev'essere quello che abbiamo dato, anche se il testo è corrotto.
870. *huic*: generalmente viene interpretato come *huic homini*, cioè « a me ». Mi pare però che lo si possa riferire anche alla

ATTO IV

Scena I

FANISCO
(*Va incontro a Callidamate*)

I servi migliori, per il padrone, sono quelli che hanno paura di essere puniti anche quando non hanno fatto nulla di male. Invece, quelli che non hanno paura di nulla, una volta che si siano meritati la punizione, pigliano delle risoluzioni sciocche. Si allenano alla corsa, cercano di scappare. Ma se li riacchiappano, a suon di disgrazie si fanno quel peculio che non si son potuti fare ⟨con le grazie⟩. Accumulano dal niente... ne fanno provvista. Ma io sono deciso ⟨a evitare⟩ i guai piuttosto che a ⟨esporre⟩ le mie ⟨spalle⟩... Ho piacere che la mia pelle resti sana com'è stata finora: ed è bene che le impedisca di guastarsi a suon di bastonate. Se riesco a farmi obbedire da lei, riuscirò a tenerla bene al coperto, e non mi prenderò la pioggia che scroscia sugli altri. Perché il padrone è come i servi lo vogliono: se sono buoni è buono anche lui, se sono cattivi diventa intrattabile. Anche a casa da noi ce ne sono tante di queste canaglie! prodighi del loro peculio, piglia-botte incalliti. Quando li si chiama perché vadano incontro al padrone: « non ci vado, non mi seccare! Come se non lo sapessi perché hai tanta fretta: ti preme di correre da qualche parte... Eh, per Ercole, la mula se ne vuole andare fuori a mangiare! » Ecco quel che ho ricavato con il mio zelo. Me ne sono uscito, e ora, di tutti i servi che siamo, incontro al padrone ci vado da solo. Quando il padrone lo saprà, domani, li farà punire con le spoglie del bue. Ma insomma, delle loro spalle mi importa poco, mi importa delle mie. È meglio che facciano loro gli ammazza-buoi piuttosto che non debba finire io a fare il cordaio!

« pelle »: quasi che, nel fantastico metaforeggiare dello schiavo (è nota la tendenza di Plauto a creare fantasie stilistiche sul tema delle bastonate: cfr. i vv. che seguono) fosse la pelle a cercarsi dei malanni, contro la volontà di chi la indossa.
873. Testo corrotto.

⟨PINACIUM PHANISCUS⟩
⟨ADVORSITORES II⟩

PI. Mane tu atque adsiste ilico, 885a
Phanisce; etiam respicis? 885b
⟨PH.⟩ Mihi molestus ne si⟨e⟩s. 886a
PI. Vide ut fastidit simia! 886b
Manesne ilico, impure parasite?
PH. Qui parasitus sum?
⟨PI.⟩ Ego enim dicam: cibo perduci pote*ris* quovis.
PH. Mihi sum, lubet esse. Quid id curas?
PI. Ferocem facis, quia te er*us* amat.
⟨PH.⟩ Vah! 890
Oculi dolent.
PI. Qur?
PH. Quia fumus molestus*t*.
PI. Tace sis, faber, qui cudere soles plumbeos nummos.
PH. Non potes tu cogere me ut tibi maledicam.
Novit erus me.
⟨PI.⟩ Suam quidem pol culcitu*l*am oportet.
PH. Si sobrius sis, male non dicas.
⟨PI.⟩ Tibi optemperem, cum tu mihi nequeas? 895/896
⟨PH.⟩ At tu mecum, pessime, ito adversus. Quaeso hercle, abstine
Iam sermonem de istis rebus.
⟨PI.⟩ Faciam et pultabo foris.
Heus, ecquis hic est maximam his qui iniuriam
Foribus defendat? ecquis has aperit foris? 900
Homo nemo hinc quidem foras exit.
Ut esse addecet nequam homines ita sunt. 902a
Sed eo magis cautost opus, 902b
Ne huc exeat qui male mulcet. 903

Scena II

PINACIO, FANISCO

PINACIO Aspetta, tu! fermati subito, Fanisco! ti vuoi voltare?

FANISCO Non mi seccare.

PINACIO Eh, quante arie, questo scimmiotto! Ti vuoi fermare subito sì o no, sporcaccione d'un parassita?

FANISCO Perché parassita?

PINACIO Te lo spiego io: se si tratta di mangiare, uno può portarti dove vuole.

FANISCO Sono libero, no? e mi piace mangiare. Che te ne importa?

PINACIO Fai il furbo perché il padrone ti vuol bene.

FANISCO Bah! Mi fanno male gli occhi.

PINACIO Perché?

FANISCO Perché mi dà noia il fumo delle tue chiacchiere.

PINACIO Ma stai zitto, fabbricatore di monete false!

FANISCO Tanto non potrai costringermi a risponderti male. Il padrone mi conosce.

PINACIO Ma certo, bisognerà pure che conosca il morbido materasso del suo letto!

FANISCO Se tu non fossi ubriaco, non mi diresti insolenze.

PINACIO Perché dovrei usarti dei riguardi, mentre tu non fai niente di simile per me?

FANISCO Andiamo, farabutto, vieni con me incontro al padrone. Fammi il favore, per Ercole, piantala con certi discorsi.

PINACIO Va bene, busserò alla porta. Ehi, di casa, c'è qualcuno che voglia risparmiare a questa porta il peggiore degli infortuni? C'è qualcuno che ci apre? Di qui non vien fuori anima viva. Per esser gentaglia, non scherzano. Ragione di più per stare attenti: non vorrei che uscisse qualcuno e ce le desse.

TRANIO THEOPROPIDES
⟨SERVUS SENEX⟩
PHANISCUS ⟨PINACIUM⟩
⟨ADVORSITORES II⟩

TR. Quid tibi visum est mercimoni?
TH. * * totus gaudeo.
TR. Num nimio emptae tibi videntur?
TH. Nu*s*quam edepol ego me scio
Vidisse umquam ab*i*ectas aedes, nisi modo hasce.
TR. Ecquid placent?
TH. Ecquid place*a*nt me rogas? immo hercle vero perplacent.
TR. Cuiusmodi gynaeceum? quid porticum?
TH. Insanum bonam.
Non equidem ullam in publico esse maiorem hac existimo.
TR. Quin ego ipse et Philolaches in publico omnis porticus
Sumus commensi.
TH. Quid igitur?
TR. Longe omnium longissima est.
TH. Di immortales, mercimoni lepidi! ⟨Si⟩ hercle nunc ferat
Sex talenta magna argenti pro istis praesentaria,
Numquam accipi*a*m.
TR. Si *hercl*e accipere cupi*a*s, ego numquam sinam.
TH. Bene res nostra conlocata est istoc mercimonio.
TR. Me suasore atque inpulsore id factum audacter dicito,
Qui subegi f*e*nore argentum ab danista ut sumeret
Quod isti dedimus arraboni.
TH. Servavisti omnem ratem.
Nempe octoginta debentur huic minae?
TR. Hau nummo amplius.
⟨TH.⟩ Hodie accipiat.
TR. Ita enim vero, nequa causa subsiet.
Vel mihi denumerato; ego illi porro denumeravero.
TH. At enim ne quid captioni mihi sit, si dederim tibi.

904. Una breve lacuna.

Scena III

TRANIONE, TEOPROPIDE, FANISCO

TRANIONE Allora, che ti sembra dell'affare?

TEOPROPIDE ... sono felicissimo.

TRANIONE Ti sembra che l'abbiamo pagata troppo cara?

TEOPROPIDE Non credo di aver mai visto da nessuna parte, per Ercole, svendere una casa così per niente.

TRANIONE Ti piace, allora?

TEOPROPIDE Mi chiedi se mi piace? Per Ercole, di' pure che mi piace immensamente.

TRANIONE Che ti pare del gineceo? e del portico?

TEOPROPIDE Bello da matti! Non credo che ci sia un portico più grande anche fra quelli pubblici.

TRANIONE Vuoi scherzare? Filolachete e io abbiamo misurato tutti i portici pubblici.

TEOPROPIDE E allora?

TRANIONE È di gran lunga il più lungo!

TEOPROPIDE Dei immortali, che splendido affare! Per Ercole, se ora venisse ad offrirmi sei talenti grandi d'argento, in contanti, non accetterei mai.

TRANIONE E se tu volessi accettarli, te lo impedirei io.

TEOPROPIDE Con questo affare abbiamo investito bene le nostre sostanze.

TRANIONE Di' pure forte che questo è stato fatto dietro il mio consiglio e sotto il mio impulso: sono io che l'ho costretto a prendere in prestito dall'usuraio i soldi che abbiamo dato a Simone per la caparra.

TEOPROPIDE Hai condotto bene la barca, senza dubbio. Allora siamo in debito ancora di ottanta mine?

TRANIONE Non un soldo di più.

TEOPROPIDE Le avrà oggi stesso.

TRANIONE Va bene così, per non offrirgli qualche pretesto. Anzi, versale a me, che poi mi occuperò io di darle a lui.

TEOPROPIDE Non vorrei pigliarmi qualche fregatura, se le do a te.

TR. Egone te ioculo modo ausim dicto aut facto fallere?
TH. Egone aps te ausim non cavere ne quid committam tibi?
TR. Qui*d*? tibi umquam quicquam, postquam tuus sum, verborum dedi?
⟨TH.⟩ Ego enim cavi recte †eam bis gratiam† atque animo meo
Sat sapio, si aps te modo uno caveo.
TR. Tecum sentio.
⟨TH.⟩ Nunc abi rus, dic me advenisse filio.
TR. Faciam ut iubes.
TH. Curriculo iube in urbem veniat iam simul tecum.
TR. Licet.
Nunc ego me illac per posticum ad congerrones conferam;
Dicam ut hinc res sint quietae atque hunc ut hinc amoverim.

PHANISCUS ⟨PINACIUM⟩ THEOPROPIDES
ADVERSITORES II SENEX

PH. Hic quidem neque convivarum sonitus⟨t⟩, it*e*m ut antehac fuit,
Neque tibicinam cantantem neque alium quemquam audio.
TH. Quae illaec res est? quid illisce homines quaerunt apud aedis meas?
Quid volunt? quid intro spectant?
PI. Pergam pultare ostium.
Heus, reclude; heus, Tranio, etiamne aperis?
TH. Quae haec est fabula?
PI. Etiamne aperis? Callidamati nostro advorsum venimus.
TH. Heus vos, pueri, quid istic agitis? quid istas aedis frangitis?

926. Il testo è corrotto.

TRANIONE E io avrei il coraggio di dire una parola, di fare un gesto per ingannarti, anche per scherzo?

TEOPROPIDE E io avrei il coraggio di non guardarmi bene dall'affidarti qualcosa?

TRANIONE Di' un po', ti ho mai imbrogliato da quando son diventato di tua proprietà?

TEOPROPIDE Il fatto è che sono stato con gli occhi aperti: e credo di essere già furbo abbastanza se solo riesco a guardarmi da te.

TRANIONE Son d'accordo con te.

TEOPROPIDE Ora vattene in campagna, e di' a mio figlio che son tornato.

TRANIONE Farò come mi ordini.

TEOPROPIDE Digli che venga di corsa in città assieme a te.

TRANIONE D'accordo. (*A parte*) Adesso me ne vado dai miei compari passando per la porta di dietro. Gli dirò che da questa parte è tutto tranquillo, e gli racconterò come ho fatto a far sloggiare di qui il vecchio.

Scena IV

FANISCO, PINACIO, TEOPROPIDE

FANISCO A dir la verità, qui non si sente il chiasso dei convitati, come al solito: e neppure la flautista che suona, o la voce di qualcun altro.

TEOPROPIDE (*A parte*) Che faccenda è questa? Che cercano quegli uomini davanti a casa mia? Che vogliono? Che hanno da guardare dentro?

PINACIO Continuerò a bussare alla porta. Ohe, apri! ohe, Tranione, ti decidi ad aprire?

TEOPROPIDE (*A parte*) Che storia è questa?

PINACIO Ti decidi ad aprire? Siamo venuti a prendere Callidamate, il nostro padrone.

TEOPROPIDE Ehi voi, ragazzi, che fate lì? perché volete demolire la casa?

PH. ⟨Heu⟩s senex, quid tu percontare ad te quae nihil attinent?
TH. ⟨Nihi⟩l ad me attinet?
PH. Nisi forte factu's praefectus novos,
Qui res alienas procures, quaeras, videas, audias.
TH. ⟨Meae su⟩n⟨t ist⟩a⟨e⟩ ae⟨des⟩, ubi statis.
PH. Quid ais? an iam vendidit
Ae⟨dis P⟩hilolaches? aut quidem iste nos defrustratur senex.
TH. Vera dico. Sed quid vobis est negoti hic?
PH. Eloquar.
Erus hic noster potat.
TH. Erus hic voster potat?
PH. Ita loquor.
⟨TH.⟩ Puere, nimium delicatu's.
PH. Ei advorsum venimus.
TH. Cui homini?
PH. Ero nostro: quaeso, quotiens dicendumst tibi?
TH. Puere, nemo hic habitat. Nam te esse arbitror puerum probum.
PH. Non hic Philolaches adulescens habitat hisce in aedibus?
TH. Habitavit; verum emigravit iam diu ex hisce aedibus.
PI. Senex hic elleborosus est certe.
PH. Erras pervorse, pater;
Nam nisi hinc hodie emigravit aut heri, certo scio
Hic habitare.
TH. Quin sex mensis iam hic nemo habitat.
PI. Somnias.
TH. Egone?
PI. Tu.
TH. Tu ne molestu's. Sine me cum puero loqui.
Nemo habitat.
PH. Habitat profecto; nam heri et nudius tertius,
Quartus, quintus, sextus, usque postquam hinc peregre eiius pater

FANISCO Ehi tu, vecchio, perché ti impicci di quel che non ti riguarda?

TEOPROPIDE Non mi riguarda?

FANISCO A meno che tu non sia stato nominato prefetto di fresco, per occuparti dei fatti altrui, indagare, vedere, ascoltare.

TEOPROPIDE È mia la casa davanti a cui state.

FANISCO Che dici? Filolachete si è venduta la casa, adesso? Oppure questo vecchio ci piglia in giro, non c'è dubbio.

TEOPROPIDE Dico la verità. Ma voi, che andate cercando qui?

FANISCO Te lo dico subito. Il nostro padrone è qui a bere.

TEOPROPIDE Il vostro padrone è qui a bere?

FANISCO Sì, è così.

TEOPROPIDE Fai troppo lo sfacciato, ragazzo.

FANISCO Siamo venuti a prenderlo.

TEOPROPIDE Chi?

FANISCO Il nostro padrone: ma scusa, quante volte te lo dobbiamo dire?

TEOPROPIDE Ragazzo, qui non ci sta nessuno. Eppure mi sembri un ragazzo come si deve.

FANISCO Ma come, non ci abita il giovane Filolachete in questa casa?

TEOPROPIDE Ci abitava. Ma è un pezzo che ha cambiato casa.

PINACIO Questo è un vecchio da prender l'elleboro, non c'è dubbio.

FANISCO Ti sbagli di grosso, padre mio. A meno che non abbia traslocato ieri o oggi, sono sicuro che abita qui.

TEOPROPIDE Macché, sono sei mesi che qui non ci abita più nessuno.

PINACIO Tu sogni.

TEOPROPIDE Io?

PINACIO Sì, tu.

TEOPROPIDE Ah, ma sei proprio noioso, tu! Lasciami parlare con questo ragazzo. (*Si rivolge a Fanisco*) Non ci abita nessuno.

FANISCO E invece ci abita. Perché ieri, e ieri l'altro, e l'altro ieri ancora, e l'altro, e l'altro – sempre, da quando

Abiit, numquam hic triduum unum desitumst potarier.
TH. Quid ais?
PH. Triduum unum est haud intermissum hic esse et bibi,
Scorta duci, pergraecari, fidicinas, tibicinas
Ducere.
TH. Quis istaec faciebat?
PH. Philolaches.
TH. Qui Philolaches?
PH. Quoi patrem Theopropidem esse opinor.
TH. Ei ⟨mihi⟩, occidi,
Si haec hic vera memorat. Pergam porro percontarier.
Ain tu istic potare solitum Philolachem istum, quisquis est,
Cum ero vostro?
PH. H*ic*, inquam.
TH. Puere, praeter speciem stultus es.
Vide sis ne forte ad merendam quopiam devorteris,
Atque ibi amplius †quam† satis fuerit biberis.
PH. Quid est?
TH. Ita dico, ne ad alias aedis perperam deveneris.
⟨PH.⟩ Scio qua me ire oportet, et quo venerim novi locum.
Philolaches hic habitat, cuiius est pater Theo⟨p⟩ropides,
Qui, postquam pater ad mercatum hinc abiit, hic tibicinam
Liberavit.
TH. Philolachesne ergo?
PH. Ita, Philematium quidem.
TH. Quanti?
PH. Triginta.
TH. Talentis?
PH. Μὰ τὸν 'Απόλλω, sed minis. 973
TH. Liberavit?
PH. Liberavit valide, triginta minis.
TH. Ain minis triginta amicam destinatam Philolachem...? 974b

967. Il testo è leggermente corrotto.
974b. Ernout ha forse torto nel ritenere corrotto il verso. Il linguaggio spezzettato si adatta assai bene allo stato confusionale in cui il vecchio si trova.

suo padre è andato all'estero, qui non si è mai stati tre giorni di fila senza bere!

TEOPROPIDE Che dici?

FANISCO Dico che qui non si è mai stati tre giorni di fila senza mangiare e senza bere, senza affittare delle puttane, senza far la bella vita, senza affittare suonatrici di lira e di flauto.

TEOPROPIDE E chi è che faceva queste cose?

FANISCO Filolachete.

TEOPROPIDE Filolachete chi?

FANISCO Quello che ha per padre Teopropide, direi.

TEOPROPIDE (*a parte*) Oh, povero me, sono morto se questo dice la verità! Continuiamo a interrogarlo. (*Forte*) Tu dici che questo Filolachete, chiunque sia, ha l'abitudine di bere qui, assieme al vostro padrone?

FANISCO Sì, qui, ti dico.

TEOPROPIDE Ragazzo, sei più stupido di quanto non sembri. Mi sa che ti sei infilato da qualche parte a far merenda, e hai bevuto un po' più del giusto.

FANISCO Come sarebbe a dire?

TEOPROPIDE Sarebbe a dire che non vorrei tu avessi preso una casa per un'altra.

FANISCO Lo so da dove si deve passare, e conosco bene il posto dove sono venuto. Ci abita Filolachete, e suo padre si chiama Teopropide: lui, dopo che il padre se ne è andato via per affari, ha riscattato qui una flautista.

TEOPROPIDE Tu dici che Filolachete avrebbe...?

FANISCO Sì, e lei si chiama Filemazio.

TEOPROPIDE Per quanto?

FANISCO Trenta.

TEOPROPIDE Talenti?

FANISCO Per Apollo, mine, non talenti.

TEOPROPIDE E l'ha riscattata?

FANISCO Sì, l'ha proprio riscattata, per trenta mine.

TEOPROPIDE Dici che Filolachete, per trenta mine, l'amica comprata...?

PH. Aio.
TH. Atque eam manu emisisse?
PH. Aio.
TH. Et postquam eiius hinc pater
Sit profectus peregre, perpotasse assiduo | ac simul
Tuo cum domino?
PH. Aio.
TH. Quid is? aedis emit has hinc proxumas?
PH. Non aio.
TH. Quadraginta etiam dedit huic, quae essent pignori?
PH. Neque istud aiio.
TH. Ei, perdis.
PH. Immo suum patrem illic perdidit.
TH. Vera cantas.
PH. Vana vellem. Patris amicu's videlicet.
TH. Heu, edepol patrem eiius miserum praedicas!
PH. Nil hoc quidem est,
Triginta minae, praequam alios dapsilis sumptus facit.
⟨TH.⟩ Perdidit patrem.
PH. Unus istic servos est sacerrimus,
Tranio; is vel Herculi conterere †quaestum potest.
Edepol ne me eius patris misere miseret qui, cum istaec sciet
Facta ita, amburet ei misero corculum carbunculus.
TH. Si quidem istaec vera sunt.
PH. Quid merear quam ob rem mentiar?
PI. Heus vos, ecquis hasce aperit?
PH. Quid istas pultas, ubi nemo intus est?
Alio credo comissatum abisse. Abeamus nunciam...
TH. Puere...
⟨PH.⟩ Atque porro quaeritemus. Sequere hac me.
⟨PI. Sequor.⟩
TH. Puere, iamne abis?
PH. Libertas paenulast tergo tuo;
Mihi, nisi ut erum metuam et curem, nil est qui tergum tegam.

984. Il testo è corrotto leggermente.
991. *paenulast*: la *paenula* è un mantelletto col cappuccio, che si usava in genere per ripararsi dalla pioggia o dal freddo.

FANISCO Sì, così.

TEOPROPIDE E poi gli ha dato la libertà?

FANISCO Sì, così.

TEOPROPIDE E dopo che suo padre è partito per l'estero, non ha mai smesso di sbevazzare insieme col tuo padrone?

FANISCO Sì, così.

TEOPROPIDE E senti, ti risulta che lui abbia comprato questa casa qui accanto?

FANISCO No, così no.

TEOPROPIDE Ma non ha dato al proprietario quaranta mine di caparra?

FANISCO No, neppure così.

TEOPROPIDE Ah, tu mi rovini!

FANISCO No no, se mai è lui che ha rovinato suo padre.

TEOPROPIDE Che oracolo di verità!

FANISCO Vorrei che fosse falso: a quel che vedo, devi essere un amico del padre.

TEOPROPIDE Ahimè, per Polluce, a quel che dici suo padre è proprio un disgraziato!

FANISCO E questa faccenda delle trenta mine è nulla in confronto alle altre spese pazze che va facendo.

TEOPROPIDE Ha rovinato suo padre!

FANISCO C'è di mezzo un servo, il peggior individuo del mondo, Tranione. Sarebbe capace di divorare anche le rendite di Ercole. Per Polluce, suo padre mi fa proprio una gran compassione: quando saprà come sono andate le cose, gli brucerà il cuore sui carboni, a quel disgraziato!

TEOPROPIDE Ammesso che sia vero quello che dici.

FANISCO E che vantaggio avrei a mentire?

PINACIO (*bussando alla porta*) Ehi voi, ci volete aprire sì o no?

FANISCO Che hai da bussare, non lo vedi che non c'è nessuno? Per me sono andati a finire la serata da qualche altra parte. È meglio che ora ce ne andiamo...

TEOPROPIDE Ragazzo...

FANISCO ... e continuiamo a cercare. Vieni, di qua.

⟨PINACIO Va bene.⟩

TEOPROPIDE Ragazzo, te ne vai già?

FANISCO Tu hai la libertà, per ripararti la schiena. Ma io, levato il timore e la premura per il mio padrone, non ho nient'altro con cui ripararmela.

THEOPROPIDES SIMO
SENES II

TH. Perii hercle! quid opust verbis? Ut verb*a* audio,
Non equidem in *A*egyptum hinc modo vectus fui,
Sed etiam in terras solas orasque ultumas
Sum circumvectus, ita ubi nunc sim nescio.
Verum iam scibo; nam eccum unde aedis filius
Meus emit. Quid agis tu?
SI. A foro incedo domum.
TH. Numquid processit ad forum ⟨hic⟩ hodie novi?
SI. Etiam.
TH. Quid tandem?
SI. Vidi efferri mortuum.
TH. Hem,
Novum!
SI. Unum vidi mortuum efferri foras;
Modo eum vixisse aiebant.
⟨TH.⟩ Vae capiti tuo!
SI. Quid tu [ut] otiosus res novas requiritas?
TH. Quia hodie adveni peregre.
⟨SI.⟩ Promisi foras;
Ad cenam ne me t*e* vocare censeas.
TH. Haud postulo edepol.
SI. Verum cras, nisi ⟨qui⟩ prius
Vocaverit – me, vel apu*d* te cenavero.
TH. Ne istuc quidem edepol postulo. Nisi quid magis
Es occupatus, operam mihi da.
⟨SI.⟩ Maxime.
TH. Minas ⟨qua⟩*dra*ginta accepisti, qu*od* sciam,
A Philolachete?
SI. Numquam nummum, quod sciam.
TH. Quid, a Tranione servo?
SI. †Multo id† minus.
TH. Quas arraboni tibi dedit?
SI. Quid somnias?

1012. Testo leggermente corrotto.

TH. Egone? At quidem tu, qui istoc speras te modo
Potesse dissimulando infectum hoc reddere.
SI. Quid autem?
TH. Quod me apsente hic tecum filius
Negoti gessit.
SI. Mecum ut ille hic gesserit, 1018/1019
Dum tu hinc abes, negoti? quidnam? aut quo die?
TH. Minas tibi octoginta argenti debeo. 1020/1021
SI. Non mihi quidem hercle; verum si debes, cedo.
Fides servanda est; ne ire infitias postules.
TH. Profecto non negabo debere, et dabo;
Tu cave quadraginta accepisse hinc te neges.
SI. Quaeso edepol huc me aspecta et responde mihi: 1026a
Q * * * * * * * * i argenti minas?
Fu * * * * * *
TH. * * * * * * * Ego dicam tibi:
Tantu * * * * * * * * ebeat
De te aedis.
SI. I⟨tane? De me⟩ ille aedis emerit?
* * * * * * * * * * * * * * * 1026c
SI. Te velle uxorem aiebat tuo nato dare;
Ideo aedificare h*i*c velle aiebat in tuis.
TH. Hic aedificare volui?
SI. Sic dixit mihi.
TH. Ei mihi, disperii! Vocis non habeo satis.
Vicin*e*, perii, interii!
⟨SI.⟩ Numquid Tranio
Turba*v*it?
TH. Immo | exturba*v*it omnia.
*D*eludificatust m*e* hodie indignis modis.
SI. Quid tu ais?
TH. Haec res sic est ut narro tibi:
Deludificatust me hodie in perpetuum modum.
Nunc te obsecro, ut me bene iuves operamque des.
SI. Quid vis?
TH. I mecum |, obsecro |, una simul.

1026a-e. Il testo è lacunoso.

Scena V

TEOPROPIDE, SIMONE

TEOPROPIDE Sono perduto, per Ercole! Che bisogno c'è di farla lunga? Se ho ben capito le sue parole, non sono andato in Egitto, ma mi hanno portato in giro per terre solitarie e ai confini del mondo: e ora non so più dove mi trovo. Ma lo saprò presto. Ecco quello da cui mio figlio ha comprato la casa. (*A Simone*) Che fai di bello?

SIMONE Me ne torno a casa dal foro.

TEOPROPIDE È accaduto qualcosa di nuovo oggi al foro?

SIMONE (*ironico*) Come no!

TEOPROPIDE E che cosa?

SIMONE Ho visto portar fuori un morto alla sepoltura.

TEOPROPIDE Eh, bella novità!

SIMONE Già, ho visto portar fuori un morto: dicevano che era vivo fino a poco prima.

TEOPROPIDE Accidenti a te!

SIMONE Ma perché perdi tempo a chiedermi le novità?

TEOPROPIDE Perché sono tornato oggi dall'estero.

SIMONE Guarda che sono impegnato fuori per la cena, non pensare che ti inviti.

TEOPROPIDE Per Polluce, non te lo chiedo davvero.

SIMONE Magari domani, se non ci saranno stati altri inviti... per me, posso anche venire a cena a casa tua!

TEOPROPIDE Per Polluce, non ti chiedo neppure questo. Piuttosto, se non hai cose urgenti da fare, prestami un po' di attenzione.

SIMONE Ma certo.

TEOPROPIDE Hai ricevuto quaranta mine, che io sappia, da Filolachete?

SIMONE Mai un soldo, che io sappia.

TEOPROPIDE E dal mio schiavo Tranione?

SIMONE Ancora meno.

TEPROPIDE Che te le ha date di caparra?

SIMONE Ma che vai sognando?

TEOPROPIDE Io, eh? Tu piuttosto, che in questo modo speri, facendo finta di nulla, di mandare a monte l'affare.

SIMONE Ma quale affare?

TEOPROPIDE Quello che mio figlio ha combinato con te durante la mia assenza.

SIMONE Lui avrebbe fatto un affare con me mentre non c'eri? Ma quale affare? in che giorno?

TEOPROPIDE Ti devo ancora ottanta mine d'argento.

SIMONE A me no di certo, per Ercole. Però, se me le devi, dammele. La parola va mantenuta: non cercare di rimangiartela.

TEOPROPIDE Stai tranquillo, non me la rimangerò, e ti darò i soldi. Ma tu non potrai negare di averne già ricevute da noi quaranta.

SIMONE Ma scusa, per Polluce, guardami e rispondimi: ... mine d'argento...?

TEOPROPIDE ... te lo dirò io: tanto... la casa da te.

SIMONE Ah sì?! Avrebbe comprato la casa da me?... Diceva che volevi dar moglie a tuo figlio, e per questo avevi intenzione di far costruire qui in casa tua.

TEOPROPIDE Far costruire in casa mia?

SIMONE Lui mi ha detto così.

TEOPROPIDE Oh povero me, son morto per davvero! Non ho più un filo di voce. Vicino mio, sono morto, stramorto!

SIMONE Forse che Tranione ti ha combinato qualcosa?

TEOPROPIDE Combinato? Dì pure che mi ha scombinato ogni cosa. Oggi mi ha preso in giro nel modo più indegno.

SIMONE Ma che mi dici mai?

TEOPROPIDE È proprio così come ti sto dicendo: oggi non ha mai smesso di prendermi in giro. Ma ora, per favore, aiutami, dammi una mano.

SIMONE Cosa vuoi che faccia?

TEOPROPIDE Vieni insieme con me, ti prego, accompagnami.

SI. Fiat.
TH. Servorumque operam et lora mihi cedo.
⟨SI.⟩ Sume.
⟨TH.⟩ * * Eademque opera haec tibi narravero,
†Quis me e⟨x⟩emplis hodie eludificatus est.

⟨ACTUS V⟩

TRANIO
SERVUS

Qui homo timidus erit in rebus dubiis, nauci non erit; –
Atque equidem quid id esse dicam verbum nauci nescio. 1042
Nam erus me postquam rus misit filium ut suum arcesserem, 1043/1044
Abii illa per angiportum ad hortum nostrum clanculum.
Ostium quod in angiporto est horti, patefeci fores,
Eaque eduxi omnem legionem, et maris et feminas.
Postquam ex opsidione in tutum eduxi maniplaris meos,
Capio consilium, ut senatum congerronum convocem.
Quoniam convocavi, atque illi me ex senatu segregant.
Ubi ego me video venire in meo foro, quantum potest
Facio idem quod plurimi alii quibus res timida aut turbidast:
Pergunt turbare usque, ut nequid possit conquiescere.
Nam scio equidem nullo pacto iam esse posse haec clam senem.
Non amicus alius quis * * * rivabo se * *
Aut ut * * * * * * * * * * * * * * *
Prosi * * * * * * * * * * * * * * * 1057/1058
Ille qui * * * * * * * * * * ero simul * *

1040. Il testo è corrotto, anche se il senso è chiaro.
1042. *nauci non erit*: Tranione usa qui un modo di dire che conservava in sé una parola arcaica di cui già si era smarrito il significato.
1054. Quel che seguiva è lacunoso.

SIMONE Va bene.

TEOPROPIDE E prestami dei servi e delle cinghie.

SIMONE Prendi pure.

TEOPROPIDE Così ti potrò raccontare, con l'occasione, in che modo oggi mi ha preso in giro! (*Entrano in casa di Simone*).

ATTO V

Scena I

TRANIONE

L'uomo che si mostra pauroso nel pericolo, vuol dire che non vale un citto: però, cosa vorrà dire questa parola « citto », proprio non lo so. Dopo che il padrone mi ha mandato in campagna a chiamare suo figlio, sono passato da quella parte, per il vicolo, e di nascosto ho raggiunto il nostro giardino. Ho spalancato i battenti della porta di là, quella del giardino che dà sul vicolo, e ho fatto uscire per di lì tutte le mie truppe, maschi e femmine. Dopo aver portato al sicuro i miei soldati, sottraendoli all'assedio, prendo la decisione di convocare il mio senato godereccio. Appena l'ebbi convocato, ecco che quelli mi sbattono fuori dall'assemblea. Quando vedo che mi vogliono vendere sul mio stesso mercato, senza perder tempo mi metto a fare quello che fanno tutti quando hanno paura o si trovano nell'imbroglio: continuano sempre più ad imbrogliare le carte, perché non ci si possa più raccapezzare. Poiché lo so bene che ormai non è più possibile che il vecchio resti all'oscuro di tut-

Praeoccupa*bo* atque anteveniam et foedus feriam. Me moror.
Sed quid hoc est quod foris concrepuit proxima vicinia?
Erus meus hicquidem est. Gustare ego eius sermonem volo.

THEO⟨P⟩ROPIDES TRANIO . ⟨LORARII⟩

TH. Ilico intra limen ist*i* astate, ut, cum extemplo vocem,
Continuo exiliatis. Manicas celeriter conectite.
Ego illum ante aedis praestolabor ludificatorem meum,
Cuius ego hodie ludifiçabor corium, si vivo, probe.
⟨TR.⟩ Res palam est. Nunc te videre meliu*s*t quid agas, Tranio.
⟨TH.⟩ Docte atque ast*u* mihi captandumst cum illo, ubi huc advenerit.
Non ego illi extemplo hamum ostendam, sensim mittam lineam.
Dissimulabo me horum quicquam scire.
TR. O mortalem malum!
Alter hoc Athenis nemo doctior dici potest.
Verba illi non magis dare hodie quisquam quam lapidi potest.
Adgrediar hominem, appellabo.
TH. Nunc ego ille huc veniat velim.
TR. Siquidem pol me quaeris, adsum praesens praesenti tibi.
TH. Euge, Tranio. Quid agitur?
TR. Veniunt ruri rustici.
Philolaches iam hic aderit.
TH. Edepol mi op*p*ortune adven*e*rit.
Nostrum ego hunc vicinum opinor esse hominem audacem et malum.
TR. Quidum?
TH. Qui⟨a⟩ negat novisse vos...
TR. Negat?

to... Cercherò di prendere per primo la posizione, per prevenirlo e concludere un trattato. Non perdiamo tempo. Ma che c'è che la porta della casa accanto ha fatto rumore? Toh, guarda, è il mio padrone! Mi voglio proprio gustare quello che dirà (*si mette da parte*).

Scena II

TEOPROPIDE, TRANIONE, SERVI

TEOPROPIDE (*ai servi di Simone*) Restate lì dove siete, dietro la soglia, e appena vi chiamo saltate subito fuori e mettetegli le manette. Quanto a me l'aspetterò qui davanti alla casa, quello che mi ha conciato così: e quant'è vero che sono vivo, oggi gli concerò io la pelle come si deve!

TRANIONE (*a parte*) Ha scoperto tutto. Ora sarebbe meglio che tu pensassi al da farsi, Tranione!

TEOPROPIDE (*a parte*) Bisogna che cerchi di prenderlo con la furbizia e con il tatto, quando verrà. Non gli farò vedere subito l'amo, ma mollerò la lenza poco a poco. Farò finta di non sapere nulla.

TRANIONE (*a parte*) Il maledetto! Non si può dire che ad Atene ci sia qualcuno che la sa più lunga. Oggi sarebbe più facile raccontare frottole ad un sasso che a lui. Mi avvicinerò e gli parlerò.

TEOPROPIDE (*a parte, impaziente*) Ora vorrei che quello arrivasse!

TRANIONE (*forte*) Se è me, per Polluce, che cerchi, sono qui in carne ed ossa davanti a te.

TEOPROPIDE (*accattivante*) Oh benissimo, Tranione! Che si fa di bello?

TRANIONE I campagnoli vengono dalla campagna. Tra un minuto Filolachete sarà qui.

TEOPROPIDE Per Polluce, proprio al momento giusto. Mi sa che il nostro vicino sia proprio un farabutto spudorato.

TRANIONE Perché?

TEOPROPIDE Perché nega di conoscervi...

TRANIONE Nega?

TH. Nec vos sibi
Nummum umquam argenti dedisse.
TR. Abi, ludis me, credo, haud negat.
TH. Quid iam?
TR. Scio, iocaris tu nunc ⟨is⟩tu⟨c⟩; nam ille quidem haud negat.
TH. Immo edepol negat profecto, neque se hasce aedis Philolachi
Vendidisse.
TR. Eho! an negavit sibi datum argentum, obsecro?
TH. Qui⟨n⟩ ius iurandum pollicitu*s*t dare se, si vellem, mihi,
Neque se hasce aedis vendidisse neque sibi argentum datum [st].
* * * * * * * * * * * * * *
TH. Dixi ego istuc idem illi.
TR. Quid ait?
TH. Servos pollicitu*s*t dare
Suos mihi omn*is* quaestioni.
TR. Nugas! numquam edepol dabit.
TH. Dat profecto.
⟨TR.⟩ Quin et illum | in ius si veniam...
⟨TH.⟩ Mane.
Experiar, ut opin*o*.
TR. ⟨Opino?⟩ Certumst. Mihi hominem cedo.
Vel hominem iube aedis †mancipio poscere†.
⟨TH.⟩ Immo hoc primum volo,
Quaestioni accipere servos.
TR. Faciundum edepol censeo.
⟨TH.⟩ Quid si igitur ego accersam ⟨huc⟩ homines?
TR. Factum iam esse oportuit.
Ego interim hanc aram occupabo.
TH. Quid ita?
TR. Nullam rem sapis:
Ne enim illi huc confugere possint quaestioni quos dabit.
Hic ego tibi praesidebo, ne interbitat quaestio.

1085. Segue una lacuna.
1089. Passo corrotto. Accetto la soluzione del Terzaghi (con iato in dieresi).
1091. Il senso del verso deve essere all'incirca quello che si è dato, benché il testo sia parzialmente corrotto.

TEOPROPIDE ... e anche che voi gli abbiate mai dato una sola moneta d'argento.

TRANIONE Ma va, mi prendi in giro, credo, non può negare!

TEOPROPIDE E perché mai?

TRANIONE Ma sì, ho capito, hai voglia di scherzare: quello non nega.

TEOPROPIDE Eh no, per Polluce, invece nega: e nega anche di aver venduto questa casa a Filolachete.

TRANIONE Ohe, dimmi un po', ha per caso negato che gli abbiamo dato il denaro?

TEOPROPIDE Anzi, ha detto che è pronto a giurare, se lo volessi, di non aver venduto questa casa e di non aver ricevuto denaro...

TEOPROPIDE Sì, glielo ho detto, questo.

TRANIONE E lui?

TEOPROPIDE Si è offerto di mettermi a disposizione tutti i suoi servi per l'interrogatorio.

TRANIONE Sciocchezze! Non lo farà mai, per Polluce.

TEOPROPIDE E invece lo fa.

TRANIONE Ah, ma se si viene in giudizio quello lì... (*fa l'atto di andarsene*).

TEOPROPIDE Aspetta, credo proprio che farò la prova.

TRANIONE « Credo »? È deciso! Consegnamelo a me, quell'uomo, oppure dacci l'ordine di perseguirlo per rivendicare la proprietà.

TEOPROPIDE No, prima di tutto preferisco farmi consegnare i servi per l'inchiesta.

TRANIONE Certo, per Polluce, mi sembra giusto.

TEOPROPIDE E senti, se allora facessi venir qui fuori quegli uomini?

TRANIONE Avresti già dovuto farlo prima. Io, nel frattempo, mi piazzerò su questo altare.

TEOPROPIDE E perché?

TRANIONE Lo vedi che non capisci niente? Così non potranno rifugiarsi qui quelli che ti consegnerà per l'inchiesta. (*Si siede sull'altare*) Io monterò la guardia qui, perché l'interrogatorio non finisca in nulla.

TH. Surge.
TR. Minime.
TH. Ne occupassis, obsecro, ar*am*.
TR. Cur?
TH. Scies:
Quia enim id maxime volo, ut illi istoc confugiant. Sine;
Tanto apud iudicem hunc argenti condemnabo facilius.
TR. Quod agas, id agas. Quid tu porro *s*erere *v*is negotium?
Nescis quam metuculosa res sit ire ad iudicem.
TH. Surgedum huc *i*gitur; *c*onsulere quiddam est quod tecum volo.
TR. Si⟨c⟩ tamen hinc consilium dedero. Nimio plus sapio sedens.
Tum consilia firmiora sunt de divinis locis.
TH. Surge, ne nugare. Aspicedum contra me.
TR. Aspexi.
TH. Vides?
TR. Video. Huc siquis intercedat tertius, pereat fame.
TH. Quidum?
TR. Quia n*i*l quaesti si*t* ⟨ei; ita⟩ mali hercle ambo sumus.
TH. Perii.
TR. Quid tibi est?
TH. Dedisti verba.
⟨TR.⟩ Qui tandem?
⟨TH.⟩ Prob*e*
Me⟨d⟩ emunxti.
TR. Vide sis, satine recte? num mucci fluunt?
TH. Immo etiam cerebrum quoque omne e capite ⟨e⟩munxti meo.
Nam omnia male facta vestra repperi radicitus;
Non radicitus quidem hercle, verum etiam exradicitus.
TR. Numquam edepol hodie †invitus destinant tibi.
TH. Iam iubeo ignem et sarmen ⟨arae⟩, carnifex, circumdari.

1109. *Emunxti*: il latino gioca sul verbo *emungere*, « mungere » (come diciamo anche noi in italiano per significare che si succhiano soldi) e « smoccolare » (*emungere nares*). Nella traduzione ho appena ampliato.
1113. Testo corrotto.

TEOPROPIDE Alzati.

TRANIONE Neanche per idea!

TEOPROPIDE Fammi il favore, lascia libero quell'altare.

TRANIONE E perché?

TEOPROPIDE Te lo spiego subito. Perché io vorrei proprio che quelli si rifugiassero lì. Lascia stare. Così mi sarà più facile farlo condannare dal giudice a pagare i danni.

TRANIONE Fai quello che devi fare. Perché vuoi imbrogliare la matassa? Non hai un'idea di quanto sia rischioso andare dal giudice.

TEOPROPIDE Alzati insomma, vieni qui. Ho bisogno di consultarmi con te su una faccenda.

TRANIONE Il consiglio te lo posso dare anche di qui. Quando sono seduto ragiono meglio. E poi i consigli che vengono dai luoghi consacrati sono più sicuri.

TEOPROPIDE Alzati, e smettila di fare lo spiritoso. Guardami bene in faccia.

TRANIONE Ti ho guardato.

TEOPROPIDE Vedi?

TRANIONE Sì, vedo. Se qui fra noi due ci capitasse un terzo, morirebbe di fame.

TEOPROPIDE Come sarebbe a dire?

TRANIONE Perché non troverebbe niente da raccattare: per Ercole, noi due siamo uno peggio dell'altro!

TEOPROPIDE Sono morto!

TRANIONE Che ti succede?

TEOPROPIDE Mi hai fregato.

TRANIONE E come sarebbe?

TEOPROPIDE Mi hai spremuto ben bene mentre mi prendevi per il naso!

TRANIONE E dimmi un po', ho fatto un buon lavoro? Ti cola più il moccio adesso?

TEOPROPIDE Tu mi hai spremuto addirittura il cervello dal capo, altro che moccio! Perché io ho scoperto tutte le vostre malefatte, da cima a fondo: non da cima a fondo, per Ercole, ma da fondo a cima!

TRANIONE Per Polluce, oggi nessuno, contro la mia volontà...

TEOPROPIDE Guarda, faccio ammucchiare delle fascine intorno all'altare e gli do fuoco, boiaccia!

TR. Ne faxis [sis]; nam elixus esse quam assus soleo suavior.
TH. Exempla edepol faciam ego in te.
TR. Quia placeo, exemplum expetis?
TH. Loquere: quoiusmodi reliqui, quom hinc abibam, filium?
TR. Cum pedibus, manibus, cum digitis, auribus, oculis, labris.
TH. Aliud te rogo.
TR. Aliud ergo nunc tibi respondeo.
Sed *e*ccum tui gnati sodalem video | h*u*c incedere,
Callidamatem; illo praesente mecum agito, siquid voles.

CALLIDAMATES THE*O*PROPIDES TRANIO
ADULESCENS ⟨SENEX SERVUS⟩

CA. Ubi ⟨s⟩omn*o* sepelivi omnem atque *e*dormivi crapulam,
Philolaches venisse ⟨dixit⟩ mihi suum peregre huc patrem,
Quoque modo hominem ad⟨venientem⟩ servos ludificatu*s* sit.
Ait se metuere in conspe⟨ctum sui patris pr⟩ocedere.
Nunc ego de sodalitate solus sum orator datus,
Qui a patre eius conciliarem pacem |. Atque eccum optume.
Iubeo te salvere, et salvos cum advenis, The*op*ropides,
Peregre, gaudeo. Hic apud nos hodie cenes; sic *f*ace.
TH. Ca*l*lidamate*s*, di te ament. De cena facio gratiam.
CA. Quin venis?
TR. Promitte; ego ibo pro te, si tibi non *l*ibet.
⟨TH.⟩ Verbero, etiam inrid*e*s?
TR. Quian me pro te ire ad cenam autumo?
TH. Non enim ibis; ego ferare faxo, ut meruisti, in crucem.

TRANIONE Non farlo. Riesco meglio in pentola che alla brace.

TEOPROPIDE Farò in modo che tu sia portato ad esempio!

TRANIONE Allora ti piaccio, se vuoi portarmi ad esempio.

TEOPROPIDE Avanti, parla. Com'era mio figlio quando l'ho lasciato andandomene?

TRANIONE Aveva i piedi, le mani, le dita, le orecchie, gli occhi, le labbra!

TEOPROPIDE Ti ho chiesto un'altra cosa.

TRANIONE Per questo ti rispondo un'altra cosa! Toh, ma guarda che viene da questa parte l'amico di tuo figlio, Callidamate. Tratta pure con me in sua presenza, se hai qualche lagnanza da fare.

Scena III

CALLIDAMATE, TEOPROPIDE, TRANIONE

CALLIDAMATE Ho smaltito la sbornia con un buon sonno, ci ho dormito sopra. Poi Filolachete è venuto a dirmi che suo padre è tornato dall'estero: e mi ha raccontato come il suo servo è riuscito a giocarlo appena arrivato. Dice che ha paura di comparire davanti a suo padre. E così sono stato eletto unico ambasciatore della compagnia, per concludere la pace con il padre. Ma eccolo là, proprio al momento giusto. (*A Teopropide*) Ti porgo i miei saluti, e sono lieto, Teopropide, che tu sia tornato felicemente a casa dal tuo viaggio. Spero proprio che verrai a cena da noi, oggi.

TEOPROPIDE Che gli dei ti proteggano, Callidamate, ma per la cena preferisco di no.

CALLIDAMATE Perché non vieni?

TRANIONE Accetta. Ci vado io al posto tuo, se non ti va.

TEOPROPIDE Sfotti, oltre tutto, faccia da schiaffi?

TRANIONE Ma come, solo perché ho detto che ero disposto ad andare a cena al posto tuo?

TEOPROPIDE Non ci andrai. Ti giuro che ti farò mettere in croce, come ti meriti.

CA. Age mitte ista; ac *tu* ad me ad cenam...
TR. Dic venturum. Quid taces?
CA. Sed tu, istuc quid confugisti in aram?
⟨TR.⟩ Inscitissimu's.
Adveniens perterruit me. ⟨E⟩loquere nunc quid fecerim.
Nunc utrisque disceptator eccum adest; age, disputa.
TH. Filium corrupisse aio te meum.
⟨TR.⟩ Ausculta modo.
Fateor peccavisse, amicam liberasse absente te,
Fenori argentum sumpsisse; id esse absumptum praedico.
Numquid aliud fecit nisi quod [faciunt] summis gnati generibus?
⟨TH.⟩ *H*erc*l*e mihi tecum cavendum est, nimis qui's orator catus.
⟨CA.⟩ Sine me dum istuc iudicare. Surge; ego isti adsedero.
⟨TH.⟩ Maxime. Accipito hanc ⟨modo⟩ ad te litem.
⟨TR.⟩ Enim istic captio est.
Fac ego ne metuam ⟨mihi, atque⟩ ut tu meam timeas vicem.
⟨TH.⟩ Iam minoris ⟨omnia alia fa⟩cio praequam quibus modis
Me ludificatu*s*t.
TR. Bene hercle factum, et factum gaudeo.
Sapere istac aetate oportet qui s⟨unt⟩ capite candido.
TH. Quid ego nunc faciam?
⟨TR.⟩ Si amicus D*i*philo aut Philemon*i* es,
Dicito *i*s quo *pa*cto tuus te servos ludificaverit.
Optumas frustrationes dederis in co*m*o*e*diis.
CA. Tace parumper; sine vicissim me loqui. Ausculta.
⟨TH.⟩ Licet.
⟨CA.⟩ Omnium primum sodalem me esse scis gnato tuo.
Is ad*i*t me; nam illum prodire pudet in conspectum tuum
Propter ea qu*ae* fecit, qu*o*m te scire scit. Nunc te obsecro,
Stultitiae adulescentiaeque eius ignoscas: tuu*s*t.
Scis solere illanc aetatem tali ludo ludere.

CALLIDAMATE Andiamo, lascia perdere. E stasera, quando vieni a cena da me...

TRANIONE Digli che ci andrai. Perché non parli?

CALLIDAMATE Ma tu, perché sei scappato sull'altare?

TRANIONE Non capisci proprio nulla. Appena arrivato si è messo a terrorizzarmi. (*A Teopropide*) Adesso raccontagli quello che ho fatto. Ora eccolo qua, c'è chi può fare da arbitro fra noi due: avanti, esponi la tua questione.

TEOPROPIDE Dichiaro che tu hai rovinato mio figlio.

TRANIONE Stai un po' a sentire, ammetto che si è comportato male, che ha riscattato la sua amica in tua assenza, che ha preso del denaro a usura. E convengo anche che quel denaro è stato sperperato. Ma di' la verità, ha forse fatto qualcosa di diverso dagli altri giovani di buona famiglia?

TEOPROPIDE Per Ercole, bisogna che mi guardi da te: come avvocato ci sai fare troppo.

CALLIDAMATE Lascia che sia io a pronunziare il giudizio. (*A Tranione*) Alzati, tu, mi ci metto io a sedere lì.

TEOPROPIDE Benissimo. Assumitelo tu questo processo.

TRANIONE Qui sotto c'è il trucco. (*A Callidamate*) Fai in modo che io non abbia da aver paura, e anzi, che abbia paura tu al posto mio.

TEOPROPIDE Di tutto il resto mi importa poco a paragone del modo in cui mi ha preso in giro.

TRANIONE Ben fatto, per Ercole, e sono contento di averlo fatto. Quando uno ha i capelli bianchi dovrebbe essere un po' più furbo.

TEOPROPIDE (*a Callidamate*) E ora, che dovrei fare?

TRANIONE Se sei amico di Difilo e di Filemone, racconta a loro in che modo sei stato preso in giro dal tuo servo. Gli suggerirai delle furberie eccellenti per le loro commedie!

CALLIDAMATE Stai zitto un momento, e lascia parlare me adesso. (*A Teopropide*) Stai a sentire.

TEOPROPIDE Va bene.

CALLIDAMATE Prima di tutto tu sai che io sono amico di tuo figlio. Lui è venuto da me: si vergogna di venirti davanti, perché sa che tu sai quello che ha combinato. Ma io ti prego che tu sia indulgente con la sua stoltezza e la sua giovinezza: è tuo figlio. Lo sai che a quell'età si gio-

Quicquid fecit, *n*obiscum *u*na fecit: no*s* del*i*quimus.
Fenus, sortem sumptumque omnem, qui amica ⟨empta⟩ est, omnia
Nos dabimus, nos conferemus, nostro sumptu, non tuo.
TH. Non potuit venire orator magis ad me inpetrabilis
Quam tu. Neque *s*um *i*llic iratus neque quicquam suscenseo.
Immo me praesente amato, bibito, facito quod lubet:
Si hoc pudet, fecisse sumptum, supplic*i* | habeo satis.
CA. Dispudet.
⟨TR. Post⟩ istam veniam, quid me fiet nunciam?
⟨TH.⟩ Verberibus, *l*utum, *c*aedere pendens.
⟨TR.⟩ Tamen *e*tsi pudet?
⟨TH.⟩ Interimam hercle ego ⟨te⟩, si vivo.
CA. Fac istam cunctam gratiam:
Tranioni *a*mitte, quaeso, hanc noxiam causa mea.
TH. Aliud quidvis impetrari a me facilius perferam,
Quam ut non ego istum pro suis factis pessumis pessum premam.
CA. Mitte, quaes⟨o⟩, istum.
⟨TH.⟩ * * * viden ut *a*stat furcifer?
⟨CA.⟩ Tranio, quies*c*e, ⟨si⟩ sapis.
TH. Tu quies*c*e hanc rem modo
Petere; ego illum ut sit *q*uietus *v*erberibus subegero.
TR. Nil opust profecto.
⟨CA.⟩ Age iam sine te⟨d⟩ exorarier.
TH. Nolo ores.
CA. Quaeso hercle.
TH. Nolo, inquam, ores.
CA. Nequ*i*quam nevis.
Hanc modo [unam] noxiam unam, quaeso, ⟨missam⟩ fac causa mea.

1172. Verso lacunoso.

ca volentieri a certi giochi. Tutto quello che ha fatto lo ha fatto insieme con noi, siamo noi i colpevoli. L'interesse, il capitale, tutte le spese fatte per comprare la ragazza, tutto quanto te lo rimborseremo noi, raccogliendo il denaro di tasca nostra, non tua.

TEOPROPIDE Non poteva venirmi un ambasciatore più persuasivo di te. Non ce l'ho con lui, non sono in collera per nessun motivo. Anzi, faccia pure all'amore in mia presenza, beva quello che gli pare. Se si vergogna di aver buttato via tanti soldi, la punizione per me è sufficiente.

CALLIDAMATE Si vergogna terribilmente.

TRANIONE E dopo questo perdono, che cosa succederà ora di me?

TEOPROPIDE Ti appenderanno, sudiciume, e morirai di frustate!

TRANIONE Anche se mi vergogno?

TEOPROPIDE Ti ammazzerò io, per Ercole, quant'è vero che sono vivo!

CALLIDAMATE Andiamo, fai in modo che la grazia sia generale! Perdona a Tranione quel che ha fatto, fallo per me.

TEOPROPIDE Potrai ottenere da me qualunque altra cosa, tranne che io rinunzi a maltrattare ben bene questo malfattore per le sue malefatte.

CALLIDAMATE Dai, lascialo perdere.

TEOPROPIDE ... ma non lo vedi che razza di posa, questo brigante?

CALLIDAMATE Tranione, non fare sciocchezze, cerca di farla finita!

TEOPROPIDE Piuttosto falla finita tu di chiedermi cose del genere. A farla finita con lui ci penserò io, a suon di frustate!

TRANIONE Non ce n'è bisogno, stai sicuro.

CALLIDAMATE Via, su, lasciati convincere.

TEOPROPIDE Non voglio che tu mi preghi!

CALLIDAMATE Ti prego, per Ercole!

TEOPROPIDE Te l'ho già detto, non voglio che tu mi preghi!

CALLIDAMATE È inutile che tu non voglia: questa volta soltanto, ti prego, perdonagli quello che ha fatto, fallo per me.

TR. Quid gravaris? quasi non cras iam commeream aliam noxiam.
Ibi | utrumque, et hoc et illud, poteris ulcisci probe.
CA. Sine te exorem.
TH. Age abi, abi inpune. Em, huic habeto gratiam.
Spectatores, fabula haec est acta; vos plausum date.

TRANIONE Perché la fai tanto lunga? Lo sai che domani ne combinerò subito un'altra! E allora me le potrai far pagare come si deve tutte e due, questa e quella.

CALLIDAMATE Lasciati convincere!

TEOPROPIDE Va bene, vattene, vattene via, non ti punisco. (*Indica Callidamate*) Toh, è lui che devi ringraziare. (*Agli spettatori*) Spettatori, la commedia è finita: e voi applaudite.

Persa

Personae

Toxilus, *servus*
Sagaristio, *servus*
Saturio, *parasitus*
Sophoclidisca, *ancilla*
Lemniselenis, *meretrix*
Paegnium, *puer*
Virgo
Dordalus, *leno*

Personaggi

Tossilo, *schiavo*
Sagaristione, *schiavo, amico di Tossilo*
Saturione, *parassita*
Sofoclidisca, *cameriera di Lemniselene*
Lemniselene, *cortigiana di Dordalo e amante di Tossilo*
Pegnio, *schiavetto, servitore di Tossilo*
La figlia di Saturione
Dordalo, *ruffiano*

Siamo ad Atene. Sulla scena due case, quella di Tossilo e quella del ruffiano Dordalo.

Argumentum I

Profecto domino suos amores Toxilus
Emit atque curat leno ut emittat manu;
Raptamque vi emer*e* de praedone virginem
Subornata suadet sui parasiti filia,
Atque ita intri*c*atum ludit potans Dor*d*alum.

Argumentum: il codice A riporta, in luogo di questo, i resti di un *argumentum* diverso, ma talmente mal ridotto che non abbiamo ritenuto utile riportarlo.

Argomento

Il padrone è lontano: Tossilo compra la sua amante e fa in modo che la liberi il ruffiano. Lo convince poi a comprare da un predone una fanciulla rapita (è la figlia del suo parassita che recita questa finzione): e poi, dopo averlo così gabbato, sbeffeggia Dordalo durante un festino.

⟨ACTUS I⟩

TOXILUS
SERVUS

Qui amans egens ingressus est princeps in Amoris vias,
Superavit aerumnis suis aerumnas †Herculi.
Nam cum leone, cum excetra, cum cervo, cum apro Aetolico,
Cum avibus Stymphalicis, cum Antaeo deluctari mavelim
Quam cum Amore: ita fio miser quaerendo argento mutuo;
Nec quicquam nisi 'non est' sciunt mihi respondere quos rogo.

⟨SAGARISTIO TOXILUS
SERVI II⟩

⟨SA.⟩ Qui ero suo servire volt bene servus servitutem,
Ne illum edepol multa in pectore suo conlocare oportet
Quae ero placere censeat praesenti atque apsenti suo.
Ego neque lubenter servio neque satis sum ero ex sententia;
Sed quasi lippo oculo me erus meus manum apstinere hau quit tamen,
Quin mihi imperet, quin me suis negotiis praefulciat.
⟨TO.⟩ Quis illic est qui contra me astat?
SA. Quis hic est qui si⟨c⟩ contra me astat?
TO. Similis est Sagaristionis.
SA. Toxilus hicquidem meus amicust.

2. Testo e metro sono piuttosto incerti.

ATTO I

Scena I

TOSSILO

L'innamorato che per primo si è avventurato nelle vie d'Amore senza danaro, ha superato con le sue traversie quelle di Ercole. Io preferirei lottare col leone, con l'idra, col cervo, con il cinghiale Etolico, con gli uccelli Stinfalici, con Anteo, piuttosto che con Amore: tanta fatica debbo fare a cercar danaro in prestito! E quelli a cui lo chiedo non sanno rispondermi che così: « non ce n'è ».

Scena II

TOSSILO, SAGARISTIONE

SAGARISTIONE Il servitore che vuol servire da buon servo il suo padrone, bisogna bene che coltivi nell'animo suo, per Polluce, tutti quei riguardi che secondo lui son graditi al suo padrone: quando c'è e quando non c'è. Ma io il servitore non lo faccio volentieri, e non vado molto a genio al mio padrone. Eppure è come se fossi, per lui, un occhio cisposo: non riesce mai a staccare da me la sua mano. Sempre a darmi ordini, ad affidarmi il peso delle sue faccende.

TOSSILO Chi è quell'uomo ritto di fronte a me?

SAGARISTIONE Chi è quest'uomo ritto di fronte a me?

TOSSILO Somiglia proprio a Sagaristione.

SAGARISTIONE Eppure questo è Tossilo, il mio amico!

TO. Is est profecto.
SA. Eum esse opinor.
TO. Congrediar.
SA. Contra adgredibor.
TO. O Sagaristio, di ament te!
SA. O Toxile, dabunt di quae exoptes!
Ut vales? 17a
TO. Ut queo.
SA. Quid agitur? 17b
TO. Vivitur. 17c
SA. Satin ergo ex sententia?
TO. Si eveniunt quae exopto, satis.
SA. Nimis stulte amicis utere.
TO. Quid iam?
SA. Imperare oportet.
TO. Mihi quidem tu iam eras mortuus, quia non te visitabam.
SA. Negotium edepol...
TO. Ferreum fortasse?
SA. Plusculum annum
Fui praeferratus apud molas tribunus vapularis.
TO. Vetus iam istaec militiast tua.
SA. Satin tu usque valuisti?
TO. Hau probe.
SA. Ergo edepol palles.
TO. Saucius factus sum in Veneris proelio;
Sagitta Cupido cor meum transfixit.
SA. Iam servi hic amant?
TO. Quid ego faciam? disne advorser quasi Titani? Cum eis belligerem
Quibus sat esse non queam?
SA. Vide modo u*l*meae catapultae tuum ne transfigant latus.
TO. Basilice agito eleutheria. 29a
SA. Quid iam?
TO. Quia erus peregri est.
SA. Ain tu, 29b

22. *tribunus vapularis*: lett. « tribuno piglia-botte », la denominazione è creata sull'analogia fonica di *tribunus militaris*.
24. *palles*: si tratta di un tipico segno dell'amore.

TOSSILO È proprio lui.
SAGARISTIONE Mi par proprio che sia lui.
TOSSILO Mi avvicinerò.
SAGARISTIONE Mi farò incontro a lui.
TOSSILO O Sagaristione, gli dei ti proteggano!
SAGARISTIONE O Tossilo, gli dei ti daranno tutto quello che vuoi! Come te la passi?
TOSSILO Come posso.
SAGARISTIONE Che si fa?
TOSSILO Si vivacchia.
SAGARISTIONE E sei contento di come vanno le cose?
TOSSILO Se si realizza quel che desidero, son contento.
SAGARISTIONE Non ci sai proprio fare a servirti degli amici.
TOSSILO E perché?
SAGARISTIONE Bisogna essere esigenti, chiedere.
TOSSILO Per quanto mi riguarda credevo proprio che tu fossi morto, da tanto non ti vedevo.
SAGARISTIONE Sai, per Polluce, certi affari...
TOSSILO Nel ramo del ferro, per caso?
SAGARISTIONE Eh già, sono stato più di un anno in servizio alla mola, con una bella bardatura di ferro: ero sempre caporale di... mazzata!
TOSSILO Lo so, sei un veterano tu di certe battaglie.
SAGARISTIONE E tu, la salute, sei sempre stato bene?
TOSSILO Mica tanto.
SAGARISTIONE E infatti non hai un gran bel colore.
TOSSILO Son rimasto ferito nelle battaglie di Venere: Cupido mi ha trapassato il cuore con una freccia.
SAGARISTIONE Da quando in qua gli schiavi si mettono a fare gl'innamorati?
TOSSILO E cosa potrei fare? Dovrei contrastare gli dei, come fecero i Titani? Combattere con loro, e non poter essere da tanto?
SAGARISTIONE Stai attento piuttosto, con tutte queste tue battaglie, che qualche catapulta di legno d'olmo non ti trapassi la schiena!
TOSSILO Ma no, sto come un re, celebro le feste della Libertà.
SAGARISTIONE E perché mai?
TOSSILO Perché il padrone è all'estero.
SAGARISTIONE Come hai detto, è all'estero?

Peregri est?
TO. Si tut' tibi bene esse
Pote pati, veni: vives mecum,
Basilico accipiere victu.
SA. Vah, iam scapulae pruriunt, quia te istaec audivi loqui.
TO. Sed hoc me unum excruciat.
SA. Quidnam id est?
TO. Haec d⟨i⟩e⟨s⟩ summa hodie est, mea amica sitne libera
An sempiternam servitutem serviat.·
SA. Quid nunc vis ergo?
TO. ⟨Facere ami⟩cum tibi me potis es sempiternum.
SA. Quem ad modum?
TO. Ut mihi des nummos sescentos, quos pro capite illius pendam;
Quos continuo tibi reponam in hoc triduo aut quadriduo.
Age, fi benignus; subveni.
SA. Qua confi*d*entia rogare tu a me*d* argenti tantum audes,
Impudens? quin si egomet totus ven*e*am, vix recipi potis est
Quod tu me rogas; nam tu aquam a pumice nunc postulas
Qui ipsus siti are*t*.
TO. Sicine hoc te mihi facere?
SA. Quid faciam?
TO. Rogas?
Alicunde exora mutuum.
SA. Tu fac idem quod rogas me.
TO. Quaesivi; nusquam repperi.
SA. Quaeram equidem, si quis credat.
TO. Nempe *h*abeo in mundo.
SA. Si id domi esset mihi, *i*am pollicerer.
Hoc meumst ut faciam sedulo.
TO. Quicquid erit, recipe te ad me.
Quaere tamen; ego item sedulo, siquid erit, ⟨te fac⟩iam ut scias.
†Obsecro te resecro, operam da hanc mihi fidelem.

30a sgg. Nel testo Tossilo usa una dizione scelta, con molte figure stilistiche (isocolie, allitterazioni, parechèsi, ecc.).
48. Il testo è piuttosto incerto.

TOSSILO (*si atteggia a grand'uomo*) Se ti punge di allegrezza il desìo, vieni da me, vivrai del mio: e sarai meco re!

SAGARISTIONE Passa via, mi sento già prudere le spalle a sentirti dire certe enormità!

TOSSILO (*di nuovo in tono serio*) Ma questa sola cosa mi tormenta.

SAGARISTIONE E cioè?

TOSSILO Questo è il giorno supremo: oggi si decide se la mia amica sarà libera, oppure resterà schiava in eterno.

SAGARISTIONE E allora, che cosa vuoi?

TOSSILO Tu puoi far di me il tuo amico in eterno.

SAGARISTIONE In che modo?

TOSSILO Basta che tu mi dia seicento monete, da pagare per la sua libertà. Te le restituisco immediatamente, tempo due o tre giorni. Dai, sii generoso, aiutami!

SAGARISTIONE Con che coraggio puoi chiedermi tutti questi quattrini, spudorato? Ma lo sai che neppure se mi vendessi io, tutt'intero, si riuscirebbe a ricavare la somma che mi chiedi? È come se tu cercassi di tirar fuori acqua da una pomice, che muore lei di sete!

TOSSILO È tutto qui quel che sai fare per me?

SAGARISTIONE E cosa dovrei fare?

TOSSILO Me lo chiedi? Fatteli prestare da qualcuno.

SAGARISTIONE Fallo tu, piuttosto, invece di chiederlo a me.

TOSSILO Ho provato, ma non son riuscito a trovarli.

SAGARISTIONE Va bene, chiederò in giro, se qualcuno me li presta.

TOSSILO Allora mi par già di averli in mano.

SAGARISTIONE Se ce li avessi in casa, te li avrei già... promessi. Tutto quel che posso fare io è darmi da fare attivamente.

TOSSILO Comunque vada, torna qui da me. Cerca bene, però! Per parte mia ti farò sapere subito le novità. Ti prego, ti supplico, aiutami da amico!

SA. Ah, odio me enicas.
TO. Amoris vitio, non meo nunc tibi morologus fio.
SA. At pol ego aps te concessero.
TO. Iamne abis? Bene ambulato.
Sed recipe [te] quam primum potes, cave fuas mihi in quaestione.
Usque ero domi, dum excoxero lenoni malam * * *

SATURIO
PARASITUS

Veterem atque antiquum quaestum ma*io*⟨rum meum⟩
Servo atque obtineo et magna cum cura colo.
Nam numquam quisquam meorum maiorum fuit,
Quin parasitando paverint ventris suos.
Pater, avos, proavos, abavos, atavos, tritavos
Quasi mures semper edere alienum cibum,
Neque edacitate eos quisquam poterat vincere;
*A*tque *i*s cognomentum erat Dur*i*capitonibus.
Unde ego | hunc quaestum optineo et maiorum locum.
Neque quadrup*u*lari me volo; neque enim decet
Sine meo peric*l*o ire aliena ereptum bona,
Neque illi qui faciunt mihi placent. Planen loquor?
Nam publicae rei causa quicumque id facit
Magis quam sui quaesti, animus induci potest
Eum esse civem | et fidelem | et bonum.
Sed [si] leg*iru*pam qui damnet, det in publicum
Dimidium; atque etiam | in ea lege adscribier:

49. *Morologus*: parola greca, che significa « che dice sciocchezze ».
52. La fine del verso è lacunosa, ma il senso è chiaro.
60. Per il testo, vedi la nota al v. 61 (in fondo al volume).
68. Per il testo, vedi la nota ai vv. 62 sgg. (in fondo al volume).

SAGARISTIONE Ah, ma sei noioso: così mi ammazzi!

TOSSILO Lo so, ma è colpa dell'Amore, non mia, se ora ti affliggo con le mie sciocchezze.

SAGARISTIONE Comunque, per Polluce, io me ne andrò.

TOSSILO Te ne vai, allora? Buona girata! Ma torna prima che puoi, non farti cercare. Io resterò a casa, finché avrò sfornato qualche bella fregatura per il lenone.

Scena III

SATURIONE

Io rimango fedele al vecchio, antico mestiere dei miei antenati: e lo coltivo con passione. Perché fra i miei maggiori non c'è stato mai nessuno che non abbia pasciuto la sua pancia facendo il parassita. Mio padre, mio nonno, il mio bisnonno, il mio trisnonno, il mio quadrisnonno, il mio quinquisnonno, tutti, come dei topi, hanno sempre rosicchiato la roba degli altri. Non c'era nessuno che li potesse battere in voracità: e avevano anche un soprannome di famiglia, i Cocciadura. E così io conservo il mestiere e il rango dei miei antenati. E non ne voglio sapere di fare il delatore: non sta bene andare a spogliare gli altri, senza pericolo, dei loro beni. No, no, non mi piacciono quelli che lo fanno. Dico bene? Perché se uno lo fa per amor di patria, e non per interesse personale, beh, si può anche pensare che sia un cittadino ligio ed onesto. Ma allora, dico io, chi fa condannare un malfattore sia tenuto a versare la metà del suo premio all'erario. E anzi, si aggiunga un po' a questa legge il seguente codicillo: tutte le volte che un delatore ci-

Ubi quadrup*ul*ator quempiam in*i*exi*t* manum,
Tantidem ille illi rursus iniciat manum,
Ut aequa parti prodeant ad trisviros.
Si id fiat, ne isti faxim *n*usquam appareant
Qui hic albo rete aliena oppugnant bona.
Sed sumne ego stultus, qui rem curo publicam,
Ubi sint magistratus quos curare oporteat?
Nunc huc intro ibo, visam hesternas reliquias,
Qui*e*rintne recte necne; num infuerit febris;
Op*e*rtae*n* fuerint; ne quis obreptaverit.
Sed aperiuntur aedes; remorandu*s*t gradus.

TOXI*L*US SATURIO
SERVUS PARASITUS

TO. Omnem rem inveni, ut sua sibi pecunia
Hodie illam faciat leno libertam suam.
Sed eccum parasitum quoius mihi auxilio est opus.
Simulabo quasi non videam; ita alli*ci*am v*i*rum.
Curate istic vos atque adproperate ocius,
Ne mihi morae sit quisquam, ubi ego intro advenero.
Commisce mulsum, struthea, colu*tea*qu*e* appara,
Bene ut in *s*cutris concalea⟨n⟩t; et calamum ⟨i⟩nice.
Iam pol ille hic aderit, credo, congerro meus.
SA. Me dicit; eugae!
TO. Lautum credo e bal*i*neis
Iam hic adfuturum.
⟨SA.⟩ Ut ordine omnem rem tenet!

70\. *iniexit manum*: *manum inicere*, lett. « metter la mano addosso »: era questo il gesto che si compiva per citare qualcuno in giudizio (così come si prendeva per l'orecchio colui al quale si chiedeva di testimoniare).
78\. Conservo *infuerit* dei codici, contro l'*afuerit* di Haupt (accettato da Leo ed Ernout: Lindsay scrive *infuerit* fra *cruces*). *Insum* è infatti termine tecnico della medicina per la presenza

ta in giudizio qualcuno, l'altro abbia contemporaneamente la possibilità di citare in giudizio lui per altrettanto. E così compariranno di fronte ai triumviri in condizione di parità. Se si facesse così, scomparirebbero completamente, state tranquilli, questi individui che danno la caccia ai beni altrui con la rete dell'albo pretorio. Ma sarò scemo, io, a occuparmi degli affari pubblici quando ci sono dei magistrati che se ne occupano per dovere? Ora me ne vado dentro, a dare un'occhiata agli avanzi di ieri: eh, bisogna vedere se hanno dormito bene oppure no, se hanno avuto per caso la febbre, se sono stati ben coperti. Qualcuno potrebbe essersi infilato di nascosto. Ma si apre la porta: meglio fermarsi.

Scena IV

TOSSILO, SATURIONE

TOSSILO (*trionfante*) Tutto a posto! Oggi il ruffiano la farà diventare sua liberta – e a spese sue! Toh, ecco il parassita di cui avevo bisogno. Farò finta di non vederlo: lo adescherò così, il mio uomo. (*A quelli di casa*) Datevi da fare là, voi, e cercate di spicciarvi: voglio che nessuno mi faccia perder tempo quando verrò in casa. C'è da mescolare il vino mielato, da preparare le mele cotogne e le carrube: devono scaldarsi bene nei recipienti. E poi bisogna aggiungerci la cannella. Per Polluce, il mio compare potrebbe esser qui da un momento all'altro!

SATURIONE (*a parte*) Parla di me: bene, bravo!

TOSSILO Credo che presto sarà qui, uscito fresco fresco dal bagno.

SATURIONE Com'è al corrente della situazione!

---

della febbre nel malato: cfr. Celso 5, 26, 30B, *vinum omnibus, dum febris inflammatio i n e s t, alienum est.*

87. Il testo dev'essere corrotto.

TO. Collyrae facite ut madeant et colyphia;
Ne mihi | incocta detis.
⟨SA.⟩ Rem loquitu*r* meram.
Nihil⟨i⟩ sunt crudae, nisi quas madidas gluttias.
Tum nisi cremore crassost ius collyricum,
Nihil⟨i⟩ est, ma*c*rum illud epi*cr*ocum pellucidum:
Quasi †iuream† esse ius decet collyricum.
Nolo in vesicam quod eat, in ventrem volo.
TO. Prope me hic nescioquis loquitur.
SA. O mi Iuppiter
Terrestris! te coepulonus compellat tuus.
TO. O Saturio, opportune advenisti mihi.
SA. Mendacium edepol dicis, atque haud te decet.
Nam Essurio venio, non advenio Saturio.
TO. At edes; nam iam intus ventris fumant focula.
Calefieri iussi reliquias.
SA. Pernam quidem
Ius est adponi frigidam postridie.
⟨TO.⟩ Ita fieri iussi.
SA. Ecquid halle*c*is?
TO. Vah, rogas?
SA. Sapis multum ad genium.
TO. Sed ⟨tu⟩ *e*cquid meministi, here
Qua de re ego tecum mentionem feceram?
SA. Memini: ut muraena et conger ne calefierent;
Nam nimio melius oppectuntur frigida.
Sed quid cessamus proelium committere?
Dum mane est, omnis esse mortalis decet.
TO. Nimis p*a*ene manest.
SA. Mane quod tu occeperis
Negotium agere, id totum procedit diem.

97. Testo poco sicuro, e probabilmente disperato (segnalo un recente tentativo di P. Brind'Amour, «Herm.» 100, 1972, pp. 116 sgg., che scrive *urinam* per *iuream* / *viream* dei codd., e integra un *haud* davanti a *ius*: ma, a parte ogni altra considerazione, che senso ha dire che il brodo in questione non deve essere una «urina» che *v a* nella vescica?).
104. *Focula*: da *fovicula*, «fomenti», gioca qui con *foculi*

TOSSILO State attenti a far bollire come si deve le focaccine e le polpettine: non voglio mica che me le serviate crude!

SATURIONE Ah, parole sante! Crude non valgono un accidente, te le devi pappare belle morbide. Perché se il brodo per le focaccine non è denso, cremoso, non vale nulla: ma che è quella brodaglia magra, giallastra, trasparente? Il brodo per le focaccine bisogna che sia più un sugo che un brodo: deve andare nella pancia, non passare subito nella vescica.

TOSSILO C'è qualcuno che parla qui accanto a me.

SATURIONE O mio Giove terreno! È il tuo compagnone che ti chiama.

TOSSILO Oh Saturione, vieni proprio a proposito.

SATURIONE Dici una bugia, per Polluce, e da te non me l'aspettavo: è Affamatone che viene, non Saturione.

TOSSILO Ma presto avrai da mangiare. In casa fumano già gli scalda-pancia. Ho dato ordine che scaldassero quello che è avanzato ieri.

SATURIONE Veramente la regola vuole che il prosciutto, il giorno dopo, si serva freddo.

TOSSILO E così ho dato ordine che si facesse.

SATURIONE (*goloso*) E c'è anche un po' di salsa di pesce?

TOSSILO Perbacco, e me lo chiedi?

SATURIONE Eh, tu sai vivere!

TOSSILO Ma tu ti ricordi, per caso, di quella faccenda che ti dicevo ieri?

SATURIONE Sì, mi ricordo: che non si deve far riscaldare la murena e il grongo, perché quando sono freddi si spinano molto meglio. Ma che aspettiamo ad attaccare battaglia? È mattina, ed è tempo di mangiare per tutti i mortali.

TOSSILO Ma è ancora un po' troppo mattina!

SATURIONE Quel che si comincia di buon'ora, va liscio per tutta la giornata.

« braceri »: lo scherzo è abbastanza intraducibile.

106. *ius*: Ernout pensa che qui si giochi sul doppio senso di « diritto » e di « brodo »: ma non credo.

TO. Quaeso animum advorte hoc. Iam heri narravi tibi
Tecumque oravi, ut nummos sescentos mihi
Dares utendos mutuos.
SA. Memini et scio
Et te me orare et mihi non esse quod darem.
Nihili parasitus est cui argentum domi est.
Lubido extemplo coeperest convivium,
Tuburcinari de suo, si quid domi est.
Cynicum esse ⟨e⟩gentem oportet parasitum probe:
Ampullam, strigilem, scaphium, soccos, pallium,
Marsuppium habeat, inibi paullum praesid*i*,
Qui familiarem suam vitam oblectet modo.
TO. Iam nolo argentum; filiam utendam tuam
Mihi da.
SA. Numquam edepol cuiquam etiam u⟨t⟩enda*m* dedi.
TO. Non ad istuc, quod tu ins*i*mulas.
SA. Quid eam v⟨i⟩s?
TO. Scies:
Quia forma lepida et liberali est.
SA. Res itast.
TO. Hic leno neque te novit neque gnatam tuam?
SA. Me ut quisquam norit nisi ille qui praebet cibum?
TO. Ita est. Hoc tu mihi reperire argentum potes.
SA. Cupio hercle.
TO. Tum tu me sine illam vendere.
SA. Tun illam vendas?
TO. Immo alium adlegavero
Qui vendat; qui esse se peregrinum praedicet;
Sicut istic leno *hau* dum sex menses Megaribus
Huc est cum commigravit.
SA. Pereunt reliquiae.
Posterius istuc tamen potest.
TO. Scin quam potest?
Numquam hercle | hodie hic prius *e*d*e*s, ne frustra sis,
Quam te hoc facturum quod rogo adfirmas mihi;

TOSSILO Per favore, stai un po' attento qui. Già ieri ti avevo raccontato la faccenda, e ti avevo pregato di prestarmi seicento monete.

SATURIONE Me lo ricordo benissimo, che tu me le chiedevi e io non avevo da dartele. Ma scusa, che razza di parassita è uno che ha dei quattrini in casa? Gli prende subito voglia di fare un banchetto, e di abbuffarsi sul suo, se ha qualcosa sotto mano. Invece un vero parassita deve rassomigliare a un poveraccio di cinico: basta che abbia un'ampollina, un raschietto da bagno, una tazza, un paio di sandali, un pallio e una borsa con quel poco che gli basti a rallegrare la sua vita familiare.

TOSSILO Ora non mi interessa più il denaro. Prestami solo tua figlia.

SATURIONE Per Polluce, finora non l'ho mai data in prestito a nessuno!

TOSSILO Ma non per lo scopo che mi attribuisci tu.

SATURIONE E allora perché la vuoi?

TOSSILO Te lo dico subito: perché ha un aspetto grazioso e fine.

SATURIONE Questo è vero.

TOSSILO Il ruffiano che abita qui vicino non ti conosce, vero? né te né tua figlia.

SATURIONE Come fa qualcuno a conoscermi se non mi dà da mangiare?

TOSSILO Perfetto. In questo modo mi puoi procurare il danaro.

SATURIONE Per Ercole, non chiedo di meglio!

TOSSILO E allora permettimi di vendere tua figlia.

SATURIONE Vorresti venderla, tu?

TOSSILO No, non io. Darò a un altro l'incarico di venderla, che faccia finta di essere uno straniero. Tanto non sono ancora sei mesi che questo ruffiano si è trasferito qui da Mègara.

SATURIONE (*cerca di sviare il discorso*) Ma quegli avanzi si sciupano. Di questo possiamo parlare anche dopo.

TOSSILO (*ironico*) Ah sì, anche dopo? Per Ercole, non ti fare illusioni: oggi qui non avrai nulla da mangiare prima di avermi promesso che farai quello che ti chiedo. E se

Atque nisi gnatam tecum huc iam quantu*m* potest
Adducis, exigam hercle ego te ex hac decuria.
Quid nunc?
⟨SA.⟩ Quid est?
⟨TO.⟩ Quin dicis quid facturus sis?
SA. Quaeso hercle me quoque etiam vende, s*i* lubet,
Dum saturum vendas.
TO. Hoc, si facturu's, face.
SA. Faciam equidem quae vis.
TO. Bene facis. Propera, abi domum;
Praemonstra docte, praecipe astu filiae
Quid fabuletur: ubi se natam praedicet,
Qui sibi parentes fuerint, unde surrupta sit.
Sed longe ab Athenis esse se gnatam autumet:
Et ut adfleat, cum ea memoret.
SA. Etiam tu taces?
Ter tanto peior ipsa est quam illam tu esse vis.
TO. Lepide hercle dicis. Sed scin qui⟨d⟩ facias? cape
Tunicam atque zonam, et chlamydem adferto et cau-*siam*,
Quam ille habeat qui hanc lenoni huic vendat...
SA. Eu, probe.
TO. Quasi sit peregrinus.
SA. Laudo.
TO. Et tu gnatam tuam
Ornatam adduce lepide in peregrinum modum.
SA. Πόθεν ornamenta?
TO. Abs chorago sumito.
Dare debet; praebenda aediles locaverunt.
SA. Iam faxo hic aderunt. Sed ego nil horunc scio?
TO. Nil hercle vero. Nam ubi ego argentum accepero
Continuo tu illam a lenon⟨e⟩ adserito manu.

143. *decuria*: un collegio di dieci membri. Il termine è usato qui genericamente per « società », una società, ovviamente, di papponi: cfr. dietro *congerro* (v. 89), *coepulonus* (v. 100), ecc. Cfr. l'introduzione.
155. *Chlamys* e *causia*: il mantello e il cappello a larghe tese facevano parte dell'abbigliamento da viaggio.
159. Πόθεν : « da dove ».

non mi porti qui tua figlia più presto che puoi, per Ercole, ti faccio espellere da questa decuria! Allora?

SATURIONE Allora cosa?

TOSSILO Perché non dici cos'hai intenzione di fare?

SATURIONE Ti prego, per Ercole, vendi pure anche me, se ti fa piacere, ma vendimi con la pancia piena!

TOSSILO E allora, se sei deciso a farlo, datti da fare.

SATURIONE D'accordo, farò quello che vuoi.

TOSSILO Molto bene. Sbrigati, vai a casa. Devi istruire per bene tua figlia, metterti lì con una certa abilità e insegnarle quello che deve raccontare: il posto in cui dovrà dire che è nata, chi erano i suoi genitori, dove è stata rapita. Ma bisogna che dica di esser nata molto lontano da Atene: e che pianga, quando ripensa a queste cose!

SATURIONE Lascia perdere, che di suo è già tre volte peggio di come la vuoi tu.

TOSSILO Per Ercole, mi piace questo discorso! Ma sai cosa devi fare? Prendi una tunica e una cintura, e porta una clamide e un cappello a larghe tese: per farlo mettere addosso a quello che la venderà al ruffiano.

SATURIONE Bravo, bene!

TOSSILO Come se fosse uno straniero.

SATURIONE D'accordo, mi piace.

TOSSILO E tu porta qua tua figlia vestita alla moda esotica: ma come si deve, eh!

SATURIONE Ma, i vestiti, dove li piglio?

TOSSILO E pigliali dall'impresario, no? Te li deve dare per forza, gli edili gliene hanno appaltato la fornitura.

SATURIONE Fra un momento sarà tutto qui, sta sicuro. Ma io non ne devo sapere nulla di questa faccenda?

TOSSILO Assolutamente nulla, per Ercole. Perché appena io avrò in mano il danaro della vendita, tu andrai subito dal ruffiano a rivendicare la ragazza come tua figlia.

SA. Sibi habeat, si non extemplo ab eo abduxero.
TO. Abi et istuc cura. *Inter*ibi ego puerum volo
Mittere ad amicam meam, ut habeat animum bonum:
Me esse effecturum | hodie. Nimis longum loquor.

⟨ACTUS II⟩

SOPHOCLIDISCA ANCILLA ⟨LEMNISELENIS MERETRIX⟩

SO. Satis fuit indoctae, immemori, insipienti dicere totiens.
Nimis tandem mequidem pro barda et pro rustica reor habitam esse aps te.
Quamquam ego vinum bibo, at mandata non consuevi simul bibere una.
Mequidem iam satis tibi spectatam censebam esse et meos mores.
Nam equidem te iam sector quintum hunc annum: quom interea, credo,
*O*vis si in ludum iret, potuisset iam fieri ut probe litteras sciret,
Quom interim tu meum ingenium fans atque infans nondum etiam edidicisti.
Potin ut taceas? potin ne moneas?
Memini et scio et calleo et commemini.
Amas pol misera; id tuos scatet animus.
Ego istuc placidum tibi ut sit faciam.
⟨LE.⟩ Miser est qui amat.
⟨SO.⟩ Certo is quidem nihili est,
Qui nihil amat: quid ei homini opus vita est?
Ire decet me ut erae opsequens fiam, libera ea opera ocius ut sit.

SATURIONE Se la tenga pure, se non gliela riprendo immediatamente!

TOSSILO Ora vai a occuparti della faccenda. Nel frattempo manderò un servo dalla mia amica, per dirle di star tranquilla: oggi ce la faccio di sicuro. Ma quanto chiacchiero, io! (*Rientra in casa, mentre Saturione si allontana*).

ATTO II

Scena I

SOFOCLIDISCA, LEMNISELENE
(*escono dalla casa di Dordalo*)

SOFOCLIDISCA Uffa, ripetermelo tutte queste volte! Ce ne sarebbe abbastanza anche per un'ignorante, una smemorata, una scema! Insomma, sembra proprio che tu mi consideri una cretina sprovveduta! Va bene, butterò giù un po' di vino, ma non ho l'abitudine di buttar giù col vino anche le commissioni. Mi pareva ormai di averti dimostrato a sufficienza che tipo sono. Da cinque anni sto al tuo servizio, e in tutto questo tempo persino una pecora, se le pecore andassero a scuola, avrebbe imparato a leggere e a scrivere: e invece tu, com'è come non è, non hai ancora imparato a conoscermi. Ma puoi stare un po' zitta, la vuoi smettere di farmi la predica? Mi ricordo di tutto, ho capito tutto, lo so bene come si fa, l'ho imparato a memoria! Per Polluce, l'amore ti tormenta, poverina, e il tuo cuore trabocca. Ma io farò in modo che la tempesta si calmi.

LEMNISELENE Soffre chi ama.

SOFOCLODISCA Sì, ma chi non ama è come se non esistesse. Che se ne fa della vita uno così? (*Si allontana e Lemniselene rientra*) Bisogna che vada, ed obbedisca alla mia padrona, per farla diventare libera prima che si può. An-

Conveniam hunc Toxilum |; eius auris | quae mandata sunt onerabo.

TOXILUS PAEGNIUM SOPHOCLIDISCA
⟨SERVUS PUER ANCILLA⟩

TO. Satin haec tibi sunt plana et certa? satin haec meministi et tenes?
PAE. Melius quam tu qui docuisti.
TO. Ain vero, verbereum caput?
PAE. Aio enim vero.
TO. Quid ergo dixi?
PAE. Ego recte apud illam dixero.
TO. Non edepol scis.
PAE. Da hercle pignus, ni omnia memini et scio,
Et quidem si scis tute quot hodie habeas digitos in manu.
TO. Egon dem pignus tecum?
PAE. Audacter, si lubido est perdere.
TO. Bona pax sit potius.
PAE. Tum tu igitur sine me ire.
⟨TO.⟩ Et iubeo et sino;
Sed ita volo te currere, ut domi sis, cum ego te [esse] illi censeam.
PAE. Faciam.
TO. Quo ergo is nunc?
PAE. Domum: uti domi sim, quom illi censeas.
TO. Scelus tu pueri es, atque ob istanc rem ego aliqu*i* te peculiabo.
PAE. Scio fide hercle erili ut soleat inpudicitia opprobrari,
Nec subigi queantur umquam ut pro ea fide habeant iudicem.

182. Il deittico *hunc,* unito a *Toxilum,* sta ad indicare che Tossilo abita « qui accanto » alla casa di Dordalo. La frase si può immaginare accompagnata da un gesto della mano, che indichi appunto l'altra casa presente sulla scena.
192. L'espressione cela un doppio senso osceno.

drò a parlare col nostro vicino Tossilo: gli riempirò le orecchie con la commissione che mi hanno affidata.

Scena II

TOSSILO, PEGNIO E SOFOCLIDISCA

TOSSILO (*uscendo di casa affida a Pegnio delle tavolette*) Tutto chiaro, siamo intesi? Te ne ricordi bene di quello che ho detto?

PEGNIO Meglio di te che me l'hai spiegato.

TOSSILO Dici sul serio, faccia da schiaffi?

PEGNIO Sì, dico sul serio.

TOSSILO E allora, cos'ho detto?

PEGNIO Glielo riferirò esattamente.

TOSSILO (*scuotendo la testa*) Per Polluce, non hai capito niente.

PEGNIO Per Ercole, vuoi scommettere allora che io mi ricordo bene di tutto, mentre tu non sai nemmeno quante dita hai oggi nella mano?

TOSSILO Dovrei scommettere con te?

PEGNIO Coraggio, se ti va di perdere.

TOSSILO No, piuttosto facciamola finita.

PEGNIO E allora lasciami andar via.

TOSSILO Non solo ti lascio, te lo ordino! Ma voglio che tu vada tanto di corsa da essere già qui a casa mentre penso che sei ancora là.

PEGNIO D'accordo (*fa per rientrare nella casa di Tossilo*).

TOSSILO Dove vai, adesso?

PEGNIO A casa: per essere a casa mentre pensi che sono là.

TOSSILO Sei un accidente di ragazzo! e per questo motivo ti voglio fare un regaluccio che so io.

PEGNIO Lo so, per Ercole, quante volte si rinfaccia al padrone di non stare alle regole e di comportarsi da sporcaccione. Ma poi non si riesce mai a trovare un giudice che gli faccia rispettare quelle regole...!

TO. Abi modo.
PAE. *E*go laudabis faxo.
TO. Sed has tabellas, Paegnium,
Ipsi Lemniseleni fac des, et quae iussi nuntiato.
SO. Cesso ire ego quo missa sum?
PAE. Eo ego.
TO. I sane; ego domum ibo. Face rem hanc cum cur*a* geras.
Vola curriculo.
PAE. Istuc marinus passer per circum solet.
Illic hinc abiit intro huc. Sed quis haec est quae me⟨d⟩ advorsum incedit?
SO. Paegnium hicquidem est.
PAE. Sophoclidisca haec peculiari*st* eius
Quo ego sum missus.
SO. Nullus esse hodie hoc puero peior per*h*ibetur.
Compellabo.
PAE. Commorandust apud hanc ob*icem* ⟨gradus⟩.
SO. Paegnium, deliciae pueri, salve. Quid agis? ut vales?
PAE. Sophoclidisca, di me amabunt!
SO. Quid me?
⟨PAE.⟩ Utrum hercle –́ ⏑ –
Sed si ut digna's faciant, odio hercle habeant et faciant male.
SO. Mitte male loqui.
PAE. Quom ut digna's dico, bene, non male loquor.
SO. Quid agis?
PAE. Feminam scelestam te astans contra contuor.
SO. Certe equidem puerum peiorem quam te novi neminem.
PAE. Quid male facio aut cui male dico?
SO. Quoi pol cumque occasio est.
PAE. Nemo homo umquam ita arbitratu*st*.
SO. At pol multi esse ita sciunt.
PAE. Heia!
⟨SO.⟩ Beia!

205. La fine del verso è lacunosa, ma il senso è presumibilmente quello che abbiamo dato.

TOSSILO Va via, ora.

PEGNIÒ Non dovrai lamentarti di me, sta sicuro.

TOSSILO Ma queste tavolette, Pegnio, consegnale direttamente a Lemniselene, e dille ciò che ti ho ordinato di dire.

SOFOCLIDISCA (*non vede gli altri due*) Che sto qui a perder tempo, invece di andare dove mi hanno ordinato?

PEGNIO Io vado.

TOSSILO Vai, vai. Io vado a casa. Fai le cose per bene. Corri e vola!

PEGNIO Sì, come fa lo struzzo nel circo (*remeggia un po' con le braccia, a passi lunghi*). Se ne è andato dentro. Ma chi è questa che mi viene incontro?

SOFOCLIDISCA (*a parte*) Eppure questo è Pegnio.

PEGNIO (*a parte*) È Sofoclidisca, la cameriera di quella da cui mi mandano.

SOFOCLIDISCA (*a parte*) Si dice che di questi tempi non ci sia ragazzo peggiore di lui. Lo chiamerò.

PEGNIO (*a parte*) Rallentiamo, c'è un ostacolo.

SOFOCLIDISCA (*forte*) Ciao Pegnio, che tesoro di ragazzo! Che fai? Come va?

PEGNIO Sofoclidisca, che gli dei... mi proteggano!

SOFOCLIDISCA E me no?

PEGNIO Per Ercole, facciano un po' come gli pare. Ma certo se ti trattano come meriti dovrebbero averti antipatica e farti del male!

SOFOCLIDISCA Smettila di parlar male di me.

PEGNIO Ma se io dico quel che ti meriti parlo bene, non male.

SOFOCLIDISCA Che stai facendo?

PEGNIO Sto di fronte a te e guardo in faccia una donna sciagurata.

SOFOCLIDISCA Ma lo sai che non ho mai conosciuto un ragazzo peggiore di te?

PEGNIO Che faccio di male, di chi parlo male?

SOFOCLIDISCA Di chiunque ti capita a tiro, per Polluce.

PEGNIO È la prima volta che qualcuno mi giudica così.

SOFOCLIDISCA Sì, però lo pensano in molti, per Polluce.

PEGNIO (*sfottente*) Auh!

SOFOCLIDISCA (*c.s.*) Bauh!

PAE. Tuo ex ingenio mores alienos probas.
SO. Fateor *ego* profecto me esse ut decet lenonis familiae.
PAE. Satis iam dictum habeo.
SO. Sed quid tu? confitere ut te autumo?
PAE. Fatear, is ita sim.
SO. Iam abi; vicisti.
PAE. Abi nunciam ergo.
SO. Hoc m*i* expedi,
Quo agis?
PAE. Quo tu?
SO. Dic tu.
⟨PAE. Dic tu.
SO.⟩ Prior rogavi.
PAE. At post scies.
SO. Eo ego hinc haud longe.
PAE. Et quidem ego ⟨eo⟩ haud longe.
SO. Quo ergo ⟨tu is⟩, scelus?
PAE. Nisi sciero prius ex te, tu ex me numquam hoc quod rogitas scies.
SO. Numquam ecastor hodie scibis prius quam ⟨ego⟩ ex te audivero.
PAE. Itane est?
SO. Itane est.
PAE. Mala's.
SO. Scelestu's.
PAE. Decet me.
SO. Me quidem haud decet.
PAE. Quid ais? certum⟨n⟩est celare quo iter facias, pessuma?
SO. Offirmasti⟨n⟩ occultare quo te immittas, pessume?
PAE. Par pari respondes dicto. Abi iam, quando ita certa rest.
Nihili facio scire. Valeas.
SO. Asta.
PAE. At propero.
SO. Et pol ego ite⟨m.⟩
PAE. Ecquid habes?
SO. Ecquid tu?

PEGNIO Tu giudichi gli altri per quel che sei tu.

SOFOCLIDISCA Non ho difficoltà ad ammettere che io son proprio come deve essere la serva di un ruffiano.

PEGNIO Mi basta quello che hai detto.

SOFOCLIDISCA Ma tu, ammetti di essere come dico io?

PEGNIO L'ammetterei, se fosse vero.

SOFOCLIDISCA Va bene, va bene: hai vinto.

PEGNIO Perché non te ne vai, allora?

SOFOCLIDISCA Dimmi solo una cosa: dove stai andando?

PEGNIO E tu?

SOFOCLIDISCA Dimmelo tu.

⟨PEGNIO Dimmelo tu.

SOFOCLIDISCA⟩ Sono io che l'ho chiesto per prima.

PEGNIO Ma lo saprai per seconda.

SOFOCLIDISCA Io vado qui vicino.

PEGNIO E anch'io vado qui vicino.

SOFOCLIDISCA Ma insomma dove vai, maledetto?

PEGNIO Se prima non mi avrai detto dove vai tu, da me non saprai mai quello che vuoi sapere.

SOFOCLIDISCA Per Castore, oggi non saprai mai nulla da me se prima non sentirò da te quello che mi interessa.

PEGNIO Ah, è così?

SOFOCLIDISCA Sì, è così.

PEGNIO Sei una canaglia.

SOFOCLIDISCA E tu uno sciagurato.

PEGNIO Per me va bene.

SOFOCLIDISCA Ma per me no!

PEGNIO Senti un po', hai giurato di nascondermi dove stai andando, canaglia?

SOFOCLIDISCA Sei deciso a celarmi dove ti vuoi infilare, canaglia?

PEGNIO Ora fai anche il verso a quello che dico? E allora vattene via, se hai deciso così. Non me ne importa nulla di sapere dove vai. Addio! (*Fa l'atto di andarsene*).

SOFOCLIDISCA Fermati.

PEGNIO Vado di fretta.

SOFOCLIDISCA E anch'io, per Polluce.

PEGNIO Che hai lì? (*Indica le tavolette che Sofoclidisca ha in mano*).

SOFOCLIDISCA E tu che hai lì? (*Indica le tavolette che Pegnio ha sotto il mantello*).

PAE. Nil equidem.
SO. Cedo manum ergo.
PAE. Estne haec manus?
SO. Ubi illa altera est furtifica laeva?
PAE. Domi eccam |; huc nullam attuli.
SO. Habes nescioquid.
PAE. Ne me attrecta, subigitatrix.
SO. Sin te amo?
PAE. Male operam locas.
⟨SO.⟩ Qui?
PAE. Quia enim nil amas, quom ingratu⟨m⟩ amas.
SO. Temperi hanc vigilare oportet formulam atque aetatulam,
Ne, ubi versicapillus [pellis] fias, foede semper servias.
Tuquidem haud etiam es octoginta pondo.
PAE. At confidentia
†Illa militia militatur multo magis quam pondere.
Atque ego hanc [nunc] operam perdo.
SO. Quid iam?
PAE. Quia peritae praedico.
Sed ego cesso.
SO. Mane.
PAE. Molest*a*'s.
SO. Ergo ⟨ero⟩ quoque, nisi scio
Quo agas te.
PAE. Ad vos.
SO. Et pol ego ad vos.
PAE. Quid eo?
SO. Quid id ad te attinet?
PAE. Enim non ibis nunc, vicissim nisi scio.
SO. Odiosu'*s*.

231. Non comprendo perché il senso di questa frase abbia fatto tanta difficoltà al Woytek (*Antidosis*, Festschr. W. Kraus, Wien, 1972, pp. 477 sgg.). Pegnio non vuol concedersi, e allora la donna gli rammenta che è tempo di cominciare a « servirsi » di quella sua bellezza, se non vuole restare schiavo tutta la vita: va bene però (prosegue ironica) che Pegnio è ancora così piccolo... Al che l'altro, punto sul vivo, risponde che in certe battaglie val più l'ardire della mole. Woytek muta le indicazioni dei personag-

PEGNIO Io nulla.

SOFOCLIDISCA Allora dammi la mano.

PEGNIO Questa qui?

SOFOCLIDISCA E l'altra dov'è? la sinistra, la mano ladra!

PEGNIO (*sempre reggendo le tavolette sotto il mantello*) Uh, l'ho lasciata a casa! non l'ho portata con me.

SOFOCLIDISCA Andiamo, hai qualcosa qui sotto (*lo palpa*).

PEGNIO Non mi palpare, tastona!

SOFOCLIDISCA (*simula una certa eccitazione*) Ma se ti voglio bene?

PEGNIO Perdi tempo.

SOFOCLIDISCA Perché?

PEGNIO Perché è inutile amare se non si è ricambiati.

SOFOCLIDISCA Bisogna che questa tua bellezza, questa tua gioventù si destino per tempo: altrimenti i tuoi capelli cambieranno colore, e tu sarai sempre un sudicio schiavo. Va bene che tu non pesi ancora ottanta libbre...

PEGNIO È l'ardire, non il peso, che conta in certe guerre. Ma basta, mi pare di perder tempo.

SOFOCLIDISCA Perché?

PEGNIO Perché faccio lezione a una maestra. Suvvia, sbrighiamoci (*fa l'atto di andarsene*).

SOFOCLIDISCA Aspetta un po' (*lo ferma*).

PEGNIO Ma sei noiosa!

SOFOCLIDISCA Lo sono e lo sarò, se non mi dici dove vai.

PEGNIO A casa vostra.

SOFOCLIDISCA E anch'io, per Polluce, a casa vostra.

PEGNIO E che ci vai a fare?

SOFOCLIDISCA E che te ne importa?

PEGNIO E allora non ci vai, se non metti al corrente anche me.

SOFOCLIDISCA Sei proprio insopportabile.

---

gi quali compaiono nei codici, e fa parlare Pegnio sino al v. 230. Ma allora non si spiega più il *fias* e il *servias*, alla seconda persona, del v. 230: ci si aspetterebbe *fiam* e *serviam* (mentre parlare di « tu generico » ha tutta l'aria di una scappatoia).

PAE. Lubet.
Numquam hercle istuc exterebrabis, tu ut sis p*e*ior quam ego siem.
SO. Malitia certare tecum miseria est.
PAE. Mers tu mala es.
Quid est quod metuas?
⟨SO.⟩ Idem istuc quod tu.
PAE. Dic ergo.
SO. * * *
Ne hoc cuiquam homini *di*cerem, omnes mu*t*i ut loquerentur prius.
PAE. Edictum est magnopere mihi ne quoiquam hoc homini crederem,
Omnes muti ut ⟨e⟩loquerentur prius hoc quam ego.
SO. At tu hoc face:
Fide data credamus.
PAE. Novi; omnes sunt lenae levifidae.
Neque tippulae levius pondu*s*t quam fides lenonia.
SO. Dic, amabo.
PAE. Dic, amabo.
SO. Nolo ames.
PAE. Facile impetras.
SO. Tecum habeto.
PAE. Et tu hoc taceto.
SO. Tacitum erit.
PAE. Celabitur.
SO. Toxilo has fero tabellas tuo ero.
PAE. Abi; ec⟨c⟩illum domi.
At ego | hanc ad Lemniselenem tuam eram opsignatam abietem.
SO. Quid istic scriptum?
PAE. Iuxta tecum, si tu nescis, nescio:
Nisi fortasse blanda verba.
SO. Abeo.
PAE. *E*t ego abiero.
SO. Ambula.

239. Una lieve lacuna.

PEGNIO Mi piace così. Per Ercole, hai voglia di arrovellarti per essere più maliziosa di me!

SOFOCLIDISCA È dura combattere con te in malizia.

PEGNIO Sei una mala merce. Che hai da aver paura?

SOFOCLIDISCA Quello che fa paura anche a te.

PEGNIO E cioè?

SOFOCLIDISCA ⟨Mi hanno ordinato⟩ di non dire niente a nessuno prima che tutti i muti comincino a parlare.

PEGNIO Anche a me è stato solennemente ordinato di non raccontare niente a nessuno: bisognerà che siano i muti a parlarne prima di me.

SOFOCLIDISCA Ma facciamo così: diamoci la parola d'onore e raccontiamoci tutto.

PEGNIO Eh, come se non lo sapessi che tutte le ruffiane hanno la parola facile! La parola di un lenone pesa quanto un ragno d'acqua.

SOFOCLIDISCA Dimmelo, per favore!

PEGNIO Dimmelo, per favore!

SOFOCLIDISCA Non li voglio i tuoi favori.

PEGNIO Ti accontento facilmente.

SOFOCLIDISCA Tienti tutto per te, però.

PEGNIO E tu non dir nulla.

SOFOCLIDISCA Sarò una tomba.

PEGNIO Nulla trapelerà.

SOFOCLIDISCA Porto queste tavolette a Tossilo, il tuo padrone.

PEGNIO Bene, vai allora: è in casa. E io sto portando queste tavolette d'abete sigillate alla tua padrona, Lemniselene.

SOFOCLIDISCA E che c'è scritto?

PEGNIO Siamo pari, se tu non ne sai nulla non ne so nulla neanch'io: mah, ci saranno delle paroline d'amore.

SOFOCLIDISCA Me ne vado.

PEGNIO Me ne andrò anch'io.

SOFOCLIDISCA Vai! (*Escono entrambi*).

SAGARISTIO
⟨SERVUS⟩

Iovi opulento, incluto, Ope gnato,
Supremo, valido, viripotenti,
Opes, spes bonas, copias commodanti
* * * * lubens vitulorque merito,
Quia meo amico amiciter hanc commoditatis copiam
Danunt, argenti mutui ut ⟨e⟩i egenti opem adferam.
Quod ego non magis somniabam neque opinabar neque censebam,
Eam fore mihi occasionem, ea nunc quasi decidit de caelo.
Nam erus meus me Eretriam misit domitos boves u*t* sibi mercarer;
Dedit argentum, nam ibi mercatum dixit esse die septumi.
Stultus, qui hoc mihi daret argentum cuius ingenium noverat.
Nam hoc argentum | alibi abutar: 'boves quos emerem non erant'.
Nunc et amico prosperabo et genio meo multa bona faciam.
Diu quo bene erit, die uno absolvam. Tuxtax tergo erit meo; non curo.
†Nunc amico homini binis domitis mea ex crumina largiar.
Nam id demum lepidumst, triparcos homines, vetulos avidos, a*r*dos
Bene admordere, qui salinum servo obsignant cum sale.
Virtus est ubi occasio 268a
Admonet dispicere. Quid faciet mihi? 268b
Verberibus *ca*edi iusserit, compedes inpingi? Vapulet;
Ne sibi me credat supplicem fore. Vae illi, nihil iam mihi novi
Offerri potest quin sim peritus. Sed Toxili puerum Paegnium eccum.

254. Il testo è lacunoso: nella traduzione si è aggiunto ciò che, all'incirca, il senso richiederebbe.
263. Cfr. la nota al v. 108.
265. Il testo è corrotto (segnaliamo un tentativo di R.D. Milns, « Herm. » 96, 1968, pp. 126 sg.). Sul valore di *bini*, cfr. la nota al v. 317.

Scena III

SAGARISTIONE

A te, Giove opulento, inclito figlio dell'Abbondanza, supremo, forte, onnipotente, tu che dispensi beni, speranze, ricchezze, lieto ed esultante ⟨rivolgo grazie, assieme agli altri dei⟩ che benignamente concedono al mio amico l'opportunità di disporre di ciò che occorre, onde io gli presti soccorso e danaro nel bisogno. Mai più avrei sognato, immaginato, creduto che mi sarebbe capitata un'occasione simile! E ora eccola qui, quasi piovuta giù dal cielo. Ecco il fatto. Il mio padrone mi ha mandato ad Eretria perché gli compri dei buoi avvezzi al giogo. Mi ha dato il danaro, perché lì ci sarà mercato, mi ha detto, tra sette giorni. Bravo furbo, del danaro a me! E sì che mi conosce bene. Dunque di questo danaro ne farò tutt'altro uso. Gli dirò « buoi da comprare non ce n'erano », e così farò contento il mio amico e felice e soddisfatto il mio Genio. Metterò insieme in un sol giorno quello che basterà a star bene per un bel po'! Mi faranno cic ciac sulla schiena: non me ne importa niente. Per il momento tirerò fuori dalla borsa, per il mio amico, quei due famosi tiri di buoi avvezzi al giogo, e glieli regalerò. Perché è soprattutto questo che mi piace: dare una bella azzannata a questi dannati avaracci, questi vecchiotti avidi, tirati, che tengono il sale nella saliera col sigillo, per paura dei servitori. Il vero valore consiste nel cogliere l'occasione appena si presenta. Che mi potrà fare? Darà ordine che mi ammazzino di botte, mi incatenino? Vada al diavolo! Non crederà mica che mi metterò a supplicarlo? Accidenti a lui, ormai non mi può più capitare niente di nuovo, ho provato tutto. Ma ecco là Pegnio, il servitore di Tossilo.

PAEGNIUM SEGARISTIO
PUER SERVUS

PAE. Pensum meum quod datumst confeci; nunc domum propero.
SA. Mane, etsi properas.
Paegnium, ausculta.
PAE. Emere oportet quem tibi oboedire velis.
SA. Asta.
PAE. Exhibeas molestiam |, ut opinor, si quid debeam,
Qui nunc sic tamen es molestus.
SA. Scelerate, etiam respicis?
PAE. Scio ego quid sim aetatis; eo istuc maledictum inpune auferes.
SA. Ubi Toxilus est tuus erus?
PAE. Ubi illi libet, neque
Te consulit.
SA. Etiam
Dicis ubi sit, venefice?
PAE. Nescio, inquam, ulmitriba tu. 278b
SA. Male dicis maiori?
PAE. Prior promeritus perpetiare.
Servam operam, linguam liberam erus iussit me⟨d⟩ habere.
SA. Dicisne mihi ubi sit Toxilus?
PAE. Dico ut perpetuo pereas.
SA. Caedere hodie tu restibus.
PAE. Tua quidem, cucule, caussa!
Non hercle, si os perciderim tibi, metuam, morticine.
SA. Video ego te; iam incubitatus es.

278b. *ulmitriba*: lett. « tu che logori gli olmi »: l'olmo era il legno da cui si traevano le verghe. Da notare il carattere ibrido, greco-latino, del composto: *-triba* è dal greco.
282. *cucule*: *cuculus*, lett. « cucù », in latino è talvolta sinonimo di « stupido » (cfr. p. es. *Tri.* 245) così come in italiano lo è appunto l'allocco.
283. *Os percidere* (lett. « spaccare il muso ») ha probabilmente un doppio senso osceno: almeno, su questo registro è la risposta di Sagaristione.

Scena IV

PEGNIO, SAGARISTIONE

PEGNIO Ho eseguito l'incarico che mi avevano dato, e ora me ne torno a casa alla svelta (*accenna una corsa*).

SAGARISTIONE Fermati, anche se vai di fretta. Stai un po' a sentire, Pegnio.

PEGNIO (*senza fermarsi*) Compratelo, se vuoi qualcuno che ti obbedisca.

SAGARISTIONE E fermati!

PEGNIO Credo che saresti davvero noioso, tu, se ti dovessi qualcosa: riesci ad esserlo anche quando non ti devo nulla!

SAGARISTIONE Disgraziato, ti vuoi voltare?

PEGNIO Lo so quanti anni ho, e quindi te la passerai liscia per questa offesa.

SAGARISTIONE Dov'è Tossilo, il tuo padrone?

PEGNIO Dove gli pare: non deve chiedere il tuo parere.

SAGARISTIONE Me lo vuoi dire sì o no, avvelenatore?

PEGNIO Non lo so, te l'ho detto, razza di fiacca-frusta.

SAGARISTIONE Hai il coraggio di offendere chi è più vecchio di te?

PEGNIO Hai cominciato tu, peggio per te. Il mio padrone vuole che io abbia serva la mano ma libera la lingua.

SAGARISTIONE Insomma, mi vuoi dire dov'è Tossilo?

PEGNIO Te lo dico, ma di crepare per sempre!

SAGARISTIONE Oggi ti piglierai un sacco di frustate.

PEGNIO Sì, per la tua bella faccia, allocco! Che neppure se ti avessi gonfiato la bocca avrei paura di te, carogna!

SAGARISTIONE Ah, vedo bene che qualcuno a letto ti ha già messo sotto...

PAE. Ita sum: quid id attinet ad te?
At non sum ita ut tu, gratiis.
SA. Confidens!
PAE. Sum hercle vero;
Nam ego me confido liberum fore; tu te numquam speras.
SA. Potin ut molestus ne sies?
PAE. Quod dicis facere non quis.
SA. Abi in malam rem.
PAE. At tu domum; nam ibi tibi parata praestost.
SA. Vadatur hic me.
PAE. Utinam vades desint, in carcere ut sis!
SA. Quid hoc?
PAE. Quid est?
SA. Etiam, scelus, male loquere?
PAE. Tandem ut liceat,
Quom servos sis, servom tibi male dicere.
SA. Itane? specta
Quid dedero.
PAE. Nihil, nam nihil habes.
SA. Di deaeque me omnes perdant...
PAE. Amicus sum; eveniant volo tibi quae optas.
⟨SA.⟩ Atque id fiat,
Nisi te hodie, si prehendero, defigam in terram colaphis.
PAE. Tun me defigas? te cruci ipsum adfigent propediem alii.
SA. Qui te di deaeque ... scis quid hinc porro dicturus fuerim,
Ni linguae moderari queam. Potin abeas?
PAE. Abigis facile;
Nam umbra mea hic intus vapulat.
SA. Ut istum di deaeque perdant!
Tamquam proserpens bestiast bilinguis et scelestus.
Hercle istum abiisse gaudeo. Foris aperit. Eccere autem,
Quem convenire maxime cupiebam, egreditur intus.

PEGNIO Sì, è come dici tu. Che te ne importa? Almeno non l'ho fatto come hai fatto tu, gratis!

SAGARISTIONE Che razza di sicurezza!

PEGNIO Sì, per Ercole, è vero: ho la sicurezza di diventar libero. Ma per te non ci sperare.

SAGARISTIONE La vuoi smettere di seccare?

PEGNIO Ma se non ti riesce neppure a te che lo chiedi!

SAGARISTIONE Vattene al patibolo!

PEGNIO E tu vattene a casa. Ce n'è uno bell'e pronto che t'aspetta.

SAGARISTIONE (*ironico*) Ora si mette a farmi da garante!

PEGNIO Magari tu non trovassi garanti, e ti cacciassero in galera!

SAGARISTIONE Come sarebbe a dire?

PEGNIO Che c'è?

SAGARISTIONE Continui ad offendermi, disgraziato?

PEGNIO Vorrai bene che un servo, visto che sei servo, abbia la possibilità di offenderti.

SAGARISTIONE Ah sì? Stai un po' a vedere cosa ti darò.

PEGNIO Niente, mi darai: se non possiedi niente...!

SAGARISTIONE Guarda, che tutti gli dei e le dee possano mandarmi alla malora...

PEGNIO Ti voglio bene, e vorrei tanto che tu fossi esaudito!

SAGARISTIONE E sia pure così, se oggi non ti pianterò in terra a cazzotti: lascia che ti acchiappi!

PEGNIO Tu mi pianterai in terra? Da un momento all'altro pianteranno te, sulla croce!

SAGARISTIONE Che gli dei e le dee ti... lo sai quello che stavo per aggiungere, se non sapessi trattenere la lingua. Te ne vuoi andare?

PEGNIO (*guarda verso casa con aria un po' preoccupata*) Ti ci vuol poco a farmi sloggiare. Mi pare che la mia ombra le stia già buscando, là dentro (*rientra*).

SAGARISTIONE Uff! che gli dei e le dee lo mandino in malora! Ha la lingua biforcuta come i serpenti, quel disgraziato. Per Ercole, sono proprio contento che se ne sia andato. La porta si apre: eccolo, quello che più di ogni altro volevo incontrare, vien fuori!

TOXILUS SAGARISTIO SOPHOCLIDISCA
SERVI II ANCILLA

TO. Paratum iam esse dicito unde argentum sit futurum.
Iubeto habere animum bonum, dic me illam amare multum.
Ubi se adiuvat, ibi me adiuvat. Quae dixi ut nuntiares,
Satin ea tenes?
SO. Magis calleo quam aprugnum callum callet.
TO. Propera, abi domum.
SA. Nunc huic ego graphice facetus fiam;
Subnixis alis me inferam atque amicibor gloriose.
TO. Sed quis hic ansatus ambulat?
SA. Magnifice conscreabor.
TO. Sagaristio hicquidemst. Quid agitur, Sagaristio? ut valetur?
Ecquid quod mandavi tibi †estne in te speculae?
SA. Adito.
Videbitur. Factum volo. Venito. Promoneto.
TO. Quid hoc hic in collo tibi tumet?
SA. Vomicast, pressare parce.
Nam ubi qui mala tangit manu, dolores cooriuntur.
TO. Quando istaec innatast tibi?
SA. Hodie.
TO. Secari iubeas.
SA. Metuo ne inmaturam secem, ne exhibeat plus negot*i*.
TO. Inspicere morbum tuum lubet.
SA. Ah! ah! abi atque cave sis
À cornu.
TO. Quid iam?
SA. Quia boves bini hic sunt in crumena.
TO. Emitte sodes, ne enices fame; sine ire pastum.
SA. Enim metuo ut possim in bubile reicere, ne vagentur.

310. Il testo è parzialmente corrotto.
317. Cioè quattro buoi. Nel linguaggio tecnico agricolo *bini boves* doveva infatti significare « due tiri » di buoi, non « una coppia » (cfr. le osservazioni e i dati di L. Gerschel in *Hommages à M. Renard*, Bruxelles, 1969, pp. 374 sgg.).

Scena V

TOSSILO, SAGARISTIONE, SOFOCLIDISCA

TOSSILO (*a Sofoclidisca*) Dille che ho già trovato il modo per far saltar fuori il danaro, e raccomandale di star tranquilla. Dille di farlo per me, che l'amo tanto: se si aiuta, aiuta anche me. Te lo ricordi bene quello che ti ho detto di dirle?

SOFOCLIDISCA Sono più incallita di quanto è incallito un callo di cinghiale!

TOSSILO Sbrigati, va a casa! (*Sofoclidisca si avvia verso la casa di Dordalo ed entra*).

SAGARISTIONE (*a parte*) Adesso gli metto su una di quelle scenette! da dipingere! Mi avvicinerò con le alucce ben puntellate, e vestirò il mio mantello alla grand'uomo.

TOSSILO Ma chi è questo vaso a due manici?

SAGARISTIONE Scaracchierò splendidamente!

TOSSILO Ma questo è Sagaristione! Che si fa, Sagaristione, come va? E l'incarico che ti avevo affidato? C'è qualche spiraglio?

SAGARISTIONE (*solenne*) Avvicinati. Si vedrà. Faremo qualcosa. Vieni, rammentami.

TOSSILO Cos'è questo gonfio che hai sul collo? (*È la borsa con il danaro*).

SAGARISTIONE È un ascesso, non schiacciarmelo. Se uno lo tocca un po' malamente comincia a far male.

TOSSILO E quando t'è spuntato?

SAGARISTIONE Oggi.

TOSSILO Fattelo tagliare.

SAGARISTIONE Non vorrei farlo tagliare prima del tempo, potrebbe esser peggio.

TOSSILO Mi piacerebbe vederlo, questo tuo male.

SAGARISTIONE Ehi, ehi, stai lontano, stai attento alle corna!

TOSSILO Ma perché?

SAGARISTIONE Perché qui, nel borsellino, ci sono due tiri di buoi.

TOSSILO Lasciali uscire, per carità, non vorrai mica farli morire di fame! Lasciali andare a pascolare.

SAGARISTIONE Il fatto è che ho paura poi di non poterli più far rientrare nella stalla: non vorrei che se ne andassero in giro.

TO. Ego reiciam; habe animum bonum.
SA. Cred*e*tur; commodabo.
Sequere hac sis; argentum hic inest quod mecum dudum orasti.
TO. Quid tu ais?
SA. Dominus me bov*es* mercatum Eretriam misit;
Nunc m*i* Eretria erit haec tua domus.
TO. Nimis tu facete loquere;
Atque ego | omne argentum tibi hoc actutum incolume redigam.
Nam iam omn*is* sycophantias instruxi et comparavi,
Quo pacto ab lenone auferam hoc argentum...
SA. Tanto melior.
TO. Et mulier ut sit libera atque ipse ultro det argentum.
Sed sequere me; ad eam rem usus est tua mihi opera.
SA. Utere ut vis.

⟨ACTUS III⟩

SATURIO VIRGO
PARASITUS

SA. Quae res bene vortat mihi et tibi et ventri meo,
Perennitas*sit*que adeo huic perpetuo cib*um*,
Ut mihi supersit, suppetat, superstitet:
Sequere hac, mea gnata, me cum dis volentibus.
Quoi rei opera detur scis, tenes, intellegis;
Communicavi tecum consilia omnia.
Ea caussa ad hoc exemplum te exornavi ego:
Venibis tu hodie, virgo.

330. Ernout segue qui una correzione del Buecheler, molto ardita (vero è che il testo è assai incerto). Curioso però che traduca secondo un testo diverso, che mi pare piuttosto quello di Lindsay e Leo.

TOSSILO Li farò rientrare io, stai tranquillo.

SAGARISTIONE Mi fido di te: te li cederò. Seguimi da questa parte (*porta Tossilo in un canto, e gli parla ora con serietà*). Qui dentro c'è il danaro che mi hai chiesto poco fa.

TOSSILO Che stai dicendo?

SAGARISTIONE Il padrone mi ha mandato ad Eretria per comprare dei buoi. E così farò finta che Eretria, per me, sia casa tua.

TOSSILO Questo si chiama parlare! E io ti restituirò in un battibaleno il tuo danaro, sano e salvo. Ho già disposto e messo su tutta la trappola, per far risputare al ruffiano questi soldi...

SAGARISTIONE Sei sempre più in gamba!

TOSSILO ... in modo che la ragazza sia libera e tocchi a lui pagarne le spese! Ma vieni con me, ho bisogno del tuo aiuto per questa faccenda.

SAGARISTIONE Serviti pure di me come ti piace. (*Entrano in casa di Tossilo*)

ATTO III

Scena I

SATURIONE, SUA FIGLIA (*vestita da araba*)

SATURIONE Speriamo che questa storia vada a finire bene per me, per te e per il mio ventre, e possa fruttargli cibo in eterno, che mi possa bastare, avanzare e sopravanzare! Seguimi per di qua, figlia mia, con l'aiuto degli dei. Lo sai per che faccenda stiamo lavorando, l'hai capito bene: ti ho messo al corrente di tutto il piano. Per questo ti ho fatto vestire così. Ragazza mia, oggi sarai messa in vendita.

VI. Amabo, mi pater,
Quamquam lubenter escis alienis studes,
Tuin ventris causa filiam vendas tuam?
SA. Mirum quin regis Philippi caussa aut Attali
Te potius vendam quam mea, quae sis mea.
VI. Utrum pro ancilla me habes an pro filia?
SA. Utrum hercle magis in ventris rem videbitur.
Meum, opinor, imperiu*m* in te, non in me tibist.
VI. Tua istaec potestas est, pater. Verum tamen,
Quamquam res nostrae sunt, pater, pauperculae,
Modice et modeste meliust vitam vivere.
Nam ad paupertatem si admigrant infamiae,
Gravior paupertas fit, fides sublestior.
SA. Enim vero odiosa es.
VI. Non sum neque me esse arbitror,
Qum parva natu recte praecipio patri.
Nam inimici famam non ita, ut natast, ferunt.
SA. Ferant eantque maximam malam crucem.
†Non ego inimicitias omnis pluris existimo,
Quam mensa inanis nunc si apponatur mihi.
VI. Pater, hominum immortalis est infamia;
Etiam tum vivit, cum esse credas mortuam.
SA. Quid? metuis ne te vendam?
VI. Non metuo, pater;
Verum insimulari nolo.
SA. At nequiquam nevis.
Meo modo istuc potius fiet quam tuo.
VI. Fiat.
SA. Quae hae res sunt?
VI. Cogita hoc verbum, pater:
Erus si minatus est malum servo suo,
Ta*m*etsi id futurum non est, ubi captumst flagrum,
Dum tunicas ponit, quanta adficitur miseria!
Ego nunc quod non futurumst formido tamen.

353. Il verso deve aver subito corruttela.

FIGLIA Ti prego, papà, va bene che tu ti dedichi volentieri a mangiare in casa altrui: ma possibile che tu voglia vendere tua figlia per amore della tua pancia?

SATURIONE Vorrei anche vedere che ti dovessi vendere per amore del re Filippo o del re Attalo: se sei mia, ti vendo per me.

FIGLIA Ma mi consideri una schiava o una figlia?

SATURIONE Per Ercole, dipende da come torna meglio per la mia pancia. Sono io che ho potere su di te, mi sembra, e non il contrario.

FIGLIA Certo, papà, tu hai la potestà su di me. Però, papà, benché la nostra condizione sia piuttosto modesta è meglio conservare una certa misura, una certa dignità. Perché se alla povertà si aggiunge anche una brutta fama, la povertà diventa più pesante e la fiducia degli altri più leggera.

SATURIONE Ma lo sai che sei proprio insopportabile!

FIGLIA Non è vero, e non credo di essere insopportabile solo perché io, che sono una ragazzina, cerco di dare buoni consigli a mio padre. Perché chi ci vuol male fa presto a raccontare le cose diverse da come sono andate.

SATURIONE Raccontino quello che vogliono, e vadano a farsi appendere sulla più alta delle croci! Sai quanto me ne importa delle loro malignità: non più che se mi mettessero davanti una tavola vuota.

FIGLIA Papà, per gli uomini il disonore è immortale. Anche quando lo crederesti morto è sempre vivo.

SATURIONE Ma insomma! Hai paura che ti venda davvero?

FIGLIA Non ho paura di questo, papà, ma non voglio neanche che te ne accusino.

SATURIONE È inutile che tu voglia o non voglia. Si farà a modo mio, non a modo tuo.

FIGLIA Va bene, come vuoi (*fa un'aria imbronciata*).

SATURIONE Ma insomma, si può sapere che hai?

FIGLIA Rifletti un po' su questo discorso, papà: quando un padrone ha minacciato il suo schiavo di punirlo, anche se poi non se ne dovrà fare di nulla, quanto soffre quel disgraziato quando vede tirar su la frusta, e lui si toglie la tunica! Ecco, io ho paura anche di quello che non deve accadere.

SA. Virgo atque mulier nulla erit quin sit mala,
Quae praeter sapiet quam placet parentibus.
VI. Virgo atque mulier nulla erit quin sit mala,
Quae reticet, si quid fieri pervorse videt.
SA. Malo cavere meliust te.
VI. At si non licet
Cavere, quid agam? nam ego tibi cautum volo.
SA. Malusne ego sum?
VI. Non es, neque me dignu⟨m⟩st dicere;
Verum ei rei operam do, ne alii dicant quibus licet.
SA. Dicat quod quisque volt; ego de hac sententia
Non demovebor.
VI. At, meo si liceat modo,
Sapienter potius facias quam stulte.
SA. Lubet.
VI. Lubere tibi per me licere intellego,
Verum lubere hau liceat, si lubeat mihi.
SA. Futura es dicto oboediens an non patri?
VI. Futura.
SA. Scis nam tibi quae praecepi?
VI. Omnia.
SA. Et ut vi surrupta fueris?
VI. Docte calleo.
SA. Et qui parentes fuerint?
VI. Habeo in memoria.
Necessitate me mala ut fiam facis.
Verum videto, me ubi voles nuptum dare,
Ne haec fama faciat repudiosas nuptias.
SA. Tace, stulta. Non tu nunc hominum mores vides?
Quoiv*is* modi hic cum [mala] fama facile nubitur.
Dum dos sit, nullum vitium vitio vortitur.

371. Il testo gioca su *malo cavere* del v. 369: « guardarsi da una disgrazia », cioè una bastonatura (*malum*), ma anche « guardarsi da un malfattore » (*malus*). Ho cercato di trasporre, come si poteva, la battuta.
377. Il senso del passo è incerto e discusso. Per valutarlo bisogna però pensare che qui la sintassi del discorso insiste più sulla volontà di creare bisticci di forme fra *lubere* e *licere* che non sulla chiarezza della semantica. Mi distacco dal testo di Ernout, scrivendo *si lubeat mihi* con BCD, e non *si liceat mihi* con A: così in Lindsay.

SATURIONE È difficile che una ragazza o una sposa sia come si deve, se ne sa più di quel che vogliono i suoi genitori.

FIGLIA È difficile che una ragazza o una sposa sia come si deve, se sta zitta quando vede che si fanno cose che non vanno.

SATURIONE (*minaccioso*) È meglio che tu stia attenta a qualche accidente!

FIGLIA Ma se non mi è lecito stare attenta, che posso fare? Vorrei piuttosto che si stesse attenti a te.

SATURIONE E che, sarei un accidente, io?

FIGLIA Ma no, e non mi permetterei mai di dire una cosa simile: cerco solo di fare in modo che non lo dicano gli altri, che potrebbero farlo.

SATURIONE Lascia che ognuno dica quello che vuole. Io, dalla mia decisione non tornerò mai indietro.

FIGLIA Ma se si facesse a modo mio, faresti più da saggio che da stupido.

SATURIONE Mi piace così.

FIGLIA Lo so che se hai un desiderio tu, allora vuol dire che ti è lecito soddisfarlo per mezzo mio: però se ce l'ho io, un desiderio, allora aver desideri non è più lecito!

SATURIONE Hai intenzione sì o no di ubbidire a quello che ti dice tuo padre?

FIGLIA Ma sì, ubbidirò.

SATURIONE Te le ricordi bene tutte le istruzioni che ti ho dato?

FIGLIA Sì, tutte.

SATURIONE E come ti hanno rapita?

FIGLIA Lo so alla perfezione.

SATURIONE E chi erano i tuoi genitori?

FIGLIA Mi ricordo benissimo. Tu mi costringi ad essere disonesta. Ma stai attento, quando vorrai maritarmi, che la fama di questa storia non faccia sfumare il matrimonio.

SATURIONE Zitta, sciocca! Non vedi come usa oggigiorno? Qualsiasi reputazione abbiano le ragazze, non fanno fatica a sposarsi. Purché ci sia la dote, nessuna macchia vien considerata macchia.

VI. Ergo istuc facito ut veniat in mentem tibi
Me esse indotatam.
SA. Cave sis tu istuc dixeris.
Pol deum virtute dicam et maiorum meum,
Ne te indotatam dicas, quoi dos sit domi:
Librorum eccillum | habeo plenum soracum:
Si hoc adcurassis lepide cui rei operam damus,
Dabuntur dotis tibi inde sescenti logi,
Atque Attici omnes; nullum Siculum acceperis.
Cum hac dote poteris vel mendico nubere.
VI. Quin tu me ducis, si quo ducturu's, pater?
Vel tu me vende vel face quid tibi lubet.
SA. Bonum aequ*o*mque oras. Sequere hac.
VI. Dicto sum audiens.

DORDALUS
LENO

Quidnam esse acturum hunc dicam vicinum meum,
Qui mihi iuratu*s*t sese hodie argentum dare?
Quod si non dederit atque hic dies praeterierit,
Ego argentum, ille ius iurandum amiserit.
Sed ibi concrepuit foris; quisnam egreditur foras?

TOXILUS DORDALUS
SERVUS LENO

TO. Curate isti intus; iam ego domum me recipiam.
DO. Oh,
Toxile, quid agitur?
TO. Oh, lutum lenonium,
Commixtum caeno sterculinum publicum,
Inpure, inhoneste, iniure, inlex, labes popli,
Pecuniae | accipiter avide atque invide,

FIGLIA E allora perché non cerchi di ricordarti che io, per l'appunto, non ho dote?

SATURIONE Non dirlo neanche per scherzo! Per Polluce, grazie agli dei e ai miei antenati ti posso assicurare che non devi dire di non aver dote: la dote a casa ce l'hai! Ho là un cassettone pieno di libri, e se sbrigherai come si deve la faccenda che ci interessa prenderò di lì, per dartele come dote, seicento battute di spirito. E guarda, tutte Attiche, di Siciliane non ne avrai neanche una! Con una dote così potrai sposarti persino... un mendicante.

FIGLIA Perché non mi porti dove mi devi portare, papà? Vendimi pure, fai quello che vuoi.

SATURIONE Ora sì che parli bene. Vieni da questa parte.

FIGLIA Obbedisco ai tuoi ordini (*entrano da Tossilo*).

Scena II

DORDALO

Che cosa diavolo intenderà fare il mio vicino (*indica la casa di Tossilo*)? Mi ha giurato che oggi mi darà i soldi. Se non me li darà, e farà passare questo giorno, io perderò i soldi e lui la faccia. Ma la porta ha fatto rumore: chi sta uscendo?

Scena III

TOSSILO, DORDALO

TOSSILO (*parlando ai servi di casa*) Datevi da fare, là dentro, voialtri. Tornerò a casa fra un momento.

DORDALO Oh, Tossilo, che si fa?

TOSSILO Oh, melma ruffianica, letamaio pubblico impastato di sudiciume, zozzone, svergognato, traditore, fuori legge, rovina della gente, sparviero voglioso ed invidioso

Procax, rapax, trahax – trecentis versibus
Tuas inpuritias transloqui nemo potest –
Accipin argentum? accipe sis argentum, inpudens.
Tene sis argentum; etiam tu argentum tenes?
Possum te facere ut argentum accipias, lutum?
Non mihi censebas copiam argenti fore,
Qui nisi iurato mihi nihil ausu's credere?
DO. Sine respirare me, ut tibi respondeam.
Vir summe populi, stabulum servitricium,
Scortorum liberator, suduculum flagri,
Compedium tritor, pistrinorum civitas,
Perenniserve, lurco, edax, furax, fugax,
Cedo sis m*i* argentum, da mihi argentum, inpudens.
Possum a te exigere argentum? argentum, inquam, cedo.
Quin tu m*i* argentum reddis? n*i*lne te pudet?
Leno te argentum poscit, solida servitus,
Pro liberanda amica, ut omnes audiant.
TO. Tace, obsecro, hercle! Ne tua vox valide valet.
DO. Referundae ego habeo linguam natam gratiae.
Eodem mihi pretio sal praehibetur quo tibi.
Nisi me haec defendet, numquam delinget salem.
TO. Iam omitte iratus esse. Id tibi suscensui,
Quia te negabas credere argentum mihi.
DO. Mirum quin tibi ego crederem |, ut idem mihi
Faceres quod partim faciunt argentarii:
Ubi quid credideris, citius extemplo foro
Fugiunt quam ex porta ludis cum emissust lepus.
TO. Cape hoc sis.
DO. Quin das?
TO. Nummi sexcenti hic erunt
Probi, numerati. Fac sit mulier libera,
Atque huc continuo adduce.

410. *Trahax*: (da *traho*) è creazione plautina, per continuare la rima con *procax* e *rapax*. Vedi in proposito Traina, *op. cit.*, pp. 79 sg., n. 193.

420. *pistrinorum civitas*: il testo non è molto chiaro (lett. « comunità dei mulini »); è evidente, tuttavia, che Dordalo si riferisce alle solite macine che gli schiavi facevano girare incatenati.

dei nostri soldi, procace rapace strappace – non si potrebbero elencare tutte le tue porcherie neppure in trecento versi – li vuoi prendere i soldi? (*Gioca con la borsa, presentandola ogni volta al ruffiano che tenta di afferrarla*). Prendi i soldi, se li vuoi, svergognato. Tieni i soldi, coraggio (*l'altro tocca la borsa, ma Tossilo subito gliela strappa*): ma insomma li vuoi tenere o no questi soldi? Posso avere il bene di vederti prendere questi soldi, melma? Non credevi che avessi denaro a disposizione, eh, tu che ti sei azzardato a farmi credito solo sotto giuramento!

DORDALO Lasciami respirare, e ti rispondo! O grand'uomo, rifugio d'ogni servitù, affrancatore di puttane, tu che fai sudare le sferze e logorare le catene, cittadino della città delle macine, servo perpetuo, pappone, sbafatore, rapinatore, disertore, me li vuoi dare questi soldi (*lo stesso gioco di prima*), dammi i soldi, svergognato! Posso avere il bene di riscuotere da te questi soldi? Avanti, dammi i soldi. Perché non mi dai i soldi? Non hai un po' di vergogna? Il ruffiano ti chiede i soldi, pura schiavitù distillata, per liberare la ragazza: (*urlando*) voglio che tutti sentano!

TOSSILO Per Ercole, stai zitto, ti prego. Accidenti che po' po' di voce!

DORDALO Io ho una lingua fatta apposta per restituire a ciascuno quel che gli viene. Il sale me lo fanno pagare quanto lo paghi tu, e se non ci fosse questa a difendermi, quando mai ne leccherei un po'?

TOSSILO Adesso basta, calmati. Mi ero arrabbiato con te perché dicevi che non volevi farmi credito.

DORDALO Sarebbe bello che ti dovessi anche far credito! perché tu mi facessi quello che fanno certi banchieri: appena gli hai affidato un po' di soldi quelli subito scappano dal foro a gambe levate, come nei giochi quando aprono il cancello alla lepre.

TOSSILO Avanti, prendi qua.

DORDALO E allora dammeli, no!

TOSSILO Qua dentro troverai seicento monete di quelle buone, e ben contate. Libera la ragazza, e portamela subito qui.

DO. Iam faxo hic erit.
Non hercle quoi nunc hoc dem spectandum scio.
TO. Fortasse metuis in manum concredere?
⟨DO.⟩ †Mirum quin† citius iam a foro argentarii
Abeunt quam in cursu rotula circumvortitur.
⟨TO.⟩ Abi istac travorsis angiportis ad forum;
Eadem ist*ae*c facito mulier ad me transeat
Per hortum.
DO. Iam hic faxo aderit.
TO. At ne propalam.
DO. Sapienter sane.
TO. Supplicatum cras eat.
DO. Ita hercle vero.
TO. Dum stas, reditum oportuit.

⟨ACTUS IV⟩

TOXILUS
⟨SERVUS⟩

Si quam rem accures sobrie aut frugaliter,
Solet illa recte su*b* manus succedere.
Atque edepol f*er*me ut quisque rem accurat suam,
Sic ei procedit postprincipio denique.
Si malus aut nequamst, male res vortunt quas agit;
Sin autem frugist, eveniunt frugaliter.
Hanc ego rem exorsus sum facete et callide;
Igitur proventuram bene confido mihi.
Nunc ego lenonem ita hodie intricatum dabo,
Ut ipsus sese qua se expediat nesciat.
Sagaristio, heus! exi atque educe virginem,
Et istas tabellas quas consignavi tibi,
Quas tu attulisti *mi* ab ero meo usque e Persia.

442. Testo incerto.

DORDALO Stai tranquillo, fra un minuto sarà qui. Per Ercole, non so proprio a chi farle controllare queste monete...

TOSSILO Hai paura di metterle in mano a qualcun altro?

DORDALO Che c'è di strano? Come se oggi i banchieri non se la squagliassero dal foro più svelti di una ruota che corre.

TOSSILO Vattene al foro per di qua, traversando per i vicoli. E nel frattempo fai in modo che la ragazza venga da me passando per il giardino.

DORDALO Fra un momento sarà qui, stai tranquillo.

TOSSILO Ma non la far vedere a tutti!

DORDALO Hai ragione, molto giusto.

TOSSILO Domani andrà a ringraziare gli dei.

DORDALO Certo, per Ercole.

TOSSILO Sei ancora lì? Dovresti esser già di ritorno! (*Dordalo esce*).

ATTO IV

Scena I

TOSSILO

Se ci si sta dietro con prudenza e come si deve, di solito gli affari riescono bene. Per Polluce, generalmente le cose procedono a seconda del modo in cui ognuno le tratta. Se c'è di mezzo un mascalzone, o un fesso, le cose che fa gli si mettono male: se invece è un tipo in gamba, tutto va per il meglio. Per parte mia questo affare l'ho impostato con tutta l'astuzia del caso, e quindi sono sicuro che deve riuscire. Oggi metterò talmente bene il lenone nelle peste, che non gli riuscirà più di districarsi. Ehilà, Sagaristione! esci, porta fuori la ragazza, e quelle tavolette che ti ho sigillato: quelle che mi hai portato sin dalla Persia da parte del mio padrone!

SAGARIS*T*IO TOXILUS ⟨VIRGO⟩
⟨SERVI II⟩

SA. Numquid moror?
TO. Euge, euge exornatu's basi*l*ice.
Tiara ornatum lepida condecorat schema.
Tum hanc hospitam autem crepidula ut graphice decet!
Sed satin estis meditati?
SA. Tragici et comici
Numquam aeque sunt meditati.
TO. Lepide hercle adiuvas.
Age, illuc a*ps*cede procul *e* conspect*u*, tace.
Ubi cum lenone me videbis conloqui,
Id erit adeundi tempus. Nunc ag⟨ite⟩, *i*te vos.

DORDALUS TOXILUS
LENO SERVUS

DO. Quoi homini di propitii sunt, aliquid obiciunt lucri:
Nam ego hodie compendi feci bino*s* panes in dies.
Ita ancilla mea quae fuit hodie sua nunc est; argento vicit.
Iam hodie alienum cenabit, nihil gustabit de meo.
Sumne probus, sum lepidus civis, qui Atticam hodie civitatem
Maximam maiorem feci atque auxi civi femina?
Sed ut ego hodie fui benignus, ut ego multis credidi!

463. Mi distacco dal testo di Ernout (che segue i codici, per segnare però *crux* davanti a *tiara*) e seguo Leo e Lindsay. Il testo dato da Prisciano (G L II, 200, 3) per tradizione indiretta, cioè *theatrum lepida condecorat schema*, è almeno in parte da preferire a quello dei codici, cioè *tiara ornatum lepide condecorat tuum*: *schema* (con *-e-* breve) per « abbigliamento » è parola plautina, e il genere femminile, per il neutro originario del greco, corrisponde all'uso arcaico (cfr. p. es. *dogma* femminile in

Scena II

SAGARISTIONE *(vestito da persiano)*, **TOSSILO, LA FIGLIA DI SATURIONE** *(vestita da araba)*

SAGARISTIONE Ti ho fatto aspettare?

TOSSILO Bravo, bravissimo, ti sei travestito da re! E come ci sta bene questa tiara nell'insieme! E la nostra forestiera, come le torna a pennello il sandaletto! Ma avete ripassato bene la parte?

SAGARISTIONE Nessun attore tragico o comico l'ha mai ripassata con tanto impegno.

TOSSILO Sei un collaboratore meraviglioso, per Ercole! Forza, fatti da parte, là, che non ti si veda, e stai zitto. Quando mi vedrai parlare col ruffiano, allora è il momento di avvicinarsi. Ora via, andate.

Scena III

DORDALO, TOSSILO

DORDALO Quando gli dei sono favorevoli a qualcuno, gli procurano qualche guadagno. E così oggi mi sono assicurato un risparmio di due pani al giorno. Una schiava che oggi apparteneva a me adesso appartiene solo a se stessa: ed è col denaro che ha ottenuto questa vittoria. Già da oggi cenerà a spese di un altro, e non avrà più un solo boccone del mio. Ma dite la verità, non sono un cittadino onesto, esemplare io, che oggi ho reso ancor più grande la grandissima città di Atene, e l'ho accresciuta di una cittadina? Ma come sono stato generoso, oggi, a quanti ho accordato fiducia! E non ho voluto ricever pegni da nes-

---

Laberio, 17 Ribb.[3]). Quanto a *theatrum*, si tratterà di una corruttela interna alla tradizione manoscritta di Prisciano, che ha sfigurato in tal modo l'originario *tiara ornatum* testimoniatoci dai codici: magari per la inconscia suggestione che Plauto era appunto un autore « di teatro ».

Nec satis a quiquam homine accepi; ita prosum credebam omnibus;
Nec metuo, quibus credidi hodie, nequis mihi in iure abiurassit.
Bonus volo iam ex hoc die esse – quod neque fiet neque fuit.
TO. Hunc hominem ego hodie in trasennam doctis deducam dolis;
Itaque huic insidiae paratae sunt probe. Adgrediar virum.
Quid agis?
DO. Credo.
TO. Unde agis te, Dordale?
DO. Credo tibi.
Di dent quae velis.
TO. Eho, an iam manu emisisti mulierem?
DO. Credo edepol; credo, inquam, tibi.
TO. Iam liberta auctu's?
DO. Enicas.
Quin tibi me dico credere.

TO. Dic bona fide: iam libera est?
DO. I ad forum, e praetore exquire, siquidem credere mihi non vis.
Libera, inquam, est. Ecquid audis?
TO. At tibi di bene faciant omnes!
Numquam enim posthac tibi nec tuorum qu*o*iquam quod nolis volam.
DO. Abi, ne iura; satis credo.
TO. Ubi nunc tua libertast?
DO. Apud te.
TO. Ain, apud mest?
DO. Aio, inquam; apud te est, inquam.
TO. Ita me di ament, ut ob istanc rem tibi multa bona instant a me.
Nam est res quaedam quam occultabam tibi dicere; nunc eam narrabo,

485-486. Alla fine del verso il palinsesto ambrosiano presenta alcune lettere di difficile lettura.

suno: mi fidavo di tutti, senza riserve! E non ho paura che mi neghino il loro debito in tribunale, quelli a cui oggi ho accordato la mia fiducia. D'ora in avanti voglio essere buono – cosa che mai sarà e mai fu!

TOSSILO (*a parte*) Questo qui, coi miei trucchi, oggi lo farò cascare nella rete: l'agguato è già bell'e pronto. Mi avvicinerò a lui. (*Forte*) Che fai di bello?

DORDALO (*è sereno e soddisfatto*) Ho fiducia.

TOSSILO Da dove te ne vieni, Dordalo?

DORDALO Ho fiducia in te. Che gli dei ti concedano ciò che desideri.

TOSSILO Senti un po', hai già liberato la ragazza?

DORDALO Ho fiducia, per Polluce: ti ho detto che ho fiducia in te.

TOSSILO Hai accresciuto il numero delle tue liberte?

DORDALO Ma sei noioso! Se ti ho detto che ho fiducia in te!

TOSSILO Senti, dimmelo sinceramente: è già libera?

DORDALO Vai al foro e chiedilo al pretore, se non vuoi credere a me. Ti dico che è libera: ma che, sei sordo?

TOSSILO Che tutti gli dei ti benedicano! D'ora in avanti non vorrò mai niente che possa dispiacere a te o a qualcuno dei tuoi.

DORDALO Lascia perdere, non giurare: ho piena fiducia in te.

TOSSILO Dov'è ora la tua liberta?

DORDALO A casa tua.

TOSSILO Dici che è a casa mia?

DORDALO Sì, ti dico: è a casa tua, ti dico.

TOSSILO Che gli dei mi proteggano, com'è vero che, per questo che fai, stai per ricevere da me una gran fortuna. Perché ci sarebbe una certa faccenda che finora ti ho tenuta nascosta, ma ora te la dirò. E ci ricaverai un bel

Unde tu pergrande lucrum facias; faciam ut mei memineris, dum vitam
Vivas.
DO. Bene dictis tuis bene facta aures meae auxilium exposcunt.
TO. Tuum promeritumst merito ut faciam; et ut me scias esse ita facturum,
Tabellas tene has, pellege.
DO. Hae quid ad me?
TO. Immo ad te attinent et tua refert.
Nam ex Persia sunt istaec allatae mi a meo ero.
DO. Quando?
TO. Haud dudum
DO. Quid istae narrant?
TO. Percontare ex ipsis; ipsae tibi narrabunt.
DO. Cedo sane mihi.
TO. At clare recitato.
DO. Tace, dum pell*e*go.
TO. Recita, hau verbum faciam.
DO. 'Salutem dicit Toxilo Timarchides
Et familiae omni. Si valetis, gaudeo.
Ego valeo recte, et rem gero, et facio lucrum,
Neque istoc redire his octo possum mensibus;
Itaque hic est quod me detinet negotium.
Chrysopolim Persae cepere urbem in Arabia,
Plenam bonarum rerum atque antiquom oppidum;
Ea conportatur praeda, ut fiat auctio
Publicitus; ea res me domo expertem facit.
Operam atque hospitium ego isti praehiberi volo
Qui tibi tabellas adfert. Cura quae is volet,
Nam is mihi honores suae domi habuit maxumos.'
Quid id ad me aut ad meam rem refert Pers*a*e quid rerum gerant,
Aut quid erus tuus?
TO. Tace, stultiloque; nescis quid te instet boni,
Neque quam tibi Fortuna faculam lucrifer*a* adlucere volt.

502. L'attacco della missiva ricalca la formula canonica con cui si iniziavano le lettere a Roma: *si vales bene est, ego valeo* (spesso abbreviata alle semplici iniziali).

guadagno! Farò in modo che ti ricordi di me per tutta la vita!

DORDALO Le mie orecchie aspettano che le tue belle parole siano sostenute da fatti altrettanto belli.

TOSSILO È tutto merito tuo se io posso far questo per te meritatamente. E perché tu sappia che lo farò di sicuro, prendi queste tavolette, leggi.

DORDALO Che c'entro io con queste tavolette?

TOSSILO E invece c'entri, e ne va dei tuoi interessi. Mi sono state recapitate dalla Persia, da parte del mio padrone.

DORDALO Quando?

TOSSILO Da non molto.

DORDALO E che dicono?

TOSSILO Chiedilo a loro, e loro te lo spiegheranno.

DORDALO Dammele, allora (*le prende in mano*).

TOSSILO Però leggi ad alta voce.

DORDALO Stai zitto, mentre leggo.

TOSSILO Leggi pure, non dirò una parola.

DORDALO « Timarchide saluta Tossilo, e tutti quelli di casa. Se state bene, ne sono lieto: io sto bene, faccio affari e i guadagni sono buoni. Ma non mi è possibile rientrare a casa prima di otto mesi, perché ho una faccenda che mi trattiene qui. I Persiani hanno conquistato Crisopoli d'Arabia, città antica e piena di ricchezze. Si sta ora trasportando la preda, per farne un'asta pubblica: è questo il motivo che mi priva della mia casa. Voglio che ci si metta a disposizione del latore della presente, e gli sia data ospitalità. Cerca di compiacere ogni suo desiderio, perché lui mi ha ospitato in casa sua con tutti gli onori ». Che interesse ho io, o i miei affari, per quello che fanno i Persiani o quello che fa il tuo padrone?

TOSSILO Stai zitto, e non dire stupidaggini: non sai che fortuna ti aspetta, né che razza di lume vuol far risplendere per te la Fortuna Lucrifera.

DORDALO E che sarebbe questa Fortuna Lucrifera?

DO. Quae istaec lucrifera est Fortuna?
TO. Istas quae norunt roga;
Ego tantumdem scio quantum tu, nisi quod pellegi prior.
Sed ut occepisti, ex tabellis nosce rem.
DO. Bene me mones;
Fac silentium.
⟨TO.⟩ Nunc ad illud venies quod refert tua.
DO. 'Iste qui tabellas adfert adduxit simul
Forma expetenda liberalem virginem,
Furtivam, abductam ex Arabia penitissuma.
Eam te volo curare ut istic veneat,
Ac suo periclo is emat qui eam mercabitur;
Mancipio neque promittet neque quisquam dabit.
Probum et numeratum argentum ut accipiat face.
Haec cura, et hospes cura ut curetur. Vale.'
TO. Quid igitur? postquam recitasti quod erat cerae creditum,
Iam mihi credis?
DO. Ubi nunc illest hospes qui hasce huc attulit?
TO. Iam hic, credo, aderit; arcessivit illam a navi.
DO. N*i*l mi opu*s*t
Litibus neque tricis. Quam ob rem ego argentum enumerem foras?
Nisi mancipio accipio, quid eo mi opus est mercimonio?
TO. Tacen an non taces? numquam ego te tam esse matulam credidi.
Quid metuis?
DO. Metuo hercle vero; sensi ego iam compluriens,
Neque mi haud imperito eveniet tali ut in luto haeream.
TO. Nil pericli mihi videtur.
DO. Scio istuc; sed metuo mihi.
TO. Mea quidem †istuc nihil refert; tua ego hoc facio gratia,
Ut tibi recte conciliandi primo facerem copiam.

536. Credo che Dordalo giochi sul doppio senso possibile nella battuta di Tossilo: lo schiavo ha detto semplicemente « a me sembra che non ci sia pericolo » (con *mihi* dipendente da *videtur*); ma Dordalo intende piuttosto « mi pare che p e r m e non ci sia pericolo » (con *mihi* legato strettamente a *nihil pericli*).

TOSSILO (*indica le tavolette*) Domandalo a loro, che lo sanno. Io ne so quanto te, tranne il fatto che ho letto la lettera per primo. Ma vai avanti come hai cominciato, e lasciati informare dalle tavolette.

DORDALO Questo mi pare un buon consiglio: fai silenzio.

TOSSILO Adesso verrai al punto che ti riguarda.

DORDALO « Il latore della presente ha condotto con sé anche una fanciulla di nascita nobile e di meravigliosa bellezza, che è stata rapita e condotta qui sin dal più remoto fondo dell'Arabia. Voglio che tu ti occupi di farla vendere costì: però, chi la compra lo fa a suo rischio e pericolo, perché nessuno potrà mai garantirgli né cedergli la proprietà. Fai in modo che l'ospite riscuota denaro buono e ben contato. Occupati di questa faccenda, e fai in modo, anche, che ci si occupi dell'ospite. Addio ».

TOSSILO E allora? Dopo che hai letto quel che era stato confidato alla cera, vuoi confidare anche in me?

DORDALO E dov'è ora quest'ospite che ha portato qui le tavolette?

TOSSILO Credo che arriverà fra un minuto: è andato sulla nave a prendere la ragazza.

DORDALO Non mi va di imbarcarmi in cause e in imbrogli. Per quale motivo dovrei cacciar fuori il denaro? Se non posso avere la proprietà della ragazza, che bisogno ho di combinare questo affare?

TOSSILO Ma vuoi star zitto o no? Non avrei mai creduto che tu fossi più scemo di un pitale. Di che hai paura?

DORDALO E invece ho paura, per Ercole. Ci sono già ripassato altre volte, e sono troppo esperto per andarmi a cacciare in un simile pantano.

TOSSILO Per me, mi sembra che pericolo non ce ne sia.

DORDALO Questo lo so, ma è per me che ho paura.

TOSSILO Io non ci guadagno nulla: lo faccio solo per farti un favore, per darti la possibilità di concludere per primo un buon affare.

È per questo che risponde « questo lo so (cioè, che per te non c'è pericolo) ma ho paura p e r m e ».
537-538. Il testo è parzialmente corrotto.

DO. Gratiam habeo; sed te de aliis quam de te alios suaviust
Fieri doctos.
TO. Ne quis vero ex Arabia penitissuma
Persequatur. Etiam tu illam destinas?
DO. Videam modo
Mercimonium.
TO. Aequa dicis. Sed optume eccum ipse advenit
Hospes ille qui has tabellas attulit.
DO. Hicinest?
TO. Hic est.
DO. Haecine illast furtiva virgo?
TO. Iuxta tecum aeque scio,
Nisi quia specie quidem edepol liberalist, quisquis est.
DO. Sat edepol concinnas⟨t⟩ facie.
TO. Ut contemptim carnufex!
Taciti contemplemur formam.
DO. Laudo consilium tuum.

SAGARISTIO TOXILUS VIRGO DORDALUS
SERVI II LENO

SA. Satin A*t*henae tibi sunt visae fortunatae atque opiparae?
VI. Urbis speciem vidi |, hominum mores perspexi parum.
TO. Numquid in principio cessavit verbum docte dicere?
DO. Hau potui etiam in primo verbo perspicere sapientiam.
SA. Quid id quod vidisti? ut munitum muro tibi visum oppidumst?
VI. Si incolae bene sunt morati, *id* pulchre munitum arbitror;
Perfidia et Peculatus ex urbe et Avaritia si exulant,
Quarta Invidia, quinta Ambitio, sexta | Obtrectatio,
Septimum Periurium,...

DORDALO Te ne sono grato, ma mi sembra meglio istruirsi a spese altrui piuttosto che istruire gli altri a spese proprie.

TOSSILO Ma figurati se qualcuno verrà ad inseguirla sin qui dal cuore dell'Arabia! Allora, la compri?

DORDALO Fammi almeno vedere la merce.

TOSSILO Chiedi il giusto (*appaiono Sagaristione e la ragazza, vestiti entrambi in modo esotico*). Ma benissimo, ecco che viene l'ospite, quello che mi ha portato queste tavolette.

DORDALO È questo?

TOSSILO Sì, è questo.

DORDALO E questa sarebbe la ragazza rapita?

TOSSILO Ne so quanto te: certo però che, chiunque sia, ha un aspetto veramente nobile, per Polluce!

DORDALO Sì, per Polluce, ha un aspetto abbastanza discreto.

TOSSILO (*a parte*) Fa anche lo schizzinoso, questo farabutto! (*Forte*) Guardiamo un po' in silenzio come si presenta.

DORDALO Giusto, approvo il tuo consiglio.

Scena IV

SAGARISTIONE, LA RAGAZZA, TOSSILO, DORDALO

SAGARISTIONE Che ti sembra di Atene? Ti pare una città fortunata ed opulenta?

RAGAZZA Ho visto solo l'esterno della città, ma non ho potuto osservare bene i costumi dei suoi abitanti.

TOSSILO (*a Dordalo, sottovoce*) Di' la verità, ha appena aperto bocca e già si vede la ragazza istruita.

DORDALO (*imitando un po' il tono prudente e grave della ragazza*) Non mi è possibile farmi un'idea della sua cultura solo dalle prime parole.

SAGARISTIONE Ma che ti sembra di quel che hai visto? Ti pare che la città sia ben protetta dalle sue mura?

RAGAZZA Se gli abitanti hanno costumi onesti, allora giudico che la città sia ben protetta. E se sono in bando dalla città la malafede, il peculato, l'avidità e poi, per quarta, l'invidia, per quinta l'ambizione, per sesta la calunnia, per settimo lo spergiuro...

TO. Eugae!
VI. Octava Indiligentia,
Nona Iniuria, decimum, quod pessimum adgressust, Scelus,
Haec unde aberunt, ea urbs moenita muro sat erit simplici;
Ubi ea a*d*erunt, centumplex murus rebus servandis parumst.
TO. Quid ais tu?
DO. Quid vis?
TO. Tu in illis es decem sodalibus;
Te in exilium hinc ire oportet.
DO. Quid iam?
TO. Quia periurus es.
DO. Verba quidem haud indocte fecit.
TO. Ex tuo, inquam, usust; eme hanc.
DO. Edepol qui cum hanc magis contemplo, magis placet.
TO. Si hanc emeris,
Di immortales, nullus leno te alter erit opulentior.
Evortes tuo arbitratu homines fundis, familiis;
Cum optimis viris rem habebis, gratiam cupient tuam,
Venient ad te comissatum.
DO. At ego intro mitti vo*t*uero.
⟨TO.⟩ At enim illi noctu occentabunt ostium, exurent foris.
Proin tu tibi iubeas concludi aedis foribus ferreis,
Ferreas aedis commutes, limita indas ferrea,
Ferream seram atque an*el*lum. Ne sis ferro parseris;
Ferreas tute tibi inpingi iubeas crassas conpedis.
DO. I in malum cruciatum.
⟨TO.⟩ I sane ⟨tu⟩, hanc eme; ausculta mihi.
DO. Modo ut sciam quanti indicet.
TO. Vin huc vocem?
DO. Ego illo accessero.
TO. Quid agis, hospes?
SA. Venio, adduco hanc ad te, ut dudum dixeram.
Nam heri in portum noctu navis venit. Veniri hanc volo,
Si potest; si non potest, iri hinc volo quantum potest.

TOSSILO (*sempre a voce bassa*) Brava, ben detto.

RAGAZZA Per ottava la negligenza, per nona l'ingiustizia, e per decimo – il nemico più pericoloso da affrontare – il delitto: ebbene, se tutte queste maledizioni resteranno lontane dalla città, allora essa sarà ben protetta anche da una semplice muraglia. Ma se ci sono queste, allora non basteranno cento cinte di mura a conservarla!

TOSSILO (*sempre a voce bassa*) E allora, cos'hai da dire?

DORDALO Che vuoi da me?

TOSSILO Guarda che tu fai parte di quella bella decina: bisogna che lasci la città e te ne vai in esilio.

DORDALO E perché?

TOSSILO Perché sei uno spergiuro.

DORDALO In effetti non ha parlato da ignorante.

TOSSILO È una gran bella occasione, ti dico: comprala!

DORDALO Per Polluce, più la guardo e più mi piace!

TOSSILO Se te la compri, dei immortali, non ci sarà ruffiano più ricco di te. Potrai spogliare a tuo piacimento la gente dei loro poderi e dei loro schiavi. Avrai sempre a che fare con il fior fiore della società, che faranno di tutto per procurarsi i tuoi favori; e la sera verranno a far baldoria da te.

DORDALO Ma io non li farò entrare.

TOSSILO E allora quelli, di notte, canteranno serenate davanti alla porta, daranno fuoco ai battenti. E tu, allora, dà ordine che si chiuda la casa con porte di ferro; anzi scambia la tua con una casa tutta di ferro, facci mettere una soglia di ferro, una serratura di ferro e un anello di ferro. Guarda, non risparmiare sul ferro, e dai anzi l'ordine che ti mettano addosso anche delle belle catene di ferro!

DORDALO Ma va' a morire in croce!

TOSSILO Vacci tu, e comprala, la ragazza: dai retta a me.

DORDALO Aspetta almeno che sappia a quanto la vende.

TOSSILO Vuoi che lo chiami qui?

DORDALO Mi avvicinerò io.

TOSSILO (*forte a Sagaristione*) Che si fa, straniero?

SAGARISTIONE Sto venendo per portarti la ragazza, come già ti avevo detto. La nave è arrivata in porto ieri notte. Vorrei che la si vendesse, se è possibile: se invece non è possibile, preferisco andarmene di qui prima che posso.

DO. Salvus sis, adulescens.
SA. Siquidem hanc vendidero pretio suo.
TO. Atqui aut hoc emptore vendes pulchre, aut alio non potis.
SA. Esne tu huic amicus?
TO. Tam quam di omnes qui caelum colunt.
DO. Tum tu mihi es inimicus certus. Nam generi lenonio
Numquam ullus deus tam benignus fuit qui fuerit propitius.
SA. Hoc age: opusnest hac tibi empta?
DO. Si tibi venissest opus,
Mihi quoque emptast; si tibi subiti nihil est, tantumdemst mihi.
SA. Indica, fac pretium.
DO. Tua mers est; tua indicatiost.
TO. Aequom hic orat.
SA. Vin bene emere?
DO. Vin tu pulchre vendere?
TO. Ego scio hercle utrumque velle.
DO. Age, indica prognariter.
SA. Prius dico: hanc mancupio nemo tibi dabit; iam scis?
DO. Scio.
Indica, minimo daturus qui sis, qui duci queat.
TO. Tace, tace; nimis tu quidem hercle homo stultus es pueriliter.
DO. Quid ita?
TO. Quia enim te ex puella prius percontari volo
Quae ad rem referunt.
DO. Atque hercle tu me monuisti hau male.
Vide sis, ego ille doctus leno paene in foveam decidi,
Ni hic adesses. Quantum est hominem amicum adhibere, ubi quid geras.
TO. Quo genere aut qua in patria nata sit aut quibus parentibus,
Ne temere hanc te emisse dicas me inpulsore aut inlice,
Volo te percontari.
DO. Quin laudo, inquam, consilium tuum.

DORDALO Salute a te, giovanotto.

SAGARISTIONE Eh sì, se l'avrò venduta al giusto prezzo.

TOSSILO Senti, o farai un affare magnifico con questo compratore qui, oppure con nessun altro.

SAGARISTIONE Sei suo amico, tu?

TOSSILO Come sono suoi amici gli dei del cielo.

DORDALO Allora mi sei nemico di sicuro. Infatti non c'è mai stato un dio così benigno da mostrarsi favorevole alla stirpe dei ruffiani.

SAGARISTIONE Veniamo al dunque: la vuoi comprare o no?

DORDALO Se tu la vuoi vendere, allora la voglio comprare: se invece non hai fretta, non ho fretta neppure io.

SAGARISTIONE Di' una cifra, fai il tuo prezzo.

DORDALO La merce è tua, e sta a te fare il prezzo.

TOSSILO Ha ragione lui.

SAGARISTIONE La vuoi comprare bene?

DORDALO E tu la vuoi vendere bene?

TOSSILO Per Ercole, lo so che tutti e due volete fare un buon affare.

DORDALO Avanti, di' esattamente il tuo prezzo.

SAGARISTIONE Te lo dico prima, però: nessuno potrà cederti legalmente la proprietà della ragazza. Lo sai già?

DORDALO Sì, lo so. Dimmi l'ultimo prezzo a cui sei disposto a cederla e a cui la si può portar via.

TOSSILO (*A parte*) Zitto, zitto: per Ercole, ma tu sei tutto stupido, peggio di un ragazzino.

DORDALO Perché?

TOSSILO Ma perché mi pare che dovresti cominciare coll'informarti dalla ragazza sulle cose che ti interessano...

DORDALO Per Ercole, mi hai dato un buon consiglio, tu. Ma guarda un po', io, quel furbo d'un ruffiano che sono, se non ci fossi stato tu quasi quasi cadevo in trappola. Eh, com'è importante avere accanto un amico, quando devi fare qualcosa!

TOSSILO (*continua nei suoi consigli*) ... di che famiglia è, qual è il suo paese, chi sono i suoi genitori: voglio che tu le chieda tutto, perché poi tu non dica che hai fatto l'affare avventatamente per la mia insistenza o per le mie lusinghe.

DORDALO No, no, anzi apprezzo il tuo consiglio.

TO. Nisi molestum est, percontari hanc paucis hic volt.
SA. Maxime,
Suo arbitratu.
TO. Quid stas? a*d*i sis tute atque ipse itidem roga,
Ut tibi percontari liceat quae velis; etsi mihi
Dixit dare potestatem eius; sed ego te malo tamen
Eumpse adire, ut ne contemnat te ille.
DO. Satis recte mones.
Hospes, volo ego hanc percontari.
SA. A terra ad caelum quidlubet.
DO. Iubedum ea hoc accedat ad me.
SA. I sane ac morem illi gere.
Percontare, exquire quidvis.
TO. Age, age nunc tu; in proelium
Vide ut ingrediare auspicato.
VI. Liquidumst auspicium; tace.
Curabo, ut praedati pulchre ad castra convortamini.
TO. Concede istuc; ego illam adducam.
DO. Age, ut rem esse in nostram putas.
TO. Ehodum huc, virgo! Vide sis quid agas.
VI. Taceas; curabo ut voles.
TO. Sequere me. Adduco hanc, si quid vis ex hac percontarier.
DO. Enim volo te adesse.
TO. Hau possum quin huic operam dem hospiti
Quoi erus iussit. Quid si hic non vult me una adesse?
SA. Immo i modo.
TO. Do tibi ego operam.
DO. Tibi ibidem das, ubi tu tuum amicum adiuvas.
SA. Exquire.
TO. Heus tu, advigila.
VI. Satis est dictum. Quamquam ego serva sum,
Scio ego officium meum, ut, quae rogiter, vera ut accepi eloquar.

TOSSILO (*a Sagaristione*) Se non disturba, lui vorrebbe rivolgere qualche domanda alla ragazza.

SAGARISTIONE Benissimo, a suo piacimento.

TOSSILO (*a Dordalo*) Che stai lì impalato? Avvicinati tu stesso allo straniero e chiediglielo personalmente il permessso di fare alla ragazza le domande che ti interessano. Anche se mi ha detto che la metteva a mia disposizione, preferisco però che sia tu stesso a rivolgerti a lui, per evitare che ti consideri poco.

DORDALO Hai proprio ragione. (*A Sagaristione*) Straniero, vorrei fare qualche domanda alla ragazza.

SAGARISTIONE Quel che ti pare, dalla terra al cielo.

DORDALO Allora dille di avvicinarsi a me.

SAGARISTIONE (*alla ragazza*) Vai, e fai quello che ti dice. (*A Dordalo*) Domanda pure, chiedi quel che vuoi.

TOSSILO (*piano alla ragazza*) Forza, coraggio adesso: fai in modo di entrare in battaglia sotto buoni auspici.

RAGAZZA (*piano a Tossilo*) Gli auspici sono certi, stai zitto. Farò in modo che possiate rientrare all'accampamento carichi di preda.

TOSSILO (*fa segno a Dordalo di allontanarsi da Sagaristione*) Fatti un po' più in là, te la conduco subito.

DORDALO Agisci pure come credi che sia meglio per noi.

TOSSILO Coraggio, ragazza, di qua! (*piano alla ragazza*) E attenta a quel che fai.

RAGAZZA (*piano a Tossilo*) Zitto, farò come vorrai.

TOSSILO Seguimi. (*A Dordalo*) Te la porto, se vuoi chiederle qualcosa (*fa il gesto di ritirarsi*).

DORDALO Ma no, voglio che tu sia presente.

TOSSILO Non posso far altro che dar retta a questo forestiero, come mi ha ordinato il mio padrone. E se lui non vuole che io stia lì con te?

SAGARISTIONE Sì sì, vai pure da lui.

TOSSILO (*a Dordalo*) Mi occuperò di te, allora.

DORDALO Ti occupi di te stesso, quando aiuti un amico.

SAGARISTIONE Chiedi pure.

TOSSILO (*alla ragazza*) Ehi tu, svegliati!

RAGAZZA Basta così! Benché schiava, conosco il mio dovere: che è di dire la verità così come l'ho appresa, quando mi interrogano.

TO. Virgo |, hic homo probus est.
VI. Credo.
TO. Non diu apud hunc servies.
VI. Ita pol spero, si parentes facient officium suum.
DO. Nolo ego te mirari, si nos ex te percontabimur
Aut patriam tuam aut parentes.
VI. Qur ego hic mirer, mi homo?
Servitus mea mihi interdixit ne quid mirer meum malum.
DO. Noli flere.
TO. Ah, di istam perdant! ita catast et callida.
Ut sapiens habet cor; quam dicit quod opust!
DO. Quid nomen tibist?
TO. Nunc metuo ne peccet.
VI. Lucridi nomen in patria fuit.
TO. Nomen atque omen quantivis *i*am est preti. Quin tu hanc emis?
Nimis pavebam ne peccaret; expedivit.
DO. Si te eman,
Mihi quoque Lucridem confido fore te.
TO. Tu si hanc emeris,
Numquam hercle hunc mensem vortentem, credo, servibit tibi.
DO. Ita velim quidem hercle.
TO. Ut optata eveniant operam addito.
Nil adhuc peccavit etiam.
DO. Ubi tu nata es?
VI. Ut mihi
Mater dixit, in culina, in angulo ad laevam manum.
TO. Haec erit tibi fausta meretrix: natast in calido loco,
Ubi rerum omnium bonarum copiast saepissuma.
Tactus lenost qui rogar*a*t, ubi nata esset, diceret.
Lepide lusit.
DO. At ego patriam te rogo quae sit tua.
VI. Quae mihi sit, nisi haec ubi nunc sum?
DO. At ego illam quaero quae fuit.

625. *Lucridi*: *Lucris* è da *lucrum* « guadagno », qualcosa come « Guadagnella » (*-is* / *-idis* è terminazione greca, comunissima nei nomi propri femminili, come un nostro *-ella* di Antonella, Donatella, ecc.). Ricordo che la « Gananciosa » è una prostituta di *Rinconete y Cortadillo* nelle *Novelas Ejemplares* di Cervantes.

TOSSILO Ragazza, questo è un galantuomo.

RAGAZZA Lo credo.

TOSSILO Presso di lui non rimarrai schiava a lungo.

RAGAZZA Lo spero proprio, per Polluce, se i miei genitori faranno quel che devono!

DORDALO Noi vorrei che tu ti meravigliassi, se ti chiederemo informazioni sulla tua patria o sui tuoi genitori.

RAGAZZA Perché dovrei meravigliarmi, signor mio? (*Scoppia in lacrime*) La schiavitù in cui sono caduta mi ha proibito di stupirmi dei miei mali!

DORDALO Non piangere.

TOSSILO (*a parte*) Accidenti, che gli dei la fulminino, la sa lunga, questa furbacchiona! Che prontezza di spirito, e come sa dir sempre quel che ci vuole!

DORDALO Come ti chiami?

TOSSILO (*a parte*) Speriamo che ora non si imbrogli!

RAGAZZA In patria mi chiamavano Lucride.

TOSSILO Il suo nome e l'augurio che porta non hanno prezzo. Perché non te la compri? (*A parte*) Avevo una gran paura che si imbrogliasse, ma se l'è cavata.

DORDALO Se ti compro, spero proprio che tu sia una Lucride anche per me!

TOSSILO Se te la comprerai non credo proprio che resterà tua schiava fino alla fine del mese.

DORDALO Magari, per Ercole!

TOSSILO E allora datti da fare perché i tuoi desideri si realizzino. (*A parte*) Per ora non si è mai sbagliata.

DORDALO Dove sei nata?

RAGAZZA Per quel che mi ha detto mia madre, in cucina, nell'angolo a sinistra.

TOSSILO Questa ragazza sarà una cortigiana che ti porterà fortuna: è nata in un posto al caldo, dove c'è grande abbondanza di tutte le cose buone. (*A parte*) Bella stoccata a questo ruffiano che le aveva chiesto di dirgli dov'era nata! L'ha fregato proprio bene!

DORDALO Ma io volevo sapere qual è la tua patria.

RAGAZZA E quale potrebbe essere se non questa terra dove io mi trovo?

DORDALO Ma io dico quella che lo fu prima.

VI. Omne ego pro nilo esse duco quod fuit, quando fuit.
Tamquam hominem, quando animam ecflavit, quid eum quaeras qui fuit?
TO. Ita me di bene ament, sapienter! atque equidem miseret tamen.
DO. Sed tamen, virgo, quae patriast tua, age, mihi actutum expedi.
Quid taces?
VI. Dico equidem: quando hic servio, haec patriast mea.
TO. Iam de istoc rogare omitte. Non vides nolle ⟨e⟩loqui,
Ne suarum se miseriarum in memoriam induca*t*?
DO. Quid est?
Captusne est pater?
VI. Non captus, sed quod habuit [id] perdidit.
TO. Haec erit bono genere nata; nihil scit nisi verum loqui.
DO. Quis fuit? dic nomen.
VI. Quid illum miserum memorem qui fuit?
Nunc et illum Miserum et me Miseram aequ*o*m est nominarier.
DO. Quoius modi | is in populo habitust?
VI. Nemo quisquam acceptior;
Servi liberique amabant.
TO. Hominem miserum praedicas,
Qum et ipsus pro*be* perditust et benevolentis perdidit.
DO. Emam, | opinor.
TO. Etiam 'opinor'? summo genere esse arbitror;
Divitias tu ex istac facies.
DO. Ita di faxint!
⟨TO.⟩ Eme modo.
VI. Iam hoc tibi dico: [iam] actutum ecastor meus pater ubi me sciet
Venisse huc, ipse aderit et me ab*s* *te* redimet.
TO. Quid nunc?
DO. Quid est?
TO. Audin quid ait?
VI. Nam etsi res sunt fractae, amici sunt tamen.
DO. Ne sis plora; libera eris actutum, si crebro cades.
Vin mea esse?

656. *Cado* ha qui significato osceno (cfr. *Most.* 328a, 329 e nota).

RAGAZZA Per me ciò che fu, dal momento che fu, non è più niente. Come un uomo che ha spirato l'anima: perché chiedere che cosa fu?

TOSSILO Gli dei mi proteggano, quanta saggezza! Eppure mi fa pena.

DORDALO Ma tuttavia, ragazza, dimmi qual è la tua patria. Suvvia, dimmelo, non farmi attendere. Perché non parli?

RAGAZZA Ma te lo sto dicendo: dal momento che sono schiava in questa terra, è questa la mia patria.

TOSSILO Smettila ormai di interrogarla su questo punto. Non vedi che non vuol parlarne, per non doversi rammentare delle sue disgrazie?

DORDALO E senti, tuo padre, fu fatto prigioniero?

RAGAZZA No, prigioniero no, ma ha perduto ciò che aveva.

TOSSILO Dov'essere proprio di nobile stirpe, questa ragazza: non sa dire che la verità!

DORDALO Ma chi era? dimmi il suo nome.

RAGAZZA Perché dovrei rammentare chi era, povero sfortunato? Ormai converrebbe chiamar lui Sfortunato, e me Sfortunata.

DORDALO E che reputazione aveva tra il popolo?

RAGAZZA Nessuno era più amato di lui: schiavi e liberi gli volevano bene.

TOSSILO Stai davvero parlando di un uomo sfortunato: ha perduto se stesso, e ha perduto anche quanti lo amavano.

DORDALO La comprerò, credo.

TOSSILO Siamo ancora al « credo »? Io dico che è di famiglia nobilissima: con questa ragazza ci farai un mucchio di soldi!

DORDALO Così vogliano gli dei!

TOSSILO E allora comprala.

RAGAZZA Voglio dirtelo subito: ben presto, per Castore, non appena mio padre saprà che sono stata venduta qui, si presenterà di persona e mi riscatterà da te.

TOSSILO E allora?

DORDALO Cosa?

TOSSILO Non senti che dice?

RAGAZZA Perché se anche le sostanze sono disperse, restano pur sempre gli amici (*scoppia in lacrime*).

DORDALO Non piangere, ti prego: ben presto sarai libera, se ti farai coricare spesso. Vuoi essere mia schiava?

VI. Dum quidem ne nimis diu tua sim, volo.
TO. Satin ut meminit libertatis? dabit haec tibi grandis bolos.
Age si quid agis. Ego ad hunc redeo. Sequere. Redduco hanc tibi.
⟨DO.⟩ Ad*u*lescens, vin vendere istanc?
SA. Magis libet quam perdere.
⟨DO.⟩ Tum tu pauca in verba confer: qu*i* datur, tanti indica.
SA. Faciam ita ut te velle vide*o*: ut emas, habe [tre]centum minis.
DO. Nimiumst.
SA. Octoginta.
DO. Nimiumst.
SA. Nummus abesse hinc non potest
Quod nunc dicam.
DO. Quid id est ergo? eloquere actutum atque indica.
SA. Tuo periclo sexaginta haec datur argenti minis.
DO. Toxile, quid ago?
TO. Di deaeque te agitant irati, [et] scelus,
Qui ha*nc* non properes destinare.
DO. Habeto.
TO. Eu, praedatu's probe: abi, argentum ecfer huc.
Non edepol minis trecentis carast; fecisti lucri.
SA. Heus tu, etiam pro vestimentis huc decem accedent minae.
DO. Abscedent enim, non accedent.
TO. Tace sis; non tu illum vides
Quaerere ansam, infectum ut faciat? abisne atque argentum petis?
* * * * * * * * * * atque ut dignust perit. 671b
DO. Heus tu, serva istum.
TO. Quin tu intro is?
DO. Abeo atque argentum affero.

662. *Faciam ita* etc.: cioè, ti dirò il prezzo senza tanti preamboli.
671b. Il testo è lacunoso.

RAGAZZA Purché non debba restarlo troppo a lungo, va bene.

TOSSILO Lo vedi che ha sempre in testa la libertà? Questa ragazza ti farà fare dei buoni colpi. Allora, cerca di deciderti. Io torno da lui (*indica Sagaristione*). Seguimi, tu (*alla ragazza*). Te la riporto (*a Sagaristione*).

DORDALO Giovanotto, la vuoi vendere questa ragazza?

SAGARISTIONE Beh, meglio venderla che perderla.

DORDALO Allora, in due parole: dimmi quanto ne vuoi.

SAGARISTIONE Farò come vedo che tu vuoi: per comprarla ci vogliono cento mine.

DORDALO Troppo!

SAGARISTIONE Ottanta.

DORDALO Troppo!

SAGARISTIONE Neanche un soldo di meno della cifra che sto per dirti.

DORDALO E allora, quale sarebbe? Avanti, parla, dimmi quanto.

SAGARISTIONE A tuo rischio e pericolo, te la do per sessanta mine d'argento.

DORDALO Tossilo, che devo fare?

TOSSILO L'ira degli dei e delle dee ti acceca, sciagurato, se non ti precipiti a comprarla.

DORDALO Va bene, affare fatto.

TOSSILO Bravo, hai fatto un'ottima preda! Vai a prendere i soldi e portali qui. Non sarebbe stata cara a trecento mine, ci hai fatto un bel guadagno.

SAGARISTIONE Ehi, tu, ci saranno dieci mine da aggiungere per i vestiti.

DORDALO Da aggiungere? Da togliere, se mai.

TOSSILO Stai zitto, fammi il favore. Ma non lo vedi che lui sta cercando appigli per buttare tutto all'aria? Te ne vuoi andare a prendere i soldi, sì o no?... (*a parte*) È fregato, come si merita!

DORDALO (*a Tossilo*) Ehi tu, stagli dietro!

TOSSILO Perché non vai in casa?

DORDALO Ci vado, e porto qui i soldi.

SAGARISTIO TOXILUS VIRGO
SERVI II

TO. Edepol dedisti, virgo, operam adlaudabilem,
Probam et sapientem et sobriam.
VI. Si quid bonis
Boni fit, esse id et grave et gratum solet.
TO. Audin tu, Persa? Ubi ab hoc argentum acceperis,
Simulato quasi eas prorsum in navem.
SA. Ne doce.
TO. Per angiportum rursum te ad me recipito
Illac per hortum.
SA. Quod futurum est praedicas.
TO. At ne cum argento protinam permittas domum,
Moneo, te.
SA. Quod te dignumst me dignum esse vis?
TO. Tace, parce voci: praeda progreditur foras.

DORDALUS ⟨SAGARISTIO⟩ TOXILUS VIRGO
LENO SERVI II

DO. Probae hic argenti sunt sexaginta minae,
Duobus nummis minus est.
SA. Quid ei nummi sciunt?
DO. Cruminam hanc emere aut facere u*t*i remigret domum.
SA. Ne non sat esses leno, id metuebas miser,
Impure, avare, ne crumillam amitteres?
TO. Sine quaeso; quando lenost, n*i*l mirum facit.
DO. Lucro faciundo ego auspicavi in hunc diem;

Scena V

SAGARISTIONE, TOSSILO, LA RAGAZZA

TOSSILO Per Polluce, ragazza mia, ti sei comportata meravigliosamente. Sei stata brava, piena di spirito e di prontezza.

RAGAZZA Il bene che si fa alle persone per bene, viene sempre riconosciuto ed apprezzato.

TOSSILO Stammi un po' a sentire, tu, Persiano: appena avrai riscosso il denaro da quello là, fai finta di tornartene difilato alla nave.

SAGARISTIONE È inutile che me lo spieghi.

TOSSILO Poi ritorna da me per il vicolo, di là, dalla parte del giardino.

SAGARISTIONE Mi stai dicendo proprio quello che intendo fare.

TOSSILO Ma non t'infilare difilato a casa tua con i soldi, hai capito?

SAGARISTIONE Credi che io faccia quello che saresti capace di fare tu?

TOSSILO Zitto, risparmia il fiato: la nostra preda sta uscendo di casa.

Scena VI

DORDALO, SAGARISTIONE, TOSSILO, LA RAGAZZA

DORDALO Qui ci sono sessanta mine d'argento, di buona lega: meno due soldi.

SAGARISTIONE Che significa questa faccenda dei due soldi?

DORDALO Significa che mi devi pagare la borsa, oppure farla ritornare a casa sua.

SAGARISTIONE Miserabile zozzo d'un avaraccio, avevi paura di non essere abbastanza ruffiano? neanche il borsellino ci vuoi rimettere?

TOSSILO Lascia perdere, per favore; è un ruffiano, di che ti meravigli?

DORDALO Ho inaugurato la giornata facendo un buon af-

Nil mihi tam parvist quin me id pigeat perdere.
Age, accipe hoc sis.
SA. Hunc in collum, nisi piget,
Impone vero.
DO. Fiat.
SA. Numquid ceterum
Me voltis?
TO. Quid tam properas?
SA. Ita negotiumst:
Mandatae quae sunt volo deferre epistulas.
Geminum autem fratrem servire audivi hic meum;
†Eum ego ut requiram atque ut redimam, volo†.
TO. Atque edepol tu me commonuisti | hau male:
Videor vidisse hic forma persimilem tui,
Eadem statura.
SA. Quippe qui frater siet.
DO. Quid est tibi nomen?
SA. * * * quod at te attinet.
DO. Quid attinet non scire?
SA. Ausculta ergo, ut scias:
Vaniloquidorus Virginisvendonides
Nugiepiloquides, Argentumexterebronides,
Tedigniloquides, Nugides, Palponides,
Quodsemelarripides Numquameripides. Em tibi!
DO. Eu hercle, nomen multimodis scriptumst tuum.
SA. Ita sunt Persarum mores; longa nomina
Contortiplicata habemus. Numquid ceterum
Voltis?
DO. Vale.
SA. Et vos; nam animus iam in navist mihi.
⟨TO.⟩ Cras ires potius, hodie hic cenares.
SA. Vale.

696. Il testo è parzialmente corrotto, ma il senso è certo.
700. Lacuna.
703. Per il testo, vedi la nota al v. 705 (in fondo al volume).

fare; e non c'è perdita, anche piccola, che non mi faccia dispiacere. Coraggio, prendi qui, se ti va.

SAGARISTIONE Mettimi il sacchetto qui sulle spalle, se non ti dispiace.

DORDALO Va bene.

SAGARISTIONE Avete ancora bisogno di me?

TOSSILO Perché hai tanta fretta?

SAGARISTIONE Ho da fare: voglio consegnare delle lettere che mi hanno affidato. E poi ho sentito dire che un mio fratello gemello è schiavo in questa città. Voglio cercarlo e riscattarlo.

TOSSILO Ah, per Polluce, ora sì che mi fai ricordare! Mi sembra d'aver visto qui in giro uno che ti somigliava moltissimo, ed era della tua stessa statura.

SAGARISTIONE E beh, è mio fratello!

DORDALO Qual è il tuo nome?

SAGARISTIONE ... che ti riguarda.

DORDALO Come, non mi riguarda saperlo?

SAGARISTIONE Ascolta allora, e lo saprai:
Chiacchieravuotodoro Venditordiragazzide
Contaballide Trapanatord'argentide
Dicoquelchetimeritide Ballide Palponide
Quelchet'hopreside Nonteloripiglipiùride! Ecco qua.

DORDALO Ehilà, per Ercole, ce ne vuole per scrivere il tuo nome!

SAGARISTIONE È l'uso persiano: abbiamo nomi lunghi, e tutti ingarbugliati. Avete bisogno d'altro?

DORDALO Addio.

SAGARISTIONE Addio anche a voi (*si avvia*). Il mio pensiero è già sulla nave.

TOSSILO Faresti meglio a partire domani, e a fermarti a cena qui.

SAGARISTIONE No, addio (*esce dal lato del porto*).

TOXILUS DORDALUS VIRGO SATURIO
⟨SERVUS LENO PARASITUS⟩

TO. Postquam illic abiit, dicere hic quidvis licet.
Ne hic tibi dies inluxit lucrificabilis.
Nam non emisti hanc, verum fecisti lucri.
DO. Ille quidem iam scit quid negoti gesserit,
Qui mihi furtivam meo periclo vendidit.
Argentum accepit, abiit. Qui ego nunc scio
An iam adseratur haec manu? quo illum sequar?
In Persas? Nugas!
TO. Credidi gratum fore
Beneficium meum apud te*d*.
DO. Immo equidem gratiam
Tibi, Toxile, habeo; nam te sensi sedulo
Mihi dare bonam operam.
TO. Tibine ego...? immo sedulo.
DO. Attat! oblitus sum intus dudum edicere
Quae volui edicta. Adserva hanc.
TO. Salvast haec quidem.
VI. Pater nunc cessat.
TO. Quid si admoneam?
VI. Tempus est.
TO. Heus, Saturio, exi. Nunc est illa occasio
Inimicum ulcisci.
SA. Ecce me; numquid moror?
TO. Age, illuc abscede procul e conspectu, tace.
[Ubi cum lenone me videbis conloqui,]
Tum turbam facito...

721. Conservo con il Leo il testo dei codici (Ernout mette fra *cruces* la parola *sedulo*). Tossilo si lascia scappare per un attimo la verità (« Aiutarti io? Questa è bella... »), ma poi si corregge immediatamente: « cioè, sì, sul serio ».

Scena VII

TOSSILO, DORDALO, LA RAGAZZA, SATURIONE

TOSSILO Ora che se n'è andato, possiamo parlare liberamente Diciamo la verità, questo giorno per te è spuntato sotto il segno del guadagno: la ragazza non l'hai comprata, l'hai avuta di regalo!

DORDALO Eh, lo sa lui che razza d'affare ha fatto, vendendomi a mio rischio e pericolo una ragazza rapita! Si è preso i soldi e se n'è andato. Come faccio ora a sapere se fra un minuto non verrà qualcuno a reclamarla? Dove lo rincorrerei? in Persia? sciocchezze!

TOSSILO Io credevo che mi saresti stato grato per il bene che ti ho fatto.

DORDALO Ma sì, Tossilo, te ne sono grato davvero: me ne sono accorto subito che mi aiutavi sul serio.

TOSSILO Aiutarti, io? ... cioè, sì, sul serio.

DORDALO Accidenti! Volevo dare degli ordini, in casa, e me ne sono dimenticato. Stai un momento attento alla ragazza.

TOSSILO È in buone mani (*Dordalo entra in casa*).

RAGAZZA Mio padre si fa aspettare.

TOSSILO Che ne diresti se andassi ad avvisarlo?

RAGAZZA Mi pare il momento (*Tossilo si avvicina alla casa*).

TOSSILO Ehi, Saturione, vieni fuori! È giunta l'attesa occasione per vendicarsi del nemico!

SATURIONE (*uscendo*) Eccomi qua: vi ho fatto aspettare?

TOSSILO Forza, ritirati laggiù da quella parte, che non ti si veda, e stai zitto. [quando mi vedrai parlare col ruffiano] Il putiferio comincerai a farlo quando...

SA. Dictum sapienti sat est.
TO. Tunc, quando abiero.
⟨SA.⟩ Quin taces? scio quid velis.

DORDALUS TOXILUS VIRGO
LENO SERVUS

DO. Transcidi loris omnis adveniens domi,
Ita mihi supellex squalet atque aedes meae.
TO. Redis tu tandem?
DO. Redeo.
TO. Ne ego hodie tibi
Bona multa feci.
DO. Fateor; habeo gratiam.
TO. Num quippiam aliud me vis?
DO. Ut bene sit tibi.
TO. Pol istuc quidem omen iam ego usurpabo domi,
Nam iam inclinabo me cum liberta tua.

730. Mi distacco, per i vv. 727-730, dal testo di Ernout (identico del resto a quello di Leo e Lindsay) che mette virgola dopo *conloqui* (v. 728), punto dopo *facito* (v. 729) e trattino di sospensione dopo *abiero* (v. 730). Vediamo la situazione generale. I vv. 727-728 sono identici ai vv. 467-468, mentre il v. 730 manca nei palatini. Questo ha portato conseguenze editoriali. Leo, p. es., espungeva con Ussing i vv. 467-468 (con quanta ragione, però, non lo so: perlomeno, gli argomenti portati da Ussing non valgono molto) e definiva « *suspectus* » il v. 730 assente nei palatini. Lasciamo da parte per ora la questione dei vv. 467 sgg. (che qui ci interessa meno) e vediamo i vv. 727 sgg. Sembrerebbe che, secondo la regia di Tossilo, Saturione dovrà mettersi da una parte e tacere (sinché il ruffiano resterà in casa); poi, quando questi sarà tornato fuori e si sarà messo a parlare con Tossilo, allora potrà intervenire e scatenare il putiferio. Saturione risponde che non ha bisogno di consigli. Poi (al « sospetto » v. 730) segue una frase monca, del tipo « allora, quando me ne sarò andato... »: ma Saturione taglia corto un'altra volta, ribattendo che sa già cosa vuole l'amico. Così editori ed interpreti. Però, se si confrontano le direttive di Tos-

SATURIONE Basta una parola, a chi capisce.
TOSSILO ... quando me ne sarò andato.
SATURIONE Ma te ne stai zitto? lo so quello che vuoi.

Scena VIII

DORDALO, TOSSILO

DORDALO Ho preso tutti a frustate tornando a casa: i mobili e la casa sono tutti un sudiciume!
TOSSILO Torni, finalmente?
DORDALO Sì, torno.
TOSSILO Di' la verità, che oggi te ne ho fatto del bene!
DORDALO Lo riconosco, e te ne sono grato.
TOSSILO Vuoi qualcos'altro da me?
DORDALO Sì, che tu mi stia bene.
TOSSILO Per Polluce, non tarderò a realizzare in casa mia questo augurio. Fra un momento mi sdraierò a tavola con la tua liberta! (*Rientra in casa sua*).

---

silo con i movimenti scenici che lui e Saturione compiono poi realmente, le cose non tornano più. Infatti Saturione scatenerà il putiferio non quando Tossilo si mette a parlare con Dordalo (così come lo schiavo sembrerebbe aver detto al v. 729), ma d o p o, quando Tossilo è uscito per andarsene dalla *liberta* (cfr. vv. 738 sgg.). Ed è anche logico che sia così: sarebbe bella che Tossilo si facesse trovare a portata del ruffiano quando Saturione va a riprendersi sua figlia! Mi pare allora più ragionevole espungere il v. 728, che dà appunto indicazioni false e contraddittorie: esso sarà stato aggiunto qui, riprendendo il v. 468, perché quel che precedeva era identico al v. 467. Quanto al v. 730, esso mancherà nei palatini perché le indicazioni che vi sono date contrastano visibilmente con quanto detto al v. 728 (pur se però, di fatto, sono quelle che rispettano la dinamica reale dei fatti scenici).
737. Non credo che *inclinabo me* abbia significato sessuale. *Inclinare* ha questo significato piuttosto con l'accusativo della persona (tipo *inclinare puerum* ecc.): inoltre, l'invito di Tossilo a Lemniselene del v. 765 (*... quin lectis nos actutum commendamus*: si tratta del banchetto) non lascia dubbi in proposito.

SATURIO PARASITUS **VIRGO** **DORDALUS** LENO

SA. Nisi ego illu*nc* hominem perdo, perii. Atque optume
Eccum ipsum ante aedis.
VI. Salve multum, mi pater.
SA. Salve, mea gnata.
DO. Ei! Persa me pessum dedit.
VI. Pater hic meus est.
DO. Hem, quid? pater? perii oppido.
Quid ego igitur cesso infelix lamentarier
Minas sexaginta?
SA. Ego pol te faciam, scelus,
Te quoque etiam ipsum ut lamenteris.
DO. Occidi.
SA. Age ambula in ius, leno.
DO. Quid me in ius vocas?
SA. Ill*i* apud praetorem dicam; sed ego in ius voco.
DO. Nonne antestaris?
SA. Tuan ego causa, carnufex,
Cuiquam mortali libero auris atteram,
Qui hic commercaris civis homines liberos?
DO. Sine dicam.
SA. Nolo.
DO. Audi.
SA. Surdus sum; ambula.
Sequere hac, scelest*e*, feles virginaria.
Sequere hac, mea gnata, me usque ad praetorem.
VI. Sequor.

746. *Ego te in ius voco*: la formula di rito che si usava per citare qualcuno davanti ai giudici.

Scena IX

SATURIONE, LA RAGAZZA, DORDALO

SATURIONE (*con voce irata*) Che io muoia se non lo rovino, quell'uomo! Ma benissimo, eccolo là davanti casa sua!

RAGAZZA Salve, due volte salve, padre mio!

SATURIONE Salve, figliuola mia!

DORDALO Ahi, quel Persiano mi ha rovinato!

RAGAZZA Questo è mio padre.

DORDALO Eh? Che cosa? tuo padre? questa volta son proprio finito. Ma che cosa aspetto, io, sventurato, a piangere sulle mie sessanta mine?

SATURIONE Per Polluce, farò in modo che tu debba piangere anche su te stesso, sciagurato!

DORDALO Sono morto!

SATURIONE Forza, andiamo in tribunale, ruffiano.

DORDALO Perché vuoi portarmi in tribunale?

SATURIONE Te lo spiegherò lì, davanti al pretore: io ti cito in tribunale.

DORDALO E non prendi dei testimoni?

SATURIONE E io per uno come te, boia, dovrei andare a tirare le orecchie di qualche galantuomo? per te, che fai commercio qui di cittadini, di uomini liberi?

DORDALO Lascia che ti spieghi!

SATURIONE No!

DORDALO Stammi a sentire!

SATURIONE Sono sordo. Cammina. Seguimi, per di qua, furfante, faìna di vergini! Seguimi, figlia mia, per di qua, che andiamo dal pretore.

RAGAZZA Ti seguo.

⟨ACTUS V⟩

TOXILUS SERVI II **SAGARISTIO** ⟨**LEMNISELENIS**⟩ MERETRIX

TO. Hostibus victis, civibus salvis, re placida, pacibus perfectis,
Bello extincto, re bene gesta, integro exercitu et praesidiis,
Cum bene nos, Iuppiter, iuvisti dique alii omnes caelipotentes,
Eas vobis habeo gratis atque ago, quia probe sum ultus meum inimicum.
Nunc ob eam rem inter participes dividam praedam et participabo.
Ite foras: hic volo ante *o*stium et ianuam 758a
Meos participes bene accipere.
Statuite hic lectulos, ponite hic quae adsolent. 759a
Hic statui volo primum †aquila mi†
Unde ego omnis hilaros, ludentis, laetificantis faciam ut fiant,
Quorum opera mihi facilia factu facta *h*aec sunt quae volui effieri.
Nam improbus est homo qui beneficium scit accipere et reddere nescit.

LE. Toxile mi, cur ego sine te sum? cur tu autem sine me es?
TO. Agedum ergo;
Accede ad me atque amplectere sis.
LE. Ego vero.
⟨TO.⟩ Oh, nihil hoc magis dulcest.
Sed amabo, oculus meus, quin *l*ectis nos actutum commendamus?
⟨LE.⟩ Omnia quae tu vis, ea cupio.
TO. Mutua fiunt a me. Age, age, age ergo.
Tu Sagaristio, accumbe in summo.
SA. Ego nil moror; cedo parem quem pepigi.

759a. *lectulos*: ovviamente i divani su cui ci si sdraiava per il banchetto.

ATTO V

Scena I

TOSSILO, LEMNISELENE, SAGARISTIONE

TOSSILO Vinti i nemici, salvi i cittadini, tranquillo lo stato, conclusa la pace, finita la guerra, ottenuta la vittoria, intatti l'esercito ed i presìdi – poiché tu, o Giove, ci hai favoriti, e così voi, quanti altri dèi tutti, signori del cielo, a voi manifesto e rivolgo la mia gratitudine, perché ho tratto giusta vendetta sul mio nemico. Per tutto ciò, voglio ora dividere la preda facendone parte ai partecipi. Venite fuori! (*Agli schiavi di casa*) Voglio accogliere coi giusti onori i miei compagni qui, all'ingresso, davanti alla porta. Mettete qui i letti, e portate quel che ci vuole. Voglio che prima di tutto mi venga messa qui l'aquila (*fa depositare l'orcio del vino in mezzo alla scena, o sulla mensa*), in modo che io possa far diventare allegri, scherzosi e fonte di allegria tutti coloro che, con il loro aiuto, mi hanno reso più facile a farsi ciò che volevo fosse fatto. Perché chi sa ricevere benefici ma non sa renderne, è una canaglia.

LEMNISELENE (*esce di casa*) O mio Tossilo, perché sono senza di te? e perché tu sei senza di me?

TOSSILO Suvvia, allora, avvicinati e abbracciami: vuoi?

LEMNISELENE Oh, sì (*si abbracciano*).

TOSSILO Ah, non c'è nulla di più dolce! Ma ti prego, pupilla dei miei occhi, perché non ci adagiamo subito sui letti?

LEMNISELENE Io voglio tutto ciò che tu vuoi.

TOSSILO E anch'io voglio ciò che tu vuoi. Via, via, via dunque! Tu Sagaristione mettiti al posto d'onore.

SAGARISTIONE Oh, io non ci tengo: dammi piuttosto il compagno che avevamo stabilito (*indica l'orcio del vino*).

TO. Temperi.
SA. Mihi istuc temperi serost.
⟨TO.⟩ Hoc age; accumbe. Hunc diem suavem
Meum natalem agitemus amoenum. Date aquam manibus, apponite mensam.
Do hanc tibi florentem florenti. Tu hic eris dictatrix nobis.
⟨LE.⟩ Age, puere, a summo septenis cyathis committe hos ludos.
⟨TO.⟩ Move manus, propera, Paegnium; tarde cya*th*os mihi das. Cedo sane.
Bene mihi, bene vobis, bene [me] amicae.
Optatus hic mihi dies datus
Hodiest ab dis, quia te licet
Liberam me amplecti.
LE. Tua factum opera.
TO. Bene omnibus nobis! Hoc me*a* manus tuae poculum donat,
Ut amantem amanti decet.
LE. Cedo.
TO. Accipe.
LE. Bene ei qui invidet mihi et ei qui hoc gaudet!

DORDALUS ⟨**LEMNISELENIS**
LENO MERETRIX⟩
SAGARISTIO TOXILUS ⟨**PAEGNIUM**
SERVI ⟨II⟩ PUER⟩

DO. Qui sunt, qui erunt, quique fuerunt, quique futuri sunt posthac,
Solus ego omnibus antideo, facile miserrimus hominum ut vivam.

769. Non credo che sia davvero il « compleanno » di Tossilo (come sembra ritenere Ernout). Sarà semplicemente una metafora per sottolineare l'importanza della giornata: oggi che finalmente Lemniselene è libera, è un po' come se Tossilo « rinascesse ». Cfr. ai vv. 773b sgg. *optatus hic mihi dies datus / hodiest*

TOSSILO A suo tempo!

SAGARISTIONE Questo « a suo tempo » è tardi per me.

TOSSILO Suvvia, mettiti sdraiato. Questa giornata di gioia voglio che la passiamo allegramente: è oggi il giorno della mia vera nascita! Dateci l'acqua per le mani, portate in tavola. A te, fiore di bellezza, dono questo serto di fiori (*lo depone sulla testa di Lemniselene*). Tu sarai la dittatrice del nostro banchetto.

LEMNISELENE Avanti, ragazzo (*a Pegnio*), apri i giochi con sette giri di coppe, incominciando dal posto d'onore.

TOSSILO Muovile, quelle mani, e sbrigati, Pegnio! ce ne metti a passarmi i bicchieri! Da' qui. Alla mia salute, alla vostra, e a quella della mia amica! È un giorno desiderato che gli dei mi concedono quest'oggi, perché posso abbracciarti libera.

LEMNISELENE È merito tuo.

TOSSILO Salute a tutti noi! La mia mano ti porge questa coppa, come si usa fra amanti.

LEMNISELENE Dammela.

TOSSILO Prendi.

LEMNISELENE Alla salute di chi mi vuol male, e di chi mi vuol bene!

Scena II

DORDALO, LEMNISELENE, SAGARISTIONE, TOSSILO, PEGNIO

DORDALO Tutti gli uomini che sono, che saranno, che furono e che dovranno essere un giorno, io, da solo, li supero facilmente nelle sfortune della vita! Son finito, morto!

---

ab dis, quia te licet / liberam me amplecti. Del resto Cicerone (*Att.* 3, 20) parlava di *diemque natalem reditus mei*; lo stesso (*Pro Flacco* 40, 102), *quem ego diem vere natalem huius urbis... appellare possum* (e si ricordi il famigerato *o fortunatam natam me consule Romam*).

Perii, interii! pessimus hic mihi dies hodie inluxit corruptor;
Ita me Toxilus perfabricavit itaque meam rem divexavit.
Vehic*l*um argenti miser eieci, amisi, neque quam ob rem eieci habeo.
Qui illum Persam, atque omnis Persas, atque etiam omnis personas
Male di omnes perdant! ita miser⟨o⟩ Toxilus haec mihi con*c*ivit.
Quia ei fidem non habui argenti, eo mihi eas machinas molitust.
Quem pol ego ut non in cruciatum atque in compedis cogam, si vivam,
Siquidem huc umquam erus redierit eius, quod spero... Sed quid ego aspicio?
Hoc vide: quae haec fabulast? pol hic quidem potant. Adgrediar. O bone vir,
Salveto, et tu, bona liberta.
⟨LE.⟩ Dordalus hicquidemst.
⟨SA.⟩ Quin iube adire.
TO. Adi, si lubet.
SA. Agite, adplaudamus.
TO. Dordale, homo lepidissume, salve.
Locus hic tuu*s*t; hic accumbe. †Ferte aquam pedibus. Praeben tu, puere?
DO. Ne sis me uno digito attigeris, ne te ad terram, scelus, adfligam.
⟨PAE.⟩ At tibi ego hoc continuo cyatho oculum excutiam †tuum.
DO. Quid ais, crux, stimulorum tritor? quo modo me hodie vorsavisti?
Ut me in tricas coniecisti? quo modo de Persa manus mi a*di*tast?
TO. Iurgium hinc auferas, si sapias.
DO. At, bona liberta, haec scivisti
E*t* me celavisti?
LE. Stultitiast, quoi bene esse licet eum praevorti
Litibus. Posterius ist*a*ec te magis par agerest.

794. Qui, e al v. 792, il metro fa qualche difficoltà.

Questo giorno funesto è spuntato per me sotto il segno della rovina! Tossilo mi ha intrappolato e ha saccheggiato il mio denaro. Povero me, ho buttato fuori una carrettata di soldi, e li ho buttati per niente! Che gli dei mandino in malora quel Persiano, e tutti i Persiani, e anche tutti i personaggi della commedia! ah, cosa è riuscito a metter su Tossilo per la mia rovina! Non gli ho voluto far credito, e allora lui ha montato questo marchingegno contro di me. Ma, per Polluce, e io, se campo, non lo farò mettere in croce, gettare in catene, se mai tornerà il suo padrone, come spero? Ma che vedo mai? Guarda un po', che storia è questa? Per Polluce, ma qui si beve. Mi avvicinerò. (*A Tossilo e Lemniselene*) Salute a te, galantuomo, e anche a te, brava liberta.

LEMNISELENE Ma questo è Dordalo!

SAGARISTIONE Perché non gli dici di venire?

TOSSILO Vieni, se ti va.

SATURIONE Su, un bell'applauso!

TOSSILO Salute, Dordalo: sei la mia simpatia! Questo è il tuo posto, accomodati. (*Agli schiavi*) Portategli dell'acqua per i piedi! (*A Pegnio*) Vuoi dargliela, ragazzo?

DORDALO (*a Pegnio*) Guarda, non mi toccare neanche con un dito, altrimenti ti sbatto in terra, disgraziato.

PEGNIO E io ti caverò subito un occhio con questa coppa!

DORDALO (*a Tossilo*) Che dici tu, patibolo, fiaccatore di fruste? E così oggi mi hai preso in giro ben bene, mi hai fatto cadere nella rete, mi hai giocato un bel tiro col tuo Persiano!

TOSSILO Sii saggio, falla finita coi rimproveri.

DORDALO (*a Lemniselene*) E tu, buona liberta, tu sapevi tutto, eh, e non mi hai detto nulla.

LEMNISELENE È da sciocchi preferire le liti quando si può stare allegri. Rimandale a più tardi, che è meglio.

DO. Uritur cor mihi.
TO. Da illi cantharum, extingue ignem, si cor uritur, caput
Ne ardescat.
DO. Ludos me facitis, intellego.
TO. Vin cinaedum novom tibi dari, Paegnium?
Quin *l*ude ut soles, quando liber locust hic.
Hui, babae! basilice te intulisti et facete.
PAE. Decet me facetum esse; et hunc inridere
Lenonem lubidost ⏑ –́, quando dignust.
TO. Perge ut coeperas.
PAE. Hoc, leno, tibi.
⟨DO.⟩ Peri*i*, perculit me prope.
PAE. Em, serva rusum.
DO. Delu*de* ut lubet, erus dum hinc abest.
PAE. Viden ut tuis dictis pareo?
*S*ed quin tu meis contra item dictis servis,
Atque hoc quod tibi suadeo facis?
DO. Quid est id?
PAE. Restim tu tibi cape crassam ac te suspende.
DO. Cave sis me attigas, ne tibi hoc scipione
Malum magnum dem.
PAE. Utere; te condono.
TO. Iam iam, Paegnium, da pausam.
DO. Ego pol vos eradicabo.
PAE. At te ille, qui supra nos habitat,
Qui tibi male volt maleque faciet. Non hi dicunt, verum ego.
TO. Age, circumfer mulsum, bibere da usque plenis cantharis.
Iam diu factum est, postquam bibimus; nimis diu sicci sumus.
DO. Di faciant ut id bibatis, quod vos numquam transeat.

DORDALO Il cuore mi brucia.

TOSSILO (*a Pegnio*) Dagli un bicchiere, e spegni il fuoco: non vorrei gli pigliasse fuoco anche il cervello, se gli brucia il cuore.

DORDALO Vi divertite alle mie spalle, lo vedo.

TOSSILO Vuoi che ti dia un bagascione di nuovo genere, Pegnio? Avanti, fai uno dei tuoi giochi, il campo è libero (*Pegnio inizia una pantomina*). Ohé, alé, che attacco regale, che eleganza!

PEGNIO È il caso di essere eleganti; e ho una gran voglia di prendere ben bene per il bavero questo ruffiano: se lo merita.

TOSSILO Continua come avevi cominciato.

PEGNIO (*finge di accarezzare Dordalo, e poi gli dà uno schiaffo*) Beccati questo, ruffiano!

DORDALO Son morto, per poco non mi ha buttato giù.

PEGNIO Toh, piglia anche questo (*un'altra botta*).

DORDALO Divertiti pure con me come ti pare, mentre il padrone non c'è.

PEGNIO (*lo colpisce di nuovo*) Lo vedi come ti obbedisco? Ma perché tu non mi dai altrettanta retta, e non accetti un mio consiglio?

DORDALO E che sarebbe?

PEGNIO Prenditi una bella fune robusta, e vatti a impiccare.

DORDALO Guarda, non mi toccare sai, altrimenti ti do una di quelle botte col bastone...

PEGNIO E fallo, io sono d'accordo (*Dordalo cerca di colpirlo, e Pegnio si sottrae abilmente*).

TOSSILO Basta, basta Pegnio, ora falla finita.

DORDALO Vi stroncherò tutti, per Polluce!

PEGNIO E a te ti stroncherà quello del piano di sopra (*indica il cielo*), che ti vuol male e male ti farà. Loro non te lo dicono, ma io sì.

TOSSILO (*a Pegnio*) Avanti, fai girare il vino mielato, dacci da bere, riempi le coppe senza smettere. Ne è passato del tempo dall'ultima bevuta! È troppo che siamo all'asciutto.

DORDALO Gli dei vi facciano restare nella strozza quel che bevete!

SA. Nequeo, leno, quin tibi saltem staticulum olim quem Hegea
Faciebat. Vide vero, si tibi satis placet.
TO. Me quoque volo
Reddere, Diodorus quem olim faciebat in Ionia.
DO. Malum ego vobis dabo, n*i* abitis.
TO. Etiam mu*t*tis, impudens?
Iam ego tibi, si me inritassis, Persam adducam denuo.
DO. †Iam taceo hercle; atque tu Persa's, qui me usque ad-mutilavisti ad *cu*tem.
TO. Tace, stulte; hic eius geminust frater.
DO. Hicinest?
Ac geminissumus.
DO. Di deaeque et te et geminum fratrem excrucient!
SA. Qui te perdidit;
Nam ego n*i*l merui.
DO. At enim quod ille meruit, tibi id obsit volo.
TO. Agite †sultis hunc ludificemus.
⟨LE.⟩ Nisi si dignust, non opust;
*E*t me haud par est.
TO. †Eo credo, quia non inconcilia[ut], cum te emo.
LE. Attamen.
TO. Non tamen * * * Cave ergo sis malo et sequere me.
Te mihi dicto audientem esse addecet, nam hercle absque me
Foret et meo praesidio, hic faceret te prostibilem *p*rope-diem.
Sed ita pars libertinorum est: nisi patrono qui adversatu*s*t
Nec satis liber sibi videtur, nec satis frugi, nec sat ho-nestus.
Ni*l* eff*e*cit, ni ei male dixit, ni grato ingratus repertust.
LE. Pol bene facta tua me hortantur tuo ut imperio paream.

829. Leo espungeva le parole *iam taceo hercle*.
835. Una breve lacuna.

SAGARISTIONE Senti, ruffiano, bisogna proprio che ti esegua qualche figura come le faceva una volta Hegea. Guarda un po' se ti piace (*danza vicino a Dordalo, e lo provoca*).

TOSSILO Anch'io mi voglio esibire in una figura che faceva una volta Diodoro nella Ionia (*anche lui si prende gioco di Dordalo allo stesso modo*).

DORDALO Ve la farò pagar cara, se non ve ne andate!

TOSSILO E hai anche il coraggio di aprir bocca, sfacciato? Guarda che se mi fai arrabbiare ti riporto qui il Persiano.

DORDALO Va bene, per Ercole, sto zitto. (*A Sagaristione*) Ma sei tu il Persiano, che mi hai spelato fino alla cotenna!

TOSSILO Zitto, scemo, questo è il suo fratello gemello.

DORDALO Lui?

TOSSILO Gemellissimo.

DORDALO Gli dei e le dee ti facciano crepare fra i tormenti, te e il tuo fratello gemello!

SAGARISTIONE Lui, che ti ha fregato: io non c'entro.

DORDALO Non fa nulla, spero che quel che ha fatto lui possa ricadere su di te.

TOSSILO (*a parte, rivolto agli altri*) Avanti, sfottiamolo ben bene, ci state?

LEMNISELENE Ma se non se lo merita non ce n'è bisogno. E poi non sta bene che lo faccia io.

TOSSILO (*ironico*) Ah, capisco perché non ha cercato di mettermi di mezzo quando ti ho comprata!

LEMNISELENE Ma...

TOSSILO Non ci sono ma... Perciò stai attenta a te e seguimi. Guarda che tu devi obbedirmi, per Ercole, perché se non era per me e per il mio aiuto quello ti prostituiva sin dal primo giorno. Ma così fanno certi liberti: se uno non contrasta col patrono non gli pare d'esser libero abbastanza; non gli pare di essere come si deve e di fare il suo dovere. Se non l'insulta, se non fa l'ingrato verso i suoi benefici, gli pare di non aver fatto nulla.

LEMNISELENE Per Polluce, quel che hai fatto per me mi esorta ad obbedirti.

TO. Ego sum tibi patronus plane, qui huic pro te argentum dedi.
* ⟨grap⟩hice hunc volo ludificari.
LE. Meo ego in loco sedulo curabo.
DO. Certo illi homines mihi nescioquid mali consulunt qu*o*d faciant.
SA. Heu*s* vos!
TO. Quid ais?
SA. Hicin Dordalus est leno, qui hic liberas virgines mercatur?
Hic*i*nest, qui fuit quondam fortis?
DO. Quae haec res est? ei, colaph*o* m⟨e⟩ icit.
Malum vobis dabo.
TO. At tibi nos dedimus dabimusque etiam.
DO. Ei, natis pervellit.
PAE. Licet * * * iam di*u* saepe sunt expunctae.
DO. Loquere tu etiam, frustum pueri?
LE. Patrone m⟨i, i⟩ intro, amabo, ad cenam.
⟨DO.⟩ Mea Ignavia, tu nunc me inrides?
LE. Quiane te voco, bene ut tibi sit?
DO. Nolo mihi bene esse.
LE. Ne sit.
TO. Quid igitur? sescenti nummi quid agunt? quas turbas danunt?
DO. Male disperii! sciunt referre probe inimico gratiam.
TO. Satis sumpsimus supplici iam? 854a
DO. Fateor; manus vobis do.
TO. Et post dabis sub furcis. 855a
DO. Abi [intro] in crucem. An me*d* hic parum
Exe*r*citum hisce habent? 856a
⟨TO.⟩ †Convenisse te Toxilum me⟨mineris⟩.
Spectatores, bene valete. Leno periit; plaudite. 858

843. Lacuna.
848. Lacuna.
850. Il testo non è sicuro.

TOSSILO Il tuo vero patrono sono io, perché sono io che gli ho pagato il tuo riscatto... E io voglio che sia preso in giro con tutti i pennelli!

LEMNISELENE Per quel che sta in me farò del mio meglio.

DORDALO (*a parte*) Non c'è dubbio che quella gente sta tramando qualcosa di male contro di me.

SAGARISTIONE (*che si è avvicinato*) Ehi, voi!

TOSSILO Che dici?

SAGARISTIONE Ma questo non è il ruffiano Dordalo, quello che fa commercio di ragazze libere qui in città? Non è quello che, una volta, faceva tanto il grande?

DORDALO Che storia è questa? (*Sagaristione lo colpisce*). Ahi, mi ha dato uno schiaffo. Ve le darò (*ma non riesce ad acciuffarli*).

TOSSILO Siamo noi che te le abbiamo date, e te le daremo ancora.

DORDALO Ehi, mi pizzica il sedere!

PEGNIO Niente di male, è un pezzo che te l'hanno messo fuori servizio!

DORDALO Hai il coraggio di parlare anche tu, mezza cartuccia che non sei altro!

LEMNISELENE (*a Dordalo*) O mio patrono, ti prego, vieni dentro per la cena.

DORDALO O immagine della mia dappocaggine, ora ti prendi gioco di me?

LEMNISELENE Perché ti invito a spassartela un po'?

DORDALO Non mi va di spassarmela.

LEMNISELENE E allora non te la spassare.

TOSSILO A proposito, come se la passano quelle seicento monete? Ti danno dei fastidi?

DORDALO Son finito proprio male, sanno ripagare bene il nemico.

TOSSILO Ti abbiamo tormentato abbastanza?

DORDALO Sì, ecco qua le mie mani.

TOSSILO E poi le darai al boia, che te le leghi al patibolo!

DORDALO Vai a farti crocifiggere. (*Al pubblico*) Non vi pare che questi qua mi abbiano tormentato abbastanza?

TOSSILO Ti ricorderai di aver incontrato Tossilo. Spettatori, salute. Il lenone è morto, e voi applaudite.

Note

MOSTELLARIA

17. *pistrinum*: era il luogo in cui si macinava il grano con pesanti mole di pietra: a farle girare provvedevano bestie da soma o schiavi. Nelle commedie di Plauto la punizione del *pistrinum* balena spesso nell'accesa fantasia del servo che ha combinato qualche imbroglio.
23. Le cortigiane erano schiave di un lenone, da cui, per ottenere la libertà, dovevano riscattarsi o essere riscattate.
24. Figure tipiche di scrocconi da commedia (si veda più avanti il Saturione del *Persa*), che vivevano di pranzi e cene offerte loro dai ricchi. Loro caratteristica, accanto a quella del ventre insaziabile, è la consuetudine con le botte e gli scherzi pesanti che i commensali infliggevano loro (cfr. le note ai vv. 57 e 61 del *Persa*).
66. Il porto di Atene. Non si dimentichi che le commedie di Plauto sono regolarmente ambientate in Grecia.
85 sgg. Un lungo monologo piuttosto moraleggiante, in cui Filolachete sviluppa, tramite riflessioni generali, la sua situazione attuale di *débauche*. Il filo su cui tutto il *canticum* si regge è una lunga (e a tratti pedantesca) similitudine fra l'educazione e la vita dell'uomo da un lato, la costruzione e la manutenzione di un edificio dall'altra. Il procedimento, come è stato spesso rilevato, rammenta molto un esercizio retorico, o un monologo filosofico da tragedia euripidea. Si noti che la metafora uomo-casa si riallaccia direttamente all'importanza che il tema della « casa » (quella abitata dal fantasma, e la nuova che Tranione vuol far credere di aver acquistato) ha in tutta la commedia: cfr. le osservazioni di E. Winsor Leach in « Herm. » 97, 1969, pp. 318 sgg. Poco convinti ci trova invece l'analisi di J. Blänsdorf, *Archaische Gedankengänge in den Komödien des Plautus*, Wiesbaden, 1967, pp. 57 sgg., che – come un po' tutta la tesi di fondo di questo libro – appare viziata da pregiudizi evoluzionistici e francamente ottocenteschi. Plauto ha un suo modo di concepire il discorso poetico, costruendo a blocchi, per parallelismi e ripetizioni a tutti i livelli, dalle strutture più piccole (allitterazioni, omeoteleuti, ecc.) a quelle gerarchicamente superiori di frase e di periodo (la « Ringkomposition » studiata

appunto, fra le altre cose, dal Blänsdorf): egli compone, insomma, secondo un criterio « analogico » che gli studi di Jakobson ci hanno reso, per la poesia, assolutamente familiare. Prendere questa caratteristica per incapacità di sviluppare il pensiero astratto, così come fa Blänsdorf, e dichiarare che bisognerà attendere la prosa ciceroniana per vedere pienamente dispiegata questa facoltà, ci pare un modo sbagliato di impostare il problema.

149 sgg. Affiora qui il tema dell'educazione romana tradizionale, tutta impostata sulla severità. Si rammenti il modo in cui Catone (*Or. fr.* 128 Malc.) descrive la sua giovinezza: *ego iam a principio in parsimonia atque in duritia atque industria omnem adulescentiam meam abstinui agro colendo...* (cit. da Leach, *op. cit.*, p. 329).

157 sgg. La scena si gioca tutta sull'artifizio di tenere Filolachete fuori campo, spettatore non visto della toilette di Filemazio. La schiava Scafa, vecchia cortigiana a riposo con tendenza alla ruffianeria, si adopera a lodare la bellezza della fanciulla (i complimenti hanno talvolta qualche luce barocca o shakespeariana). Ma l'adulazione cede il posto (per lungo tratto di versi: vv. 186-246) ad una serie di consigli furbeschi affinché la giovane non si accontenti (e non si fidi) del solo Filolachete. Questi, in disparte, si strugge e maledice, sinché il ritorno di Scafa alla vecchia adulazione, dopo gli sdegnati rimproveri della ragazza, varrà a rasserenarlo (vv. 246 sgg.).

189. Sul tema del *morem gerere viro* (cfr. l'epiteto *morigera*) come modello di comportamento necessario per la moglie romana, cfr. le osservazioni di G. Williams in « Journ. Rom. St. » 48, 1958, pp. 16 sgg. (che si occupa a lungo anche di questa scena della *Mostellaria*).

226. Al momento del matrimonio i capelli della sposa venivano spartiti in sei trecce. Non va dimenticato che Scafa e Filemazio interpretano qui una scena di toilette. Per un attimo la cortigiana che si fa bella per il suo amante si trasforma nella matrona che si pettina secondo l'antico costume: forse Scafa, pronunciando la sua battuta, avrà sfiorato i capelli della ragazza, o avrà fatto il gesto di spartirli.

229. Poco ci manca che Filolachete, con i debiti che ha contratto per riscattare Filemazio, abbia davvero « venduto » suo padre. Qui e al v. 233 (la « morte » del padre, e la barocca figura della gioia posta non nell'ereditare, ma nel diseredare se stesso per la donna) fa capolino il conflitto padre-figlio realmente sotteso alla trama.

235. Si noti come le battute di Scafa (che nella finzione scenica non può udire le parole di Filolachete) siano talvolta in ironico contrasto con gli entusiastici trasporti del giovanotto. Filolachete vuol fare Filemazio erede di beni... che per Scafa sono ormai prosciugati; così, al v. 206, Filolachete ha appena definito la ragazza « donna amabile e onesta »... e Scafa subito afferma che è una « sciocca ».

236. Si ricordino le analoghe parole di Grumione a proposito degli sciali di Tranione (v. 65): *este, ecfercite vos, saginam caedite*. Cfr. la nota al v. 65.
252. Queste parole sono garbate davvero: e infatti, come già notava il Leo in apparato alla sua edizione, somigliano a certi complimenti che si possono leggere nell'*Anthologia Palatina* (cfr. il lungo « scavo » di J. F. Callahan in « Cl. Phil. » 59, 1964, pp. 1 sgg.: che non riesce, però, a fermarsi in tempo). A questo schema accosterei anzi un altro passo della stessa commedia, v. 309: Phile. *vin unguenta*? Philo. *Quid opust? Cum stacta accubo*: Filemazio è la « vera » mirra, di fronte a cui ogni altro profumo perde di valore; così come è lei il « vero » specchio, in cui ogni specchio può riflettersi. Questa analogia di schema retorico fra i complimenti di Scafa e quelli dell'innamorato ci confermano una cosa abbastanza singolare: cioè che le *adsentationes* della vecchia somigliano molto alle galanterie che si usano fra innamorati. In altre parole, su Scafa si è come spostata la funzione scenica che Filolachete – a parte e fuori campo – non esercita. Nella sezione adulatoria dei discorsi di Scafa ella spartisce con Filolachete un identico ruolo (per cui le approvazioni e i « brava » di Filolachete a chi parla in sua vece).
259. Altro bel complimento, ricercato ed un po' barocco.
260. Filolachete, spettatore della scena che si svolge sotto i suoi occhi, immagina quasi di essere a teatro, e festeggia le battute meglio riuscite con il linguaggio di una platea (*eugae* è un grecismo quale potrebbe essere « bravo », in italiano, in bocca a uno spettatore francese).
287. Nella versione ho leggermente esplicitato il pensiero che mi pare sotteso a questo ragionamento (per la verità, tanto concettoso quanto spezzato): se l'amante cede porpora e oro per ottenere l'amore della ragazza, è chiaro che gli interessa la ragazza, non i doni che le fa (visto che se ne priva): ma allora, se all'amante queste cose non interessano, che bisogno c'è di andargliele a mettere di nuovo sotto il naso, indossandole? Sulla conclusione di questo sofistico sillogismo si ingrana naturalmente quel che segue poi, sull'inutilità di porpora e oro per le donne giovani e belle ecc. – Avverto che al v. 284-285 ho mantenuto il *tibi* dei codici (senza correggere in *sibi* con Schoell, come fanno Leo, Ernout ed altri, ma non Lindsay): *tibi* mi pare vada benissimo. Posso anzi provare a schematizzare ancora il ragionamento di Scafa, francamente un po' involuto: 1. Filemazio ha chiesto se le stanno bene i gioielli e la *palla*. 2. Scafa risponde che sono affari di Filolachete, non suoi: è lui che deve preoccuparsi di donare a Filemazio oggetti che appaghino i gusti della ragazza. 3. Perché infatti è costume degli amanti guadagnarsi i favori delle cortigiane proprio donando oggetti di porpora e oro (ovviamente, che siano graditi alle ragazze, che piacciano). 4. Ma allora, visto che donano allo scopo di aver in cambio amore, perché andar loro ad esibire di nuovo ciò di cui hanno voluto disfarsi, e non ciò che realmente bramano?

298. In Filemazio, benché donna innamorata e devota, traspare pur sempre un pizzico del suo mestiere (la cortigiana è tradizionalmente avida) nella prontezza con cui dimostra di esser disposta, sia pure per gioco, a ricevere del denaro. Va detto peraltro che Filolachete, nella sua risposta, non è meno pronto a badare ai propri affari.
303. Continua fra i due un'ironica schermaglia amorosa, tutta giocata sfruttando le risorse metaforiche del linguaggio bancario. Vedi anzi il verso che segue.
307. Le gioie d'amore erano spesso avvolte da questo tipo di superstizioni. Catullo (*Carm.* 5), chiedendo cento e mille baci alla sua Lesbia, voleva nel contempo imbrogliare la somma, ... *ne quis malus invidere possit / cum tantum sciat esse basiorum.* – 308. Sulla struttura dei banchetti plautini si veda la nota a *Per.* 767 (l'apparecchiatura è fatta all'aperto, davanti alla casa di Filolachete).
313 sgg. Entra in scena Callidamate, ubriaco fradicio, accompagnato dalla sua donna. Tartaglia, inciampa, rischia di cadere. Le battute e le trovate, sceniche e verbali, di cui questa parte della commedia è costellata, vanno immaginate nel contesto musicale del canto. Nella commedia nuova era frequente l'intermezzo cantato e danzato da presunti ubriachi (un espediente per mettere in scena uno spettacolo che non aveva alcun legame con l'azione). Questa scena musicale e farsesca, che per lo svolgimento della trama non ha specifica rilevanza (tant'è vero che vi si è voluto riscontrare una tipica aggiunta plautina: cfr. I. Weide, « Herm. » 89, 1961, pp. 191 sgg.), si può immaginare come un po' a mezzo fra l'interludio avulso dal dramma e una sua parte vera e propria. – Il testo, spesse volte, è poco sicuro.
348 sgg. Siamo al punto di crisi, al nodo che deve imprimere all'azione la svolta necessaria. È tornato il vecchio Teopropide, padre di Filolachete. D'ora innanzi ha inizio la commedia vera e propria, incentrata sulla figura del servo Tranione e sulle sue trovate. La scena si apre con uno dei tipici, iperbolici monologhi degli schiavi plautini.
368. Tranione gioca sul doppio senso della domanda rivoltagli dal padrone: « che faccio? » nel senso di « che mi resta da fare? », viene inteso come se valesse « che cosa sto facendo? ».
375. Ho sostituito così, per darne un'idea, il gioco di parole che sta nell'originale. Filolachete ha detto *disperii* « sono morto del tutto » e Callidamate capisce *bis perii*, « sono morto due volte »: ecco che chiede allora « sei morto due volte? com'è possibile? ».
404. La chiave Laconica era un tipo di chiave a tre denti, con cui si serrava il chiavistello agendo dall'esterno. Una volta compiuta questa operazione, chi era dentro non poteva più aprire (per questo i mariti gelosi, in Grecia, si portavano appresso la loro chiave Laconica: cfr. le osservazioni e i testi raccolti da I.M. Barton, « Gr. and Rom. » 19, 1972, pp. 25 sgg.).
407. Patrono e cliente perché Filolachete, appunto come un *cliens*, ha posto sé e le sue cose sotto la protezione di Tranione.
409 sgg. Tranione continua il suo monologo argomentando sot-

tilmente e facendo un po' di filosofia. Cfr. per esempio il monologo di Tossilo in *Per.* 449 sgg.
424. Così si reagiva effettivamente di fronte all'apparizione dei fantasmi. Tranione introduce qui il tema dello spirito inquieto che aleggia nella casa (l'espediente che ha escogitato per tener lontano il padre) da cui la commedia trae il suo stesso nome (*Mostellaria*, la « commedia degli spettri »).
431 sgg. L'incontro fra padrone e servo, e la prima beffa. La scena è fra le più vivaci della commedia, e forse dell'intero teatro plautino: un briciolo di terrore si mescola qua e là alla comicità dell'inganno, e la ricetta è delle più originali. Aggiungo che questo episodio ha dato da fare agli studiosi di storia della religione e del folklore (forse però con scrupoli eccessivi: cfr. p. es. L. Banti, « St. it. fil. class. » n.s. 8, 1930, pp. 67 sgg.). Uno dei problemi è che il fantasma è presentato contemporaneamente come « morto anzi tempo », come « ucciso con la violenza » e come « insepolto » (ma credo solo che si tratti dello schiavo che, per terrorizzare sempre più il vecchio, tende ad accendere le tinte moltiplicando sventure, colpe ed empietà). – Teopropide va immaginato vestito da viaggio e accompagnato da schiavi che portano i suoi bagagli. Le sue prime parole sono costituite da una breve ed ironica preghiera di ringraziamento a Nettuno (un'altra simile, più lunga e solenne ma ancora ironica, sta in *Tri.* 820 sgg.).
469. Toccare la terra era considerato un gesto di purificazione (si può confrontare Varrone *rust.* 1, 2, 27; Cic *har. resp.* 11, 23). Si tratta di un atto ancora vivo nel folklore.
479. Si tratta di uno dei delitti più orrendi che si possano immaginare. Nel mondo antico l'ospite era intoccabile, così come prevedeva il meccanismo di scambio e di reciprocità su cui l'istituzione si reggeva: nella città straniera l'*hospes*-ospitante era il garante della tutela e del benessere dell'*hospes*-ospitato, che a sua volta era tenuto a ricambiare allorché l'altro (o qualcuno del suo gruppo) si fosse recato nella sua città. Se dunque proprio l'*hospes* « alzava la mano » sul suo ospite (la frase di Tranione è altamente simbolica) il senso stesso dell'istituzione veniva rovesciato.
497. Il testo gioca sul nome *Diapontius*, equivalente greco di *Transmarinus.* Analogo nome parlante l'« Estramarigi » della *Canzone di Orlando* (v. 64), un saracino al seguito di re Marsilio in Spagna.
502. Propriamente *Diapontius* è stato sì « sotterrato » (*defodit*) ma non « sepolto » (*insepultum*). *Sepelire* valeva infatti, originariamente, « venerare » « onorare », ovverosia celebrare le esequie (che poi, di fatto, coincisero con l'inumazione, anche se non sempre fu così) con i dovuti onori. Per alcuni problemi storico-religiosi di questo passo e della scena in generale cfr. gli spunti di G. Pasquali, « St. it. fil. cl. » n.s. 7, 1929, pp. 314 sgg.
506. Variazione sopra una formula frequente nella commedia (cfr. la nota al v. 1062). È usata qui con funzione scenica diversa dall'ordinario. Si tratta di qualcuno che (trovando chiuso dal-

l'esterno) fa rumore per farsi aprire, ignaro delle consegne.
509. L'espressione di Teopropide non è poi così metaforica. Ci è nota un po' in tutto il mondo la credenza secondo cui gli spiriti dei morti tornavano proprio con l'intenzione di trascinare con sé i vivi (cfr. J.G. Frazer, *La paura dei morti nelle religioni primitive*, tr. it. Milano, 1978): e, per il mondo classico, si può ricordare la nota di Radermacher ad *Oed. Col.* 1627, nonché Norden, *Kleine Schriften* 527 sgg. Visto poi che si tratta proprio di uno spirito che ha relazione con una casa, val forse la pena di ricordare la pratica romana delle *exverriae* (P.F. 68 L). Era uso infatti che l'erede facesse un'apposita purificazione nei confronti del morto abitatore precedente, che consisteva nello « spazzare » (*ex-verrere*) l'edificio con un apposito genere di scope: evidentemente, per far uscire così lo spirito del defunto. Se l'erede non avesse fatto ciò, « lo avrebbe pagato sulla sua testa » (P.F., *cit.*).
515. Tranione finge di parlare col morto, ma il suo « se hai senno » si rivolge al vivo inopportuno.
523. Un altro dei gesti che costituivano il rituale da seguire di fronte all'apparizione di uno spettro.
532 sgg. Continuano gli imbrogli di Tranione. Uno tira l'altro, come si sgrana un rosario, per necessità intrinseca alla trama. La scena si articola ora non più su due soli personaggi ma su tre, con l'avvento dell'usuraio. Si tratta di un tipo assai frequente in commedia (e, come il lenone, assai mal visto).
559. Il proverbio ricorre solo qui, e può darsi che la cosa non sia casuale. L'avrà inventato Tranione sul momento: probabilmente la volpe non mangia affatto le pere (così come Teopropide non vincerà mai la sua causa).
627. La cifra è alta. Senza perderci in conti, basta pensare che la casa che Tranione affermerà di aver comprato (pochi versi sotto) era stata pagata centoventi mine (due talenti grandi): e, seppure « ben comprata », si trattava di una casa di lusso.
647. *ut dixi tibi*: l'espressione generica è voluta. Si tratta di una perifrasi eufemistica per evitare di dire che la casa era maledetta e « ci si sentiva ».
672. Gioco di parole su *bonan fide* (sottinteso *dicis*) « dici sul serio, non mi inganni », che Tranione finge di intendere sottintendendo *emit* « l'ha comprata regolarmente ».
690 sgg. Continuano le furberie di Tranione. Adesso oltre che Teopropide si dovrà ingannare anche il proprietario della casa accanto, Simone, che è un vecchio simpatico, tutto preso dalla necessità di sfuggire una moglie vecchia sposata per danaro: egli non vede di mal occhio la vita allegra che Filolachete e il suo servo hanno goduto sino a quel momento. Durante il monologo di Tranione prima, e il colloquio fra Simone e Tranione poi, Teopropide attende, non visto, in disparte.
744. Com'è noto, il gesto tipico dei supplici era appunto quello di abbracciare le ginocchia di colui al quale si rivolgevano.
755. L'appartamento delle donne era un tratto tipico della casa

greca: non bisogna dimenticare che le commedie palliate erano appunto ambientate in Grecia.
770. *Umbram*: gioco di parole fra *umbra* « ombra » e *Umbra* « abitante dell'Umbria ». Sarsina è la patria di Plauto.
775. Tiranno di Siracusa, fu celebre per il suo ardimento e le sue vittorie sui cartaginesi: morì nel 289 a.C.
783 sgg. L'abilità di Tranione tocca il virtuosismo. Una di quelle tipiche scene plautine in cui l'agire del personaggio si disinnesta, quasi, dall'azione e vive di vita propria nel paradiso dell'invenzione. Lo schiavo dichiarerà persino alle sue vittime, per metafora pittorica, l'inganno che egli va svolgendo ai loro danni: ma i due vecchi, naturalmente, non potranno accorgersene (esiste un « accecamento comico », si potrebbe dire, analogo a quell'« accecamento tragico » che impedisce agli eroi della tragedia di percepire sino all'ultimo il baratro in cui vanno sprofondando).
821. Tranione sfrutta la sintassi di Simone per i suoi fini. Il vecchio dice « mi erano costati » solo perché ormai è passato molto tempo: l'altro invece intende come un'ammissione del fatto che, ormai, quegli stipiti non sono più suoi.
828. *pultifagus*: cioè romano (i romani avevano fama di mangiare la polenta: Varr. *l. L.* 5, 505; Plin. *n.h.* 18, 8, 19; ecc.). Plauto lo chiama « barbaro » perché la commedia è ambientata in Grecia, e dunque greco è il punto di vista: anche spunti di questo tipo contribuiscono a creare quell'ibrida atmosfera greco-romana che è una fra le caratteristiche più vivaci della palliata.
844. Non bisogna dimenticare che Simone deve sfuggire sua moglie: e quindi non ha alcuna intenzione di rientrare in casa sua con Teopropide.
847. È chiaro il gioco di parole. La cosa suona profondamente ironica, e Teopropide, senza saperlo, fa dello spirito su se stesso: in Tranione egli ha già abbastanza di che « essere portato in giro ».
858 sgg. Un monologo abbastanza frigido, in cui Fanisco traccia (a proposito di se stesso) il ritratto del servo ubbidiente. Comunque, nella scena immediatamente seguente lo schiavetto zelante troverà subito chi penserà ben bene a ridimensionarlo. La commedia plautina non tollera servi modello: lo schiavo è considerato *bonus* proprio quando, per l'appunto, è *malus*. Ricordo che Fanisco è tornato a prendere Callidamate a casa di Filolachete, secondo gli ordini ricevuti in precedenza.
878. Fanisco ha un debole per il mangiare (cfr. vv. 887 sgg.). Evidentemente quando andava a prendere il padrone dopo il banchetto trovava il modo di racimolare qualcosa.
882. *bubulis exuviis*: la frusta. Le solite metafore barocche su questo tema.
884. Metafora identica alla precedente: gli schiavi infingardi logoreranno la sferza, ma Fanisco non andrà a « lavorare con la corda » (altro strumento di tortura).
885a sgg. Sopraggiunge di corsa anche Pinacio. Di corsa per-

ché lo zelante Fanisco ha fatto il tragitto con molta sollecitudine.
904 sgg. Teopropide seguita a far la vittima di Tranione. Con ironia sottile più volte si tocca il tasto della marioleria di Tranione: ma il vecchio si giudica abbastanza furbo da sapersene guardare (vv. 926 sgg.)! – I due schiavi, Fanisco e Pinacio, in disparte, assistono in silenzio al dialogo fra Teopropide e Tranione. Si può anche pensare, però, che i due escano di scena (per passare un po' di tempo, visto che nessuno risponde) e rientrino solo alla scena seguente.
931. Finzione scenica frequente: si infilerà così nel vicolo (*angiportum*) che sta fra le due case sulla scena.
933 sgg. La verità, finalmente, si scopre. Fanisco, schiavo modello, ha il modo di dimostrare la sua capacità di stare dalla parte dei «padroni»: col suo zelo, sarà lui a rivelare tutto.
952. L'elleboro si usava per calmare la follia.
973. Il vecchio è in preda al panico, e teme cifre mostruose (si ricordi che la casa era costata due talenti). – Lo schiavo impreca in greco, «per Apollo».
984. A Roma si usava dare ad Ercole la decima parte del guadagno, come al dio del buon successo.
1005. Allude all'usanza di invitare a cena coloro che tornavano da un viaggio (in *Bacch.* 94, Plauto la chiama proprio *cena viatica*).
1041 sgg. Tranione va incontro alla sconfitta con l'eroica lucidità di un grande comandante di fronte all'ineluttabile: non è raro che lo schiavo plautino intoni il racconto delle sue imprese sul solenne registro del bollettino di guerra (cfr. più avanti *Per.* 773 sgg.).
1062. *Concrepuit foris*: espressione formulare (così, oppure al plurale) nella commedia per segnalare l'uscita di casa (e dunque l'ingresso in scena) di un nuovo personaggio: si tratta della traduzione di una formula altrettanto comune nella commedia nuova, costruita col verbo ψοφεῖν. . Plutarco, *Publ.* 20, ci dà una notizia curiosa, secondo cui le porte, in Grecia, si aprivano un tempo *verso l'esterno*, per cui si era soliti bussare dall'interno, prima di aprire, per avvertire coloro che passavano sulla pubblica via. Alcuni hanno pensato, allora, che il *concrepere* detto della porta alludesse appunto a quest'uso (cfr. W. Beare, *The Roman Stage*, London 1958, pp. 287 sgg.). Ma *concrepere* non è *pultare*: e pare molto probabile che si alluda semplicemente al cigolio dei chiavistelli. (A questo proposito citerei un testo che mi sembra abbastanza risolutivo, Eu. *Hel.* 859 sgg., in cui l'ingresso in scena di Teonoe è segnalato da questa espressione: κτυπεῖ δόμος κλῄθρων λυθέντων; analoga dizione ha usato l'interpolatore di *Or.* 1366 sgg.: ἀλλὰ κτυπεῖ γὰρ κλῇθρα κτλ.).
1064 sgg. Il vecchio e lo schiavo giocano d'astuzia, ma Tranione (come al solito) la spunta. Bisogna notare che sulla scena si drizza un altare: oggetto che svolgerà un ruolo importante nel seguito dell'azione.
1087. Gli schiavi non potevano stare in giudizio per sé, ma pote-

vano venir dati dal loro padrone in tribunale, affinché questo dal loro contegno si formasse la convinzione se l'accusa rivolta al padrone era fondata o no. Così Bacchide nella *Hecyra* di Terenzio, al v. 773, dice *ancillas dedo: quolibet cruciatu per me exquire* (Terzaghi): naturalmente, è per tutt'altro scopo che Teopropide vuol far venire fuori i servi di Simone.
1094. L'altare era considerato luogo immune (come le chiese nella Cristianità) e non si poteva sottoporre a supplizio chi vi si fosse rifugiato.
1099. Teopropide sta un po' annaspando: rifugiandosi sull'altare i servi ammetterebbero implicitamente la colpevolezza del padrone. Ma Tranione, naturalmente, non la beve.
1122 sgg. Lo scontro fra padrone e servo si trasforma, con l'arrivo di Callidamate, in una curiosa situazione processuale, in cui l'ex ubriaco balbettante del convito svolge adesso il severo ruolo di arbitro (mentre il povero Teopropide, da padrone infuriato che ha tutti i diritti di punire uno schiavo imbroglione, si vede retrocesso al ruolo di querelante). Certe « improvvisazioni » di scena sulla scena sono tutt'altro che rare nel teatro di Plauto: e sono forse uno dei più sicuri segni del suo talento scenico.
1143. Così Callidamate acquisterà maggior autorevolezza. Come abbiamo già detto, si va ora « improvvisando » sulla scena un giudizio di arbitrato.
1149. Due celebri autori della commedia nuova, da annoverare fra i modelli di cui Plauto si serviva. T. Frank, « Am. Jour. Phil. » 58, 1937, pp. 347 sgg., svolgeva a questo proposito un ragionamento piuttosto sofisticato: e utilizzava la battuta come prova del fatto che Plauto, nella *Mostellaria*, avrebbe contaminato il *Phasma* di Filemone con scene tratte da Difilo (sul problema dell'originale si veda F. Della Corte, *Da Sarsina a Roma*², Firenze, 1967, pp. 128 sgg.). In realtà, non v'è alcun sostegno per una tesi del genere. La battuta è semplicemente da annoverarsi fra quelle che rompono la finzione scenica, scoprendo l'officina del poeta (cfr. p. es., nel *Persa*, il v. 160 e nota).
1162. Intravista la possibilità di un rimborso Teopropide, il mercante, si è già calmato.

PERSA

1 sgg. La novità strutturale della commedia sta essenzialmente in questo, che un servo vi recita la parte dell'innamorato. Come tale, egli apre con un monologo tipico dell'*adulescens* che confessa il suo amore (si veda p. es. la prima scena del *Mercator*, col monologo di Carino).
3. Veramente sarebbe il cinghiale dell'Erimanto: quello etolico appartiene al mito di Meleagro (su possibili motivazioni contingenti di questo « lapsus » plautino vedi ora G. Chiarini, *op. cit.*,

p. 221, che inserisce anche questo particolare in una sua più vasta ricerca sulla datazione della commedia).
11. La battuta risulta più chiara se la si confronta con l'analoga di *Bacch.* 913 sgg. « quel servitore è del tutto simile ad un occhio cisposo: se non ce l'hai, preferisci che non ci sia o non lo rimpiangi; ma se ce l'hai, non puoi fare a meno di toccarlo con la mano ». Si tenga anche presente che *oculus* in Plauto è spesso termine affettivo, come il nostro « pupilla dei miei occhi » (*Cu.* 203, *most.* 311, ecc.): di qui la battuta (ancora abbastanza simile alla nostra) di *Poe.* 394, *oculus huius, lippitudo mea* « pupilla di lui, cispa per me ». Rammento che le congiuntiviti erano un male molto diffuso nell'antichità.
25. È questa la novità della commedia, come già si diceva (un altro caso di schiavo innamorato sta nello *Heros* di Menandro, ma con tutt'altro timbro): il ruolo dell'innamorato e quello dell'ingannatore (lo schiavo) coincidono. Agli occhi del pubblico romano doveva suonare abbastanza divertente che uno servo da commedia potesse coltivare anche delicate ed accorate storie d'amore (le battaglie di Venere, la freccia di Cupido, ecc.) come un giovane libero, secondo il modo in cui Tossilo si presenta qui all'inizio. Ancor più divertente che lo stesso personaggio di amante potesse poi ordire l'inganno e sbeffeggiare crudelmente il lenone.
26. Quando recita l'innamorato (qui e nella battuta precedente) Tossilo parla dei propri sentimenti con eleganza e dottrina. L'allusione è alla celebre scalata al cielo tentata dai Titani, che furono poi scacciati dai fulmini di Zeus.
29a. Le Eleutherie si celebravano ad Atene in onore di Zeus Eleutherios, cioè liberatore. L'espressione è una delle solite iperboli plautine (si noti il cumulo di grecismi) e significa semplicemente che lo schiavo, ora che il padrone è lontano, si prende ogni libertà (stessa metafora in *Stich.* 422). Cfr. l'introduzione.
53 sgg. Entra in scena uno dei pilastri della commedia, il parassita Saturione: personaggio d'una gran simpatia. Tratto dal suo inguaribile desiderio di mangiare (ma anche dal gusto, tutto plautino, per la beffa e il teatro) egli si farà collaboratore di Tossilo nell'inganno ordito alle spalle di Dordalo, « prestandogli » la propria figlia per la falsa vendita. Il monologo inizia qui con una tirata moralizzatrice contro la subdola categoria dei delatori (Saturione giungerà, per questa via, a farsi legislatore di fronte al suo pubblico): ma nella scena che segue si parlerà molto, com'è ovvio, di ghiottonerie.
57. Saturione vuole indicare così l'intera lignée, in tutta la sua possibile estensione: dopo il *tritavus* ci si perdeva infatti nelle nebbie dell'ancestralità, e la lingua non disponeva di altri termini per designare ulteriori ascendenti. Così come, ancora al settimo grado, si estingueva anche la serie dei collaterali. Coerentemente a questo, nel periodo più arcaico si potevano contrarre nozze solo a partire dal settimo grado in là: ovverosia, fuori da ogni parentela riconoscibile.
61. Varrebbe la pena di dilungarsi di più su questa tirata di Sa-

turione. Egli atteggia chiaramente la sua famiglia ad una casata nobiliare, enumerando gli ascendenti (nelle case dei nobili aveva posto, spesso, un albero genealogico) e attribuendo loro persino un *cognomen* ereditario: e qui basta pensare agli Scipioni, quel ramo della *gens Cornelia* che aveva in *Scipio* proprio un *cognomen* ereditario (« Cocciadura », naturalmente, non aveva proprio nulla di onorifico!). Tutto, del resto, arieggia qui la parodia di un *elogium* nobiliare. Ricordo solo l'epigrafe funeraria per Scipione *Hispanus* (CIL I^2 2, 15): *virtutes generis mieis moribus accumulavi / progeniem genui facta patris petiei / maiorum optenui laudem* ecc. La gloria di Saturione (alcune espressioni sono singolarmente affini) sta tutta in un'analoga fierezza per la propria stirpe e per le virtù che ad essa sono connaturali: stirpe e virtù di cui egli sente in sé la continuazione. – Aggiungo che al v. 60 il testo fa qualche difficoltà, ma credo sia da accettare (con Ernout) l'*atque* del Leo in luogo del *neque* offerto dai codici (troppo arzigogolato e del tutto incredibile il recente tentativo di E. Woytek in « Wien. St. » 86, 1973, pp. 65 sgg.).

62 sgg. Per capire questa sparata legislativa del parassita (poco interessante per noi, ma evidentemente di vivace attualità per il pubblico: possibili agganci storici trova ora, anzi, G. Chiarini, *op. cit.*, pp. 225 sgg.) bisogna rammentare che il diritto romano non prevedeva generalmente l'intervento diretto dei magistrati: occorreva che qualcuno denunciasse il reo di fronte a loro. Così, a quanto pare, si era creata una classe di gente che viveva denunziando – sia nel vero sia nel falso – chi capitava loro a tiro: la multa veniva poi versata al delatore (evidentemente per incrementare questa poliziesca sorveglianza dei cittadini sui fatti altrui). Degli argomenti discussi qui da Saturione, e del testo di 64 sgg., mi sono già occupato in « Studi Cl. e Or. » 26, 1977, pp. 83 sgg.: al v. 68 mi distacco dal testo di Ernout (che scrive †*sed si legirupam qui damnet*†) per seguire la mia proposta.

72. Probabilmente i *tresviri capitales* (ma la cosa crea qualche difficoltà agli studiosi di diritto romano: cfr. Bettini, *op. cit.*).

79. Già il Gronov segnalò giustamente che il paragone allusivo è qui con i clienti che si recano ossequiosi la mattina a visitare i loro patroni (cfr. *mil.* 709).

87. Par di capire comunque che Tossilo allude qui ai vini aromatizzati e conditi di cui si faceva uso nei banchetti (su cui vedi p. es. le pagine di V. Ciaffi, *Fulgenzio e Petronio*, Torino, 1963, pp. 32 sgg.).

93. In quel che segue Saturione fa sfoggio della sua raffinatezza ghiottona. Il tono non è volgare, ma solo pieno di partecipazione.

108. Il *genius* era la divinità tutelare che accompagnava il romano dalla nascita alla tomba (equivalente femminile del *genius* era la *iuno*, che svolgeva identica funzione per la donna). Se il *genius* è particolarmente connesso alla facoltà della riproduzione (della continuazione della stirpe) come mostra l'espressione *lectus genialis* per « letto nuziale », esso riassume

però in sé un po' tutta quella che potremmo definire la « personalità » dell'uomo, specie nei suoi aspetti migliori di « letizia », « generosità », « munificenza » ecc.

123. Allusione alla celebre setta filosofica che propugnava la povertà della vita: ampolla (dell'olio) e strigile sono strumenti per il bagno; i *socci* (da *socculus* deriva il nostro « zoccolo ») sono un tipo di calzatura portata, tra l'altro, dagli attori comici sulla scena.

135. Tossilo finge di fraintendere l'esclamazione di Saturione ponendo l'accento su « tu » (di qui la risposta « no, non io... ») invece che su « venderla », così com'è nell'intenzione della frase pronunziata dal parassita.

137. Città sull'istmo di Corinto, in Grecia. Come si è detto la scena è ambientata ad Atene.

160. Un'altra di quelle battute in cui l'efficacia comica sta nella rottura dell'illusione scenica: Tossilo svela quello che, nella regola, deve avvenire scrupolosamente dietro le quinte, e la finzione scenica dichiara se stessa. – Gli edili erano i magistrati preposti allo svolgimento dei ludi scenici.

168 sgg. Nelle scene che seguono Sofoclidisca, ancella della ragazza, e Pegnio, servitore di casa-Tossilo, si scontrano in una lunga (forse troppo lunga) filza di botta e risposta.

174. *fans atque infans*: ho cercato di rendere, con « com'è come non è », la vivace espressione polare del latino, il cui senso non è peraltro molto chiaro: certo non può entrarci molto l'« *adulta et puella* » di Ussing, o il « *grande ou petite* » di Ernout, generalmente ripresi dagli interpreti. *Fans* è hapax assoluto, e chiaramente si regge sull'*infans* che segue (Wackernagel, *Vorlesungen*, I, p. 133; Traina, *Forma e suono*, Roma 1977, p. 117). Può darsi che l'espressione sia alquanto asemantica, e giochi più sugli incastri formali tra i significanti (tipo i nostri « di riffa o di raffa », « volere o volare », « bere o bare » ecc.) che non sul senso specifico. Quasi che una struttura logica del tipo « sia in un modo che nel suo complementare » (col che il campo di possibilità si trova ad essere completamente esaurito) trovasse espressione significativa direttamente a livello fonologico: in una coppia minima che esaurisce anch'essa, polarmente, tutte le possibilità espressive.

193. Il passo è difficile e discusso: ed ho tentato una soluzione diversa da quella di Ernout e degli altri interpreti. Generalmente si ritiene che *impudicitia* valga qui qualcosa come « spudoratezza » (quasi *insolentia* per il *Th. l. L.* s.v.): e si pensa che Pegnio finga di non capire l'allusione oscena, per rimproverare semplicemente il padrone di far promesse a vanvera (« *Promesses de maître*! » Ernout, generalmente seguito dagli altri interpreti: non diversamente, però, già Ussing ad loc.). In realtà questa *impudicitia* in luogo di *impudentia* fa difficoltà: non si può trascurare che sarebbe questo l'unico caso, come ben risulta dal *Thesaurus*. Al contrario, *impudicitia* si trova particolarmente riferito alla pederastia, allo *stuprum cum masculo*: e per l'appunto l'allusione oscena che Tossilo ha appena fatto

rientra proprio in questa sfera. Penserei perciò che *impudicitia* non faccia qui eccezione, ma rientri perfettamente nella norma. Evidentemente la *fides erilis* – in armonia con i rapporti di maggior correttezza che legavano padrone e schiavo nel periodo repubblicano (cfr. Buckland, *The roman Law of Slavery*, p. 36; Willems, *Droit public Romain*, p. 288) e che peggiorarono poi con la corruzione dilagante del primo impero (Blair, *Slavery among the Romans*, pp. 83 sgg.) – prevedeva anche l'astenersi dal costringere allo *stuprum* i propri servitori. La cosa non sarebbe affatto strana perché a Roma lo *stuprum cum masculo* era assai mal visto. In epoca arcaica veniva punito con la morte (Pfaff, R E IV A, 424) ed una legge specifica, la *lex Scatinia*, intervenne in seguito (Weiss R E XII, 2, 2413; Berger, R E Suppl. VII, p. 411). Mi pare dunque possibile che qui ci sia un'allusione di Pegnio a quei padroni che non si peritavano ad approfittare dei propri servitori, nonostante che la *fides* li impegnasse in certo modo a non farlo. Egli non finge, insomma, di non aver capito: ha capito benissimo, e risponde per le rime.

195. Le tavolette cerate su cui Tossilo, con lo stilo, ha inciso una lettera all'amata.

226. La sinistra è la mano dei ladri. Nel carme dodicesimo di Catullo Asinio Marrucino, il cui goffo spirito si riduce a sottrarre il tovagliolo ai disattenti, si serve proprio della mano sinistra (cfr. ancora Catullo *Carm.* 47, 1; Ov. *Met.* 13, 110; ecc.).

244. *tippulae*: la *tippula* secondo i glossatori antichi (Festo 503 L; Nonio 180 M) è un animaletto a sei zampe così leggero da poter camminare sull'acqua.

251 sgg. Sagaristione, contro ogni speranza, ha trovato i soldi. Alla maestosa preghiera di ringraziamento rivolta a Giove, composta nella solenne maniera religiosa, segue un immancabile scontro verbale con Pegnio: sino all'incontro con Tossilo, nella cui sottile trama di ironie e di doppi sensi Plauto ha realizzato una delle scene migliori di questa commedia.

289. In epoca antica si usava che l'accusato si scegliesse dei *vades*, cioè delle persone che rispondessero della sua comparizione in giudizio il giorno fissato: fatto questo, il convenuto poteva tornarsene a casa, mentre, in caso contrario, doveva restare in stato di detenzione. È questa la situazione cui allude lo scambio di battute ai vv. 288-289.

297. Bisogna tener presente, per capire questa filza di maledizioni reciproche (o *maledicta*, come dice Plauto) che esse dovevano essere molto meno scolorite di quanto non lo siano per noi. Sagaristione si trattiene dal continuare nell'imprecazione perché augurare del male a qualcuno poteva voler dire causargliela.

307. Sagaristione indossa il *pallium*, un mantello quadrangolare che si portava raccolto attorno al corpo in maniera caratteristica: un lembo ricadeva giù dalla spalla sinistra, l'altro invece si faceva passare dietro per riprenderlo all'altezza della vita (lasciando la spalla destra e parte del petto scoperti) e rigettarlo sul braccio sinistro che lo sosteneva (cfr. L.M. Wilson, *The*

Clothing of the Ancient Romans, Baltimore, 1938, pp. 78 sgg. e Plate XLV). Dunque Sagaristione compie con arroganza il gesto di drappeggiarsi, e puntella poi le due mani sul petto, così da atteggiare le braccia ad « anse » di un vaso (su questa scena si veda ancora G. Chiarini, *op. cit.*, pp. 79 sgg.). Non escluderei che *subnixis alis* alludesse anche al tronfio procedere di un gallo.
308. Ussing vi trova un'allusione ai « preparativi » dell'oratore, e può darsi che abbia ragione.
310 sg. Il tono arieggia qui a quello di una persona importante, sempre circondato da molti clienti.
320. Si noti, dal v. 312 in poi, l'eleganza del gioco verbale a sensi doppi fra i due. Ne segnalo i punti più significativi. La *mala manus* (oltre che al tocco un po' troppo brutale) alluderà anche alla *furtifica laeva* del ladro; così come il verbo *secare* rimanda (a parte il senso tecnico dell'operazione chirurgica) anche al gesto del « tagliaborse » (*s e c t o r zonarius* in *Tri.* 862: *crumini s e c a* in termine tecnico del diritto, *Inst. Novell. Const.* 13, 1, 4: il βαλλαντιοτόμος dei greci): ed è chiaro che vederselo « tagliare troppo presto », questo ascesso-borsellino, causerebbe dolore a Sagaristione; così come risulta ben comprensibile il desiderio di Tossilo, che vorrebbe « vedere quel male » che l'amico ha sul collo. Quanto al gioco sui buoi (vv. 316 sgg.), per intenderlo a pieno occorrerà rammentare anche (oltre alla faccenda dei buoi di Eretria) che in latino « danaro » è *pecunia*, parola che ha relazione con *pecus* « bestiame » (cfr. anche *Truc.* 655). Tossilo si mostra in ansia per la salute di quei « buoi », così al chiuso e senza mangiare, ma Sagaristione ha la giusta preoccupazione contraria: e se una volta « fuori » non dovessero più « rientrare »? Per convincerlo ci vorrà un'esplicita assicurazione dell'amico: a « farli rientrare », a « reintegrare il capitale » ci penserà lui. Ecco che allora Sagaristione, rassicurato, svela nella parola *commodabo* tutto il gioco che si è svolto sin qui (*commodare* si dice spessissimo proprio del dar qualcosa in prestito), riunendo così le due fila, i due piani del discorso. In un certo senso, quel che segue è ormai solo una glossa delle metafore ricamate sinora sul tessuto del dialogo.
329 sgg. La figlia di Saturione si mostra saggia e morale: vorrebbe contrastare i propositi del padre, e salvare la reputazione. Vero è, però, che di Plauto non bisogna fidarsi mai: nella scena della vendita (IV, 4) ella si mostrerà talmente ben disposta a recitare la sua parte da superare il copione stesso che le era stato affidato.
339. Filippo sarà il padre di Alessandro, cioè Filippo II di Macedonia (proverbiale a Roma anche perché si chiamavano *philippi* le monete d'oro da lui coniate). Attalo è il re di Pergamo morto nel 197. Entrambi i personaggi erano celebri per la loro ricchezza (cfr. E. Fraenkel, *Elementi plautini in Plauto*, tr. it. Firenze, 1960, pp. 15 sgg.) ed a questo mira l'allusione del parassita (« sarebbe bella che ti dovessi vendere per conto di quei ricconi di Filippo e di Attalo, e non per me che ho la pancia vuota e sono tuo padre »).

365. Per l'opposizione fra *virgo* e *mulier* ricordo un detto spiritoso di Cicerone (riportato da Quint. 6, 3, 75), rivolto a chi lo biasimava perché sposava una *virgo* a sessant'anni: « *cras mulier erit* », *inquit*.
396. Traspare forse da queste parole di Saturione uno schizzo autobiografico dell'autore. Quel cassettone pieno di rotoli ha proprio l'aria di essere la *capsa* del poeta romano, che aveva, nei papiri greci contenenti i testi della commedia nuova, tutta la sua ricchezza. I motti, le arguzie dei poeti attici che il poeta potrà trarre di lì sono infiniti (*sescenti*, come si sa, è proprio il numero che i latini usano per designare l'innumerevole) e tutti di buona lega: ma con quelli la ragazza non potrà che andar sposa a un mendicante (la vita del capocomico non è certo quella di un gran signore).
436. L'allusione è ai giochi della « caccia » nel circo. Una similitudine non troppo dissimile in Ennio, *Ann.* 484 sgg. Vahl[2].
470 sgg. Dordalo è lieto, e il suo stato d'animo si esprime con la ripetizione ossessiva (e quasi surreale) della formula « ho fiducia »: ovvia preparazione alla tegola magistrale che sta per cadergli addosso.
494. La frase ha, naturalmente, un ironico doppio senso (Dordalo avrà davvero da ricordarsi di quello che Tossilo gli prepara).
496. La struttura della frase, ricercata ed alquanto sibillina, è dettata dalla medesima tendenza al doppio senso che anima un po' tutta questa scena.
506. Il Wilamowitz (*De tribus carminibus Latinis*, Ind. Lect. Gött. 1893, 1; cfr. anche F. Della Corte, *op. cit.*, pp. 164 sgg.) vide in questo verso uno spunto per la datazione dell'originale greco da cui Plauto avrebbe tratto la sua commedia: poiché i Persiani sono visti ancora come conquistatori, non possiamo già essere giunti ai tempi di Alessandro Magno – e dunque l'originale del *Persa* apparterrà alla commedia di mezzo, non a quella nuova. Ma lo spunto può ben essere plautino, come mostra del resto il nome parlante *Chrysopolis* « la città d'oro » (così simile, del resto, al *Lucris* che compare più sotto come nome fittizio per la ragazza). Tossilo ha bisogno di ammaliare Dordalo con i miraggi di un Eldorado esotico e remoto: di qui il nome parlante, e la menzione di paesi lontani e mal noti per i romani di quegli anni come la Persia o l'Arabia (cfr. Fraenkel, *op. cit.*, p. 85 n. 3; e le recenti osservazioni di G. Chiarini, *op. cit.*, pp. 138 sgg.).
515. *Fortuna... lucrifera*: questa singolare divinità plautina (la « Fortuna porta-guadagno ») è rifatta sul modello delle molte *Fortunae* onorate a Roma: *Muliebris*, *Virilis*, *Primigenia*, *Brevis*, *Viscata* ecc. (cfr. Plutarco, *Quaest. Rom.* 74). Quanto alla *lucrifera* che « accende una torcia », deve esserci anche un gioco di parole tra *lucrifer* e *lucifer*.
525. Ovviamente in quanto « merce rubata ». Sta qui il nodo dell'inganno giuridico perpetrato ai danni del lenone: di fronte alle rimostranze del padre egli non potrà opporre alcun argomen-

to (intendo *quisquam* come soggetto di entrambi i verbi: cfr. la nota di Ussing ad loc.).

607. Prima di entrare in battaglia i generali romani consultavano gli auspici, e su di essi si regolavano: qui la ragazza, continuando la metafora, rassicura Tossilo dicendo che gli auspici sono chiari, cioè non vi è dubbio che l'operazione andrà a buon fine.

628. Cioè qualcuno la riscatterà prima, e Dordalo farà un buon guadagno: la ragazza sarà davvero una « Lucride ». Si noti, anche qui, il doppio senso del discorso: in realtà per l'intervento di Saturione la ragazza cesserà di esser schiava di Dordalo ben prima di un mese!

670. Dordalo vuol dire che dovrà spender lui dei soldi per vestire la futura meretrice alla foggia greca. Da notare, nella battuta di Sagaristione, una scoperta allusione alla truffa: è come se venisse chiesto a Dordalo (che naturalmente non capisce) anche un rimborso per il nolo dei vestiti esotici!

680. Tossilo ha probabilmente ricavato dalla vendita fittizia della *virgo* una somma ben superiore a quella versata per il riscatto di Lemniselene: cfr. Chiarini, *op. cit.*, p. 165 n. 182.

705. Questo pezzo di bravura è uno dei capolavori della creatività verbale plautina. Il poeta riassume in nome proprio niente meno che l'intera trama della commedia, introducendo il discorso sintattico nella pura deitticità classificatoria. Per comprendere meglio la struttura di questi fantastici composti occorre rammentare che la suffissazione rimanda a tipi morfologici che ricorrevano largamente nell'onomastica greca: così per il suffisso *-ides* (che da patronimico era passato a semplice formante di nomi propri: cfr. p. es. Tucidide o, nella *Mostellaria*, Teopropide; ecc.), e per la terminazione *-dorus* di Teodoro, Diodoro, ecc. – Aggiungo che al v. 703 ho accettato la correzione del Pius, *argentumexterebronides* (contro l'*argentumextenebronides* dei codici, accettato da Ernout). Si veda ancora il v. 237 (*numquam hercle istuc exterebrabis*), e Nonio 62, 26M: *terebrare* per « sottrarre qc. con le lusinghe » sta anche in *Bacch.* 1199. Si noti infine la felicità di quel *contortiplicata*, un'altra creazione plautina che conclude la sequenza riverberandone, anche fonicamente, gli ultimi echi.

712. L'espressione sottende una struttura culturale. Si credeva infatti che la bontà o meno del giorno dipendesse dal suo nascere, dal mattino: tant'è vero che i latini chiamavano il mattino *mane*, cioè « buono », per attenuare tramite l'eufemismo i rischi che potevano essere contenuti in questo momento di passaggio (cfr. quanto ho scritto in *md* « Materiali e discussioni per l'analisi dei testi classici » 1, Pisa, 1978, pp. 124 sgg.). Concordemente a ciò, mi pare che *inluxit* vada reso non con senso egressivo, ma con un ingressivo: è un inizio, non una fine che la struttura culturale sottolinea. La stessa formula ricorre – ma in maniera rovesciata – anche al v. 780: non più *dies inluxit lucrificabilis* ma *pessimus hic mihi dies hodie inluxit corruptor.*

748. Per prendere una persona a testimone (*antestari*) si usava appunto toccare il lobo dell'orecchio a qualcuno dei presenti. L'usanza è spiegata da Plinio, *n.h.* 11, 251: nella parte più bassa dell'orecchio sarebbe racchiusa la memoria.
753 sgg. Gran finale, con danze, canti e punizione del lenone. È questo uno dei tipici casi in cui il farsesco prende in Plauto il sopravvento sulla logica scenica (su questa componente del teatro plautino rimando alle osservazioni di G. Chiarini, *op. cit.*, pp. 181 sgg.).
767. Se si vuol capire qualcosa dei banchetti che si svolgono sulle scene plautine, credo si debba partire da alcune osservazioni abbastanza semplici ma fondamentali. I *lecti* di cui si fa uso nella palliata non contengono tre convitati (così come si pensa di solito nei manuali di antichità, dove i luoghi plautini vengono ammassati con le testimonianze sui *triclinia* facendo una confusione terribile), bensì solo d u e. È facile ricavarlo. Nello *Stichus* il parassita Gelasimo vuol essere invitato a cena a tutti i costi, ma il padrone di casa gli replica (vv. 487 sgg.): *verum hic apud me cenant alieni novem.* E Gelasimo: *hau postulo equidem med in lecto accumbere / scis tu med esse unisubselli virum.* E cioè: « siamo già in dieci (nove + il padrone di casa) – ma io non voglio giacere su un letto, mi basta uno sgabello... ». Ora, perché non restino posti vuoti bisogna che dieci venga diviso per due, non per tre (altrimenti ci sarebbe appunto un posto libero per Gelasimo): ovvero, si tratterà di dieci commensali disposti su cinque letti da due posti ciascuno. Per questo il povero parassita se ne resterà fuori (oppure, se gli andrà bene, potrà starsene seduto a parte sopra uno sgabello). Ancora, *As.* 830 (Demeneto e Argirippo a cena con la cortigiana): *numquidnam tibi molestumst, gnate mi, si haec nunc mecum accubat*? È evidente che ci sono due letti a due posti, e Demeneto si accaparra lui il diritto di giacere con la donna (escludendo il figlio). Se il letto fosse a tre posti, la richiesta del vecchio non avrebbe più senso. Del resto, sul numero dei convitati che trovavano posto in ciascun letto possediamo una testimonianza linguistica indiscutibile: questo tipo di divano conviviale è chiamato in Plauto *biclinium*, non *triclinium* (*Bacch.* 720, 754 sgg.) – ovvero, contiene due soli convitati, non tre.
Non è difficile accorgersi, a questo punto, che l'uso della commedia contrasta con l'uso romano – tricliniare – che ci è noto. Non contrasta però, affatto, con l'uso greco: sappiamo infatti che al simposio i convitati giacevano sdraiati proprio d u e a d u e (cfr. p. es. A. Flacelière, *La vie quotidienne en Grèce*, Paris, 1959, pp. 214). Dunque i conviti plautini vanno intesi come un vero e proprio grecismo, come una di quelle numerose intrusioni di costumi e atteggiamenti greci che contribuiscono a creare la nota ed ibrida atmosfera della palliata. Detto questo, diventa anche facile comprendere l'etichetta che regola la disposizione dei posti. Si sa che secondo il costume romano i letti (ripetiamo, a t r e posti) erano definiti *summus, medius* e *infimus* procedendo da sinistra a destra (ciò corrisponde ad

un modello più generale, cui si rifà anche l'orientamento astronomico: guardando a sud, si definiva infatti *summa* la parte sinistra o orientale e *infima* la parte destra o occidentale). Il padrone di casa stava nel posto più a sinistra del letto *infimus*: mentre l'invitato di riguardo giaceva nel posto più a destra del *medius* (il cosiddetto *locus consularis*). Questa regola, però, non è in grado di spiegare le scene plautine. Così già l'espressione al v. 767: *... Sagaristio, accumbe in summo.* Che significa? Il posto d'onore dovrebbe essere nel letto *medius*, come si è detto. Oppure *mos.* 42 sgg. (i rimproveri di Grumione a Tranione): *non omnes possunt... / ... superiores accumbere*; o ancora *Stich.* 492 sgg. *... oratores populi, summates viri, / summi accumbent, ego infimatis infimus.* Ne verrebbe fuori che gli invitati d'onore starebbero nel letto *summus* (e invece dovrebbero stare nel *medius*): e Gelasimo *infimus*, accanto al padrone di casa. Infine, *Sti.* 696 *abi tu sane superior...* (un altro gesto onorifico). Tutto diventa chiaro, invece, se si applica la regola greca. Plutarco infatti (*Quaest. conv.* 1, 3, 1) ci dice che, mentre a Roma il posto d'onore era l'ultimo del letto di centro (come già si diceva), in Grecia era invece *il primo della tavola.* Come si vede, si ragiona qui più « per posti » che « per letti »: e il posto d'onore è considerato il primo in assoluto, ovvero (in latino) il *summus*, girando ancora da sinistra a destra. Anche l'etichetta conviviale è dunque, per Plauto, un grecismo: coerentemente alla pratica biclinare, come si è visto. Quindi frasi come *summi accubent, accumbe in summo, superiores accumbere* ecc. (dove si pensa più ai *loci* che ai *lecti*) si potranno rendere non male con il nostro « a capo tavola ». E il povero Gelasimo, che si contenterebbe di sedere *infimus*, avrà appunto il posto che spetta al suo rango di *infimatis*: il più lontano dal posto d'onore.

767. Può darsi che il *par*, cioè il compagno di divano che Sagaristione aveva « pattuito » con Tossilo, non sia l'orcio del vino (come si ritiene di solito) ma il ruffiano Dordalo, che di lì a poco giungerà e che Tossilo inviterà a sedere con queste parole: *locus hic tuus est, hic accumbe* (cioè accanto a Sagaristione: v. 792). Così Chiarini, *op. cit.*, pp. 185 sgg.

770. Nel banchetto si usava eleggere un *magister bibendi*, *arbiter bibendi* o *rex*, il cui compito consisteva nel dirigere le varie azioni conviviali.

771. *septenis cyathis*: la ragione di questo numero « sette » è facilmente spiegabile. A Roma si usava bere alla salute di qualcuno tante volte quante erano le lettere del suo nome (cfr. Mart. 1, 71, 1 sgg.; 8, 52, 22; 9, 93, 4; ecc.: e la nota di M. Citroni, nel commento al primo libro degli epigrammi, Firenze, 1975, ad 1, 71). Ora, il festeggiato è chiaramente Tossilo (ha detto che questa è la sua seconda nascita): tant'è vero che di seguito all'invito di Lemniselene per le « sette coppe » attacca il brindisi proprio con *bene mihi...* E siccome il nome Toxilus ha per l'appunto sette lettere, vengono da qui i *septem cyathis* con cui il « gioco » si inizia.

779. Il tema che Dordalo sviluppa all'inizio del suo monologo ha forse qualcosa di tragico (cfr. Ennio, *Ambracia, scen.* 366 Vahl.[2]: e quanto ho scritto in *Studi e note su Ennio,* Pisa, 1979, p. 99 sgg.). Dordalo ha qui in mente celebri paradigmi di sventura, come Priamo. Il topos è insomma quello, tipicamente tragico, dell'uomo che fu un tempo grande, ma che ora – per un rivolgimento irreparabile della sorte – è solo un vecchio affranto dal dolore. Si rammentino del resto i vv. 845 sgg., durante la scena della punizione inflitta a Dordalo: *hicin Dordalus est leno, qui hic liberas virgines mercatur? / Hicinest, qui f u i t q u o n d a m f o r t i s?* La distruzione fisica e morale del ruffiano, dopo lo smacco subito, doveva esser sottolineata anche dal fatto che egli ha ora con sé un bastone (cfr. v. 816: l'osservazione mi è suggerita da G. Chiarini). È probabile, cioè, che dopo la stoccata ricevuta Dordalo ricomparisse in scena appoggiato a un bastone, per meglio manifestare la sventura che l'ha piegato.
824. Di Hegea, come del Diodorus che si nomina subito sotto, non sappiamo nulla. La danza eseguita da Pegnio è sicuramente costituita da movimenti lenti e flessuosi, compiuti forse col solo linguaggio corporale (senza spostarsi: *staticulus*): si ricordi che le danze ioniche avevano fama di essere lascive (su Hegea e Diodoro cfr. Fraenkel, *op. cit.,* p. 349 n.).
834. Infatti Lemniselene è una *liberta* di Dordalo. Ma Tossilo finge di non capire e risponde ironicamente: sì, bel *patronus* che hai, come se non avesse fatto di tutto per mettermi di mezzo quando dovevo riscattarti! Qui e al v. 833 il metro fa qualche difficoltà.
842. In realtà il *patronus* di Lemniselene è Dordalo, come si diceva, in quanto è il suo ex padrone. Ma Tossilo le vuol proprio sparare grosse: è davvero incredibile che uno schiavo voglia far da *patronus* (e per di più a una liberta altrui).

«Mostellaria – Persa»
di Plauto
a cura di Maurizio Bettini
Oscar Classici Greci e Latini
Arnoldo Mondadori Editore

Questo volume è stato stampato
presso Mondadori Printing S.p.A.
Stabilimento NSM - Cles (TN)
Stampato in Italia - Printed in Italy